COMMENT ACCÉDER À VOTRE i-MANUEL 2.0 ÉLÈVE

W0398250

LIVRE + LICENCE NUMÉRIQUE

Votre enseignant souhaite travailler avec le i-Manuel 2.0 ; une fois votre compte créé par votre enseignant, rendez-vous, selon ses indications, sur :

- **imanuel.nathan.fr** et connectez-vous à votre espace élève i-Manuel 2.0 avec votre identifiant et votre mot de passe transmis par votre enseignant.

OU

- l'ENT ou la plateforme de votre établissement, et accédez directement à votre i-Manuel 2.0.

DÉCOUVREZ LE i-MANUEL 2.0 EN VIDÉO

À NE PAS OUBLIER

Conservez votre identifiant et votre mot de passe pour toutes vos connexions ultérieures

À SAVOIR

Cette licence élève i-Manuel est unique et personnelle. Elle offre un accès pour une période de 12 mois (à compter de la première activation) et ne peut être réutilisée par d'autres élèves les années suivantes. Pour équiper les élèves de nouvelles licences numériques i-Manuel 2.0, connectez-vous sur cns-edu.com.

Pour l'enseignant : rendez-vous sur **www.nathan.fr/i-manuel2** pour contacter votre délégué pédagogique Nathan, disposer de toutes les informations pratiques pour créer vos classes, activer les licences de vos élèves.

Nathan TECHNIQUE

ISBN : 978-2-09-167602-5

Avec ce livre, une licence i-Manuel 2.0

Le i-Manuel 2.0, un outil simple d'utilisation qui reprend l'ensemble des contenus de ce livre sous forme numérique et interactive.

Il permet d'accéder au contenu de ce manuel à tout moment et en tout lieu sur un ordinateur ou une tablette. L'utilisateur peut donc passer du papier au numérique et choisir le support qui lui convient le mieux selon le travail à faire et le lieu où il se trouve.

Une véritable interactivité entre l'enseignant et sa classe

- **Vidéoprojeter** en classe les activités, les documents et les corrections pour animer les cours et travailler collectivement.
- N **Feuilleter le livre papier enrichi et le télécharger** pour un usage sans connexion.
- N Bénéficier d'**une banque de ressources.**
- **Piloter la classe** en assurant le suivi du travail des élèves à distance et en cours (recevoir et envoyer du travail, faire des commentaires, intervenir en temps réel).
- **Intégrer et envoyer à la classe**, à un ou plusieurs élèves, **des documents personnels**.
- **Afficher les corrigés** ou la correction individuelle du travail de l'élève.
- **Imprimer** les documents nécessaires pour mettre les élèves en **situation d'examen**.

Des fonctionnalités innovantes pour favoriser l'intérêt, la motivation et l'implication des élèves

- **Saisir les réponses** en travaillant sur ordinateur ou tablette.
- **Faire les activités et les exercices**, préparer ou réviser le cours **en classe ou à la maison**.
- **Accéder** aux **ressources numériques**, vidéos, fichiers élèves (Word, Excel, GeoGebra...).
- **Sauvegarder** au **format Word** le travail effectué dans un dossier (classeur).
- **Envoyer le travail** au professeur.
- **S'enregistrer** pour les activités orales.
- **S'auto-évaluer**.

Toutes les infos et les tutos sur www.nathan.fr/i-manuel2

Avec ce livre, des ressources numériques en accès direct

Flashez les QR Codes avec votre smartphone ou saisissez les mini-liens associés pour accéder à des vidéos, animations, QCM...

Histoire

Circulations, colonisations et révolutions (XVe-XVIIIe siècles)

Thème 1 L'expansion du monde connu (XVe - XVIIIe siècles)

Thème 2 L'Amérique et l'Europe en révolution (des années 1760 à 1804)

Géographie

Production mondiale et circulation des personnes, des biens et des informations

Thème 2 Une circulation croissante mais diverse des personnes à l'échelle mondiale

EMC

• Liberté et démocratie

Thème 1 La liberté, nos libertés, ma liberté

Thème 2 La laïcité

Français

Objet d'étude 1

Devenir soi : écritures autobiographiques

Unité 1 Se construire face à la société

Unité 2 Écritures de soi et intimité

Objet d'étude 2

S'informer, informer : les circuits de l'information

Unité 1 Exercer son esprit critique

SOMMAIRE

Les outils de la langue

Cartes mentales

Leçons et exercices

Le français professionnel

Histoire, géographie et EMC

À ÉCOUTER

Les podcasts

À VOIR

Autour des cartes

Films, vidéos, reportages et interviews

Musées et expositions virtuelles

À LIRE

Lire des articles et des témoignages

À PARCOURIR

Des sites Internet

Des concours

Chapitre 1

La mise en relation du monde (XVe-XVIIIe siècles)

Entre le XVe et le XVIIIe siècle, de grandes expéditions maritimes repoussent les limites du monde connu par les Européens. Des circuits de commerce s'établissent avec l'Afrique, l'Asie et les Amériques, mettant en relation les différentes parties du monde.

Planisphère de Waldseemüller, 1507.
En 1507, le moine allemand Waldseemüller dessine un planisphère sur lequel il fait apparaître pour la première fois le mot « Amérique ». Il baptise le nouveau continent d'après le nom du navigateur Amerigo Vespucci qui y fit plusieurs voyages d'exploration entre 1499 et 1502.

Les mots du chapitre

- Selon vous, que signifie l'expression : *La mise en relation du monde* ? Émettez des hypothèses.

Pour se lancer !

1. Connaissez-vous le nom du navigateur réputé avoir découvert l'Amérique ?
2. D'après cette carte, quelles parties du monde sont encore mal connues des Européens en 1507 ?

REPÈRES L'exploration du monde par les Européens

- Comment les limites du monde connu sont-elles repoussées entre le XVe et le XVIIIe siècle ?

Document 1 **Les grands voyages de découvertes (XVe-XVIIIe siècles)**

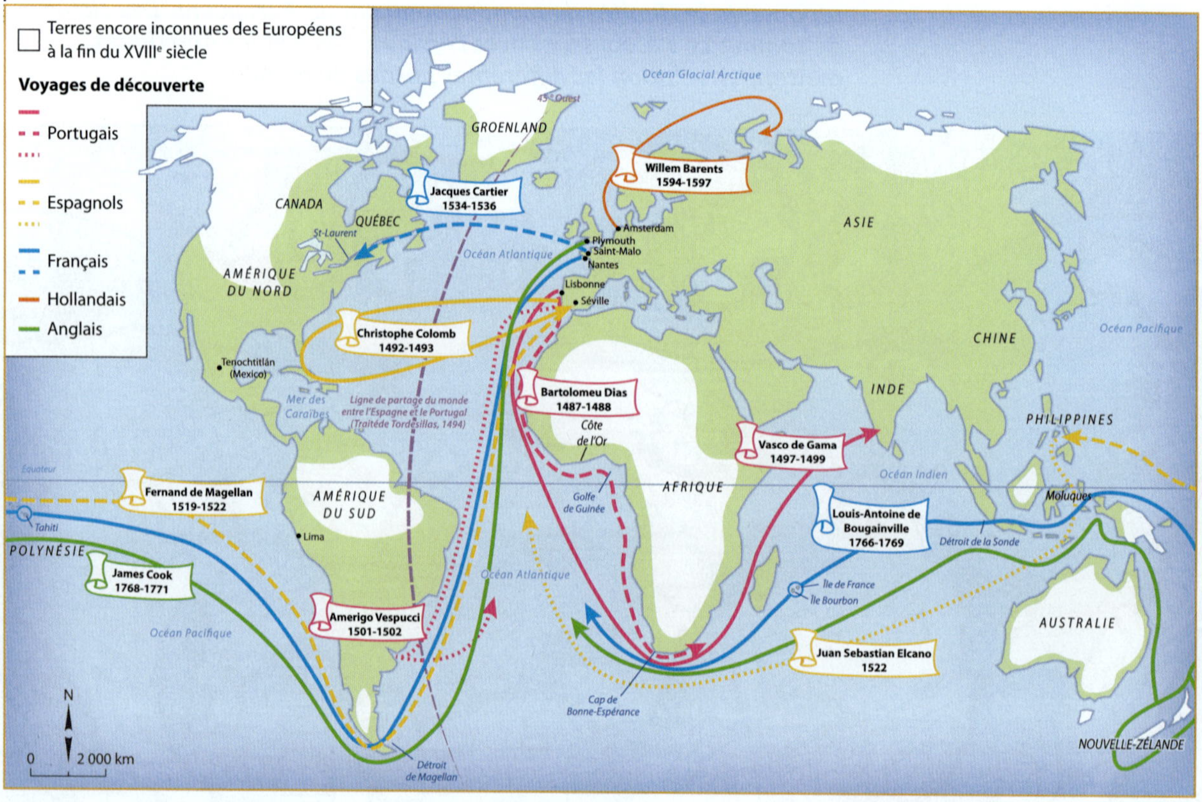

1. Quel itinéraire les Portugais choisissent-ils pour rejoindre l'Asie à la fin du XVe siècle ?
2. Quel est le premier navigateur qui franchit l'océan Atlantique ?
3. Quels navigateurs espagnols ont effectué un tour de la Terre en bateau entre le XVIe et le XVIIIe siècle ?
4. Quelles parties du monde sont particulièrement explorées à la fin du XVIIIe siècle ?

Mes ressources numériques

Regardez les cartes animées retraçant l'expédition de Magellan (1519-1522), *L'Histoire à la carte*.
liennathan.fr/4qt3d8

Visitez cette exposition virtuelle sur « L'Âge d'or des cartes marines », BnF.
liennathan.fr/96m8fu

Les repères du chapitre

1492
Découverte de l'Amérique
▼
1519
Début de la *circumnavigation* de Magellan
▼
1535
Jacques Cartier remonte l'embouchure du Saint-Laurent
▼
1620
Arrivée du *Mayflower* au cap Cod
▼
Fin XVIe - fin du XVIIIe siècle
Développement de la traite atlantique

Document 2 Les voyages de Christophe Colomb

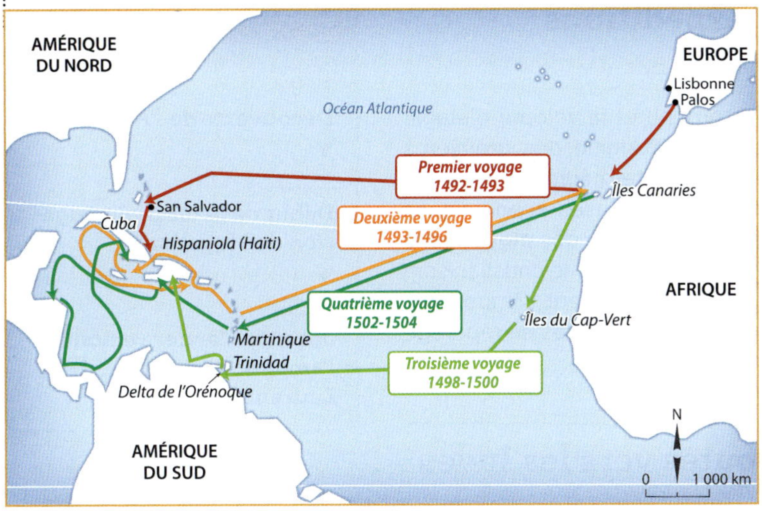

Christophe Colomb (1451-1506)

Né à Gênes, il étudie les œuvres des géographes de l'Antiquité et effectue plusieurs voyages sur des navires marchands. Convaincu qu'il est possible de parvenir aux Indes par l'ouest en tentant la traversée de l'Atlantique, Colomb soumet son projet au roi du Portugal. Il obtient finalement le soutien des souverains d'Espagne en 1492. S'ensuivent quatre voyages qui amorcent l'exploration et la colonisation de l'Amérique.

Quelles parties du continent américain Christophe Colomb a-t-il explorées ?

Document 3 Les expéditions de James Cook

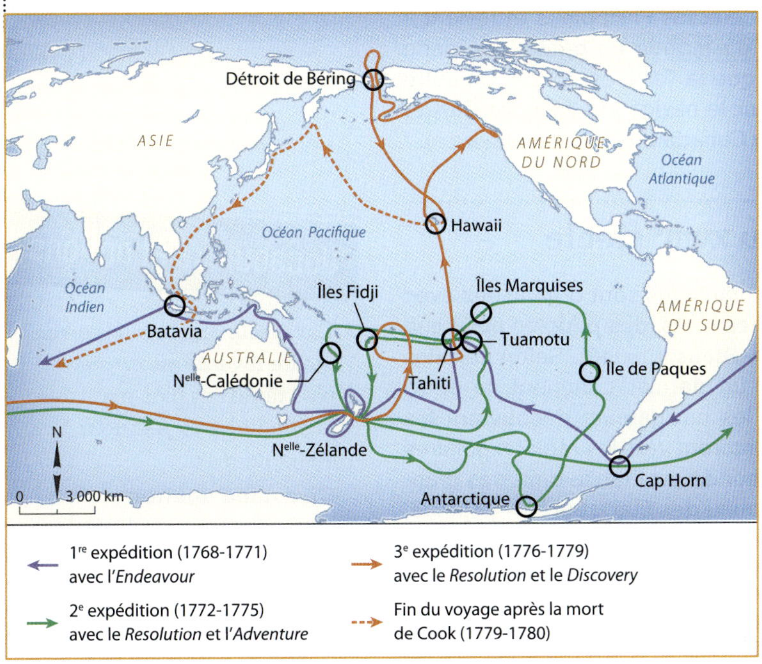

James Cook (1728-1779)

Fils d'un petit paysan anglais, autodidacte, il s'engage comme simple mousse sur un navire charbonnier puis prolonge sa carrière maritime dans la marine royale. Ses trois expéditions, entre 1768 et 1779, sont encouragées par la *Royal Society* de Londres, une société savante, et répondent à des objectifs essentiellement scientifiques. Le capitaine Cook perd la vie à la suite d'un conflit avec des indigènes hawaïens.

1 Quel océan James Cook a-t-il largement exploré durant ses expéditions ?

2 Évaluez la durée totale de ses expéditions.

3 Montrez que James Cook s'est aventuré aux extrémités Nord et Sud du globe.

COURS

1. Les voyages de découvertes (XVe-XVIIIe siècles)

● Quelles sont les causes des grands voyages de découvertes entrepris par les Européens ?

1 Aux origines des premières expéditions maritimes

Au XVe siècle, les **besoins en métaux précieux** (or, argent) et la volonté d'établir des **relations commerciales** directes avec l'Asie sont à l'origine des premières expéditions maritimes. Le but est notamment d'éviter les intermédiaires vénitiens et musulmans qui contrôlent le marché des épices. À ces causes économiques s'ajoutent la curiosité de **découvrir de nouveaux peuples** et aussi des **motivations religieuses** (document 1) : Portugais et Espagnols espèrent diffuser le christianisme dans de nouvelles parties du monde. Leurs navigateurs bénéficient d'importants progrès dans la construction navale (**caravelle**) et dans les techniques de repérage en mer.

2 La recherche de nouvelles routes vers les Indes

Les Portugais commencent par longer les côtes africaines à la recherche d'or, puis passent le cap de Bonne-Espérance en direction de l'Asie. **Vasco de Gama** parvient jusqu'en Inde en 1498. **Christophe Colomb**, lui, choisit de se lancer à travers l'océan Atlantique pour atteindre l'Asie par l'ouest. C'est ainsi qu'il découvre en 1492 un **Nouveau Monde** (document 1). L'objectif de rejoindre les Indes est poursuivi par d'autres navigateurs. Parti en 1519, Magellan parvient à contourner l'Amérique par le sud. Son équipage traverse le Pacifique, atteint les Philippines et revient à Séville en 1522, effectuant ainsi le **premier tour du monde en bateau** (on parle de ***circumnavigation***). Il prouve par ce voyage que la Terre est ronde. Un autre passage vers l'Asie est recherché par le nord. Ainsi, le navigateur **Jacques Cartier** remonte le fleuve Saint-Laurent et pose le pied au Canada en 1535 (document 2).

3 Les voyages scientifiques du XVIIIe siècle

Au siècle des Lumières, de grandes expéditions maritimes sont organisées avec l'objectif de **faire un état complet des terres et des mers, des peuples ainsi que de toutes les espèces animales et végétales** (➤ Focus 1, p. 18). Selon certains scientifiques, l'océan Pacifique pourrait abriter un dernier continent, la *Terra Australis Incognita*. En partant à sa recherche, les navigateurs découvrent les multiples archipels qui forment l'Océanie et s'aventurent vers les régions polaires (document 3). À la fin du XVIIIe siècle, la carte du monde est établie dans ses grandes lignes : seul l'intérieur de l'Afrique reste méconnu des Européens (➤ Repères, p. 14).

J'ai compris le cours

1. Je peux relever trois raisons qui peuvent expliquer le lancement de grandes expéditions maritimes entre le XVe et le XVIIIe siècle.
2. Je suis capable de citer deux espaces maritimes et un continent exploré par les Européens entre le XVe et le XVIIIe siècle.
3. Je sais quel voyage permet d'apporter la preuve que la Terre est ronde.

Chronologie

1492
Découverte de l'Amérique
▼
1519
Début de la *circumnavigation* de Magellan
▼
1535
Jacques Cartier remonte l'embouchure du Saint-Laurent.

Vocabulaire et notions

Caravelle : nouveau type de navire inventé au XVe siècle, plus rapide et plus maniable, facilitant les expéditions en haute mer.

***Circumnavigation* :** navigation autour du globe terrestre ; tour du monde en bateau.

Nouveau Monde : nom donné à l'Amérique par opposition à l'« Ancien Monde », c'est-à-dire le monde connu des Européens avant 1492 (Europe, côtes de l'Afrique, bassin méditerranéen).

Document 1 L'arrivée de Christophe Colomb en Amérique, 1492

Lors de son premier voyage, après une traversée de l'Atlantique longue et difficile, Christophe Colomb croit être arrivé en Inde. En réalité, il a accosté aux Antilles.

12 octobre. Île de San Salvador

Il me semblait que tous les Indiens étaient très pauvres en tout. Ils ne possédaient rien en fer. Je crois qu'ils deviendront facilement chrétiens, car il me semble qu'ils n'ont aucun culte. Je me suis employé à savoir s'ils avaient de l'or. [...] J'ai réussi à apprendre au moyen de signes, qu'en naviguant vers le sud, nous trouverions une contrée avec un roi qui possède de grands vases d'or et une grande quantité de ce métal. [...]

16 décembre. Île d'Hispaniola (Haïti)

Que vos altesses veuillent me croire que les terres sont bonnes et fertiles, spécialement celle de cette île Hispaniola. [...] Les Indiens n'ont pas d'armes, vont tout nus, n'ont pas le moindre génie pour le combat [...]. Ils sont donc propres à être commandés et à ce qu'on les fasse travailler [...], à ce qu'on leur enseigne à aller vêtus et prendre nos coutumes.

Journal de bord du capitaine Christophe Colomb.

1. Quelles ressources Christophe Colomb recherche-t-il dans les îles qu'il explore ?
2. Relevez un passage du texte qui montre ses préoccupations religieuses.

Document 2 Les voyages de Jacques Cartier

Jacques Cartier est chargé par le roi François Ier d'explorer le nord de l'Amérique, où ni Espagnols ni Portugais ne se sont encore rendus. Il prend possession des terres découvertes au nom de la France.

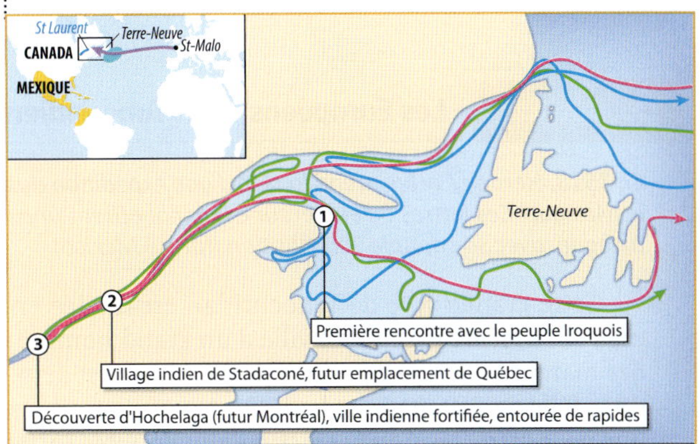

Possessions espagnoles depuis 1534

Zone de pêche à la morue pratiquée par les Basques et les Bretons depuis le xve siècle

Expéditions de Jacques Cartier
- 1534
- 1535-1536
- 1541

1. Quelles parties de l'Amérique du Nord sont déjà connues des Européens en 1534 ?
2. Nommez le fleuve qui permet à Jacques Cartier d'explorer les terres du Canada.

Document 3 James Cook et l'exploration du Pacifique

Les Îles de Glace, vues le 9 janvier 1773
Gravure établie d'après un dessin de William Hodges, peintre officiel de la deuxième expédition de James Cook.

1. D'après cette image, vers quelle partie du globe James Cook s'est-il avancé ?
2. Décrivez l'image plan par plan. Que font les hommes d'équipage du capitaine Cook ? Dans quel but d'après vous ?

Je fais ma synthèse à l'oral

Expliquez les différentes causes des voyages de découvertes (motifs politiques, économiques, religieux et culturels) et appuyez-vous sur des exemples précis.

FOCUS

1. Mieux connaître le monde

● En quoi les voyages de découvertes ont-ils bouleversé la connaissance du monde ?

Si les premiers voyages de découvertes répondent à des objectifs économiques et politiques, ils contribuent aussi aux progrès des sciences. Au siècle des Lumières, les motivations scientifiques des expéditions maritimes se renforcent.

Document 1 Les Européens et les Amérindiens

En 1518, Hernan Cortes prend la tête d'une expédition destinée à conquérir le Mexique. Ses lettres à l'empereur espagnol offrent une description de l'Empire aztèque, avec sa capitale Tenochtitlan (future Mexico).

Cette grande ville de Tenochtitlan est fondée entre la lagune d'eau salée et la terre ferme [...]. Cette ville a un grand nombre de places, où se tiennent des marchés quotidiens ; l'une de ces places est deux fois grande comme celle de la ville de Salamanque [...]. On trouve là tous les genres de marchandises que peut offrir ce monde : victuailles de toutes sortes, bijoux d'or et d'argent, ustensiles de plomb, de cuivre, d'étain et de laiton [...] ; dans la rue de la chasse se trouvent des collections de tous les oiseaux du pays [...]. Ils vendent du maïs en grain, moulu et en pain, bien meilleur que celui que l'on trouve dans les îles ou sur la terre ferme. [...] Parmi [les] temples, il y en a un, le principal, dont nulle langue humaine ne pourrait dire la grandeur et la beauté ; car il est si vaste que dans son enceinte entourée d'une muraille très haute on pourrait y installer une ville de quinze cents habitants. [Tout] l'intérieur des chapelles où ils enferment leurs idoles est en stuc couvert de peintures et de reliefs représentant des figures bizarres et monstrueuses.

Hernan Cortes, *Deuxième lettre à Charles Quint*, 1519.

Chronologie

1492
Arrivée de Christophe Colomb dans les Caraïbes

▼

1519-1522
Expéditions de Magellan et Elcano ; Première *circumnavigation*

▼

1519-1521
Conquête de l'Empire aztèque par les Espagnols

▼

1766-1769
Voyages de Bougainville

▼

1768-1780
Expéditions de James Cook dans le Pacifique

Document 2 Le monde connu au milieu du XVIe siècle

Cet atlas réalisé par Battista Agnese à Venise dans les années 1540 représente la totalité du monde alors exploré par les Européens, ainsi que l'itinéraire de l'équipage de Magellan.

Étudier les documents

1. Quel peuple les Espagnols rencontrent-ils (**doc. 1**) ?
2. Qu'est-ce qui impressionne Hernan Cortes dans la ville de Tenochtitlan (**doc. 1**) ?
3. Citez deux plantes découvertes en Amérique par les explorateurs européens (**docs 1 et 3**).

Document 3 La bougainvillée, une plante d'Amérique

Cette planche est extraite de l'herbier de Philibert Commerson, médecin et naturaliste du roi Louis XV, qui accompagne Bougainville dans son tour du monde (1766-1769).

Document 4 Le travail des naturalistes

Les deux naturalistes allemands ont accompagné la deuxième expédition de Cook dans le Pacifique entre 1772 et 1775.

J.-F. Rigaud, *Portrait du Dr Johann Reinhold Forster et de son fils Georg Forster*, vers 1780. National Portrait Gallery, Canberra (Australie).

Confronter des documents

4 Comparez la carte de Battista Agnese (**doc. 2**) et celle réalisée par Waldseemüller en 1507 (➤ p. 13). Quelles améliorations dans la représentation du monde constatez-vous ?

5 Montrez que les explorateurs du XVIIIe siècle s'entourent de scientifiques (**docs 3 et 4**).

6 Quelles disciplines scientifiques ont progressé grâce aux voyages de découvertes (**docs 1 à 4**) ?

Écrire

7 À partir des documents et de vos réponses aux questions, rédigez une réponse à la problématique (➤ p. 18) en trois paragraphes.
a. La rencontre de nouveaux peuples
b. Les progrès de la géographie
c. La connaissance de nouvelles espèces

CAPACITÉ

Questionner une œuvre d'art pour conduire une analyse historique

Vous allez rédiger un court paragraphe dans lequel vous montrerez que la peinture de Rigaud (doc. 4) témoigne de la curiosité des Européens et de leur volonté d'établir un inventaire du monde vivant. Pour mener à bien cette analyse, vous vous appuierez sur le document et les réponses aux questions.

1 Identifiez les informations qui accompagnent l'œuvre : auteur, titre, date d'exécution et lieu de conservation.

2 Déterminez le sujet : portrait, paysage, scène historique, religieuse, quotidienne…

3 Décrivez l'œuvre et interrogez-vous sur ce que l'artiste a voulu mettre en avant (personnages, objets, décor…).

4 Replacez l'œuvre dans son contexte historique : en quoi illustre-t-elle les voyages de découvertes ?

5 Rédigez votre paragraphe.

COURS 2. Une première forme de mondialisation

● Quels échanges se développent entre l'Europe et les autres continents ?

1 De nouveaux circuits de commerce

Dès le XVIe siècle, les **marchands européens naviguent vers l'océan Indien**, en passant par les **comptoirs** établis en Afrique. Ils ramènent d'Asie les produits prisés en Europe : coton, soie, porcelaine, épices (poivre, cannelle, muscade, girofle). De nombreux échanges sont aussi établis de part et d'autre de l'Atlantique, entre les colonies d'Amérique et leurs métropoles européennes (➤ Focus 2, p. 22). Enfin, le « galion de Manille », un navire marchand espagnol, traverse chaque année le Pacifique pour relier les Philippines au Mexique. Ainsi, **un réseau de grandes routes maritimes se met en place** tout autour du globe. Il concurrence les anciens circuits de commerce, où les marchands parcouraient la Méditerranée pour aller s'approvisionner à l'arrivée des **routes caravanières** d'Afrique et du Proche-Orient.

2 Les circulations humaines

Les navires marchands acheminent aussi des **voyageurs européens** : administrateurs et militaires, aventuriers cherchant à s'enrichir, prêtres missionnaires. En Asie, ils nouent des contacts avec les Indiens et les Chinois et sont amenés à apprendre leurs langues et leurs écritures (document 2). Mais la plupart de ces voyageurs rentrent en Europe après quelques années. À l'opposé, l'installation des Européens sur le continent américain est souvent définitive. Ainsi les passagers du ***Mayflower*** quittent l'Angleterre en 1620 avec l'espoir de fonder dans le Nouveau Monde une nouvelle société selon leurs propres idéaux (document 1).

3 La mise en place de la traite atlantique

Le nombre d'Européens en Amérique reste cependant insuffisant pour couvrir les besoins en main-d'œuvre dans les **plantations** de sucre, de tabac, de coton, d'indigo ou de café. D'autant que les **populations amérindiennes ont été décimées** par la violence de la conquête et par les maladies contractées au contact des Européens (un choc microbien a affaibli les populations). Dès le XVIe siècle, les Portugais commencent à acheter des **esclaves** dans leurs comptoirs africains pour fournir leurs colonies au Brésil et en Amérique espagnole. À leur suite, les Britanniques, les Français et les Hollandais se lancent dans la **traite atlantique** (document 3). Plus de six millions d'Africains sont ainsi transportés de force vers le Nouveau Monde entre 1670 et la fin du XVIIIe siècle.

J'ai compris le cours

1. Je peux citer deux produits d'Asie importés en Europe et deux produits cultivés en Amérique.
2. Je peux nommer l'océan qui est fréquenté à la fois par les navires européens revenant d'Amérique et par ceux qui reviennent d'Asie.
3. Je sais expliquer quelle forme de commerce et de migration forcée se développe entre l'Afrique et l'Amérique.

Chronologie

1620
Arrivée du *Mayflower* au cap Cod
▼
Fin XVIe - fin XVIIIe siècle
Développement de la traite atlantique

Mes ressources numériques

Regardez cette vidéo sur les voyages de Matteo Ricci.
liennathan.fr/a8n77u

Regardez cette vidéo sur le navire négrier nantais *La Marie Séraphique*.
liennathan.fr/r66s8w

Vocabulaire et notions

Comptoir : établissement commercial établi dans un port étranger.

Plantation : grande exploitation agricole spécialisée dans une production (sucre, tabac, coton, café...) et où travaillent des esclaves.

Route caravanière : route terrestre traversant de grandes régions désertiques (Sahara, Arabie, etc.) et empruntée par des groupes de personnes (voyageurs, marchands, nomades) formant une caravane.

Route maritime : itinéraire régulièrement suivi par des navires assurant le transport maritime à longue distance.

Traite atlantique : commerce et transport d'esclaves entre l'Afrique et l'Amérique.

Document 1 La fondation d'une colonie en Amérique du Nord

En 1620, les puritains[1] *du navire* Mayflower, *en quête d'une patrie où ils pourront vivre librement leur foi, signent un pacte pour la fondation de leur colonie.*

Ayant entrepris, pour la gloire de Dieu, pour la propagation de la foi chrétienne, et l'honneur de notre roi et de notre pays, un voyage pour implanter la première colonie dans les régions septentrionales de Virginie[2], par la présente, nous convenons solennellement ensemble, devant Dieu et devant chacun d'entre nous, de nous constituer en un corps politique civil, pour notre administration et sauvegarde [...] ; et en vertu de cela de nous conformer, de décider et de concevoir [...] des lois, ordonnances, actes, décrets et obligations, aussi justes et équitables qu'il semblera à propos et convenable d'adopter pour le bien public de la Colonie, et auxquelles nous promettons toute la soumission et l'obéissance requises.

Pacte signé le 11 novembre 1620.

1. Communauté religieuse protestante en rupture avec l'Église d'Angleterre.
2. La Virginie est le nom donné à la région atlantique occupée par les Anglais. L'équipage du *Mayflower* fonde Plymouth (au sud de la ville actuelle de Boston).

1 Quelle est la motivation première de l'équipage du *Mayflower* ?

2 D'après ce texte, qui décidera des lois et des règles de vie dans la nouvelle colonie : le roi d'Angleterre ou les colons eux-mêmes ?

Document 2 Un Européen en Chine

L'Italien Matteo Ricci (1552-1610), membre de la Compagnie de Jésus ayant pour mission de diffuser le christianisme, est autorisé à s'installer à Pékin en 1601. Reconnu pour ses savoirs, il reçoit le poste officiel de mathématicien et d'astronome de l'empereur.

Matteo Ricci à côté du mathématicien et ministre chinois Xu Guangqi converti au christianisme. Gravure colorisée extraite du livre d'Athanasius Kircher, *La Chine illustrée*, 1667.

1 Qu'est-ce qui rappelle sur cette image la mission de Matteo Ricci en Chine ?

2 À quoi voit-on que Matteo Ricci a adopté la culture chinoise ?

Document 3 Une opération de traite en Afrique

Gravure de Grasset de Saint-Sauveur parue dans *Les Costumes des peuples*, 1796. Bibliothèque des Arts décoratifs, Paris.

1 Identifiez les personnages représentés : le marchand, les esclaves, l'acheteur.

2 Les Européens sont-ils les seuls à prendre part au commerce des esclaves noirs ? Justifiez votre réponse.

Je fais ma synthèse à l'écrit

Rédigez un court paragraphe présentant les différents flux qui donnent naissance à une première mondialisation, à l'époque moderne.

FOCUS

2. La circulation des produits entre les continents

- Quels produits connaissent une diffusion mondiale entre le XVIe et le XVIIIe siècle ?

Avec la colonisation de l'Amérique et le développement du grand commerce maritime, de nombreux produits circulent d'un continent à un autre, bouleversant les pratiques agricoles et les habitudes alimentaires.

Document 1 Les circuits du grand commerce maritime (XVIe - XVIIIe siècles)

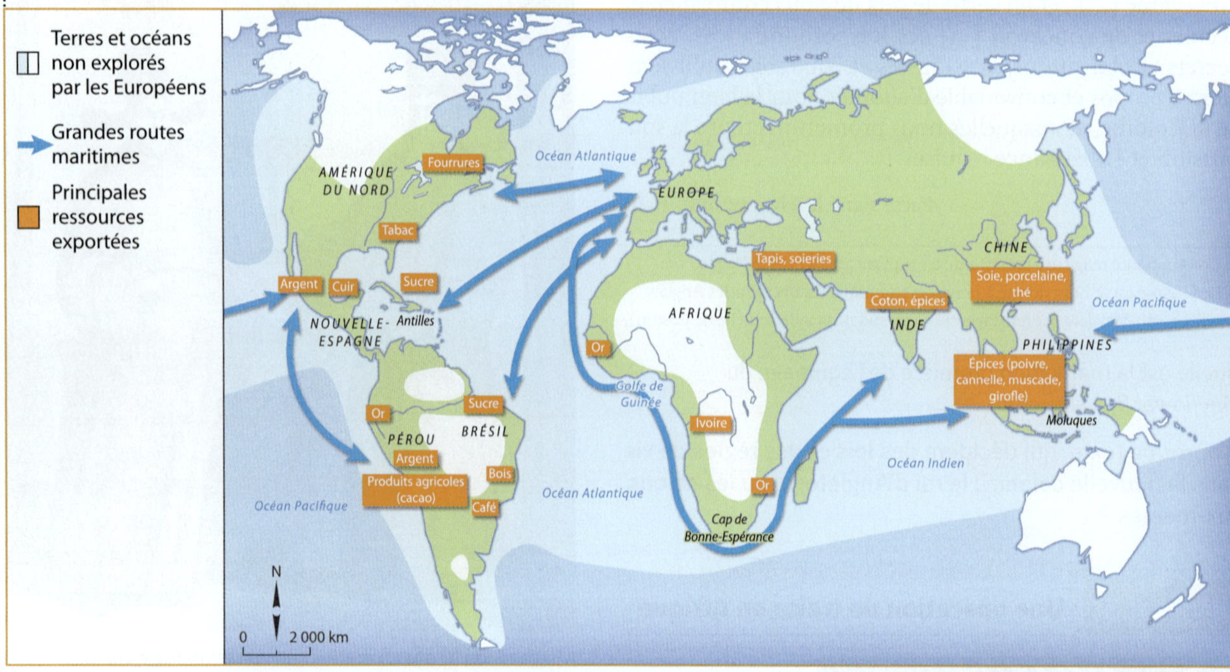

Document 2 Les échanges biologiques entre l'Ancien et le Nouveau Monde

Des produits originaires d'Amérique sont introduits en Afrique et en Asie par les Européens. Inversement, ceux-ci implantent dans le Nouveau Monde des produits originaires d'Asie ou d'Afrique.

Étudier les documents

1. Quels produits originaires d'Amérique consommez-vous couramment (doc. 2) ?
2. Quels animaux étaient inconnus des peuples amérindiens (doc. 2) ?
3. D'après ce tableau, dans quelle catégorie sociale la consommation de produits exotiques est-elle répandue en Europe (doc. 3) ?

Document 3 La consommation des produits exotiques en Europe

Pierre Grégoire de Roulhac, conseiller du roi, se fait représenter en train de déguster un chocolat chaud dans un service en porcelaine posé sur un plateau laqué. Naturellement amère, la boisson est agrémentée de sucre.

Négrini, *Portrait de Pierre Grégoire de Roulhac, seigneur du Limousin*, 1757. Musée d'Histoire de Nantes.

Document 4 Des marchandises importées de Chine en 1765

La Compagnie des Indes annonce l'arrivée à Lorient des cargaisons de trois navires en provenance de Chine.

1 273 336 Livres Thé Bouy
16 015 Livres Thé Camphou
7 646 Livres Thé Pékzo
7 571 Livres Thé Soutchon
176 733 Livres Thé vert supérieur
69 477 Livres Thé vert Tonkay
239 Caisses de porcelaine bleue et blanche contenant :
- 10 850 Tasses et soucoupes
- 2 395 Gobelets et soucoupes
- 360 Sucriers et soucoupes
- 433 Théières
- 2 202 Bols et soucoupes
- 43 735 Assiettes plates
- 12 944 Assiettes creuses
- 17 97 Saladiers

202 Caisses de porcelaine de couleur contenant :
- 5 220 Tasses et soucoupes
- 16 306 Gobelets et soucoupes
- 2 534 Bols et soucoupes

1 000 Beurriers et soucoupes

Confronter des documents

4 À l'aide des documents de la double page, classez les marchandises ramenées en Europe en plusieurs catégories : métaux précieux ; produits destinés à la consommation alimentaire ; produits utilisés pour la fabrication de vêtements…

Écrire

5 Répondez à la problématique (➤ p. 22) dans un court paragraphe. Vous vous appuierez sur les documents.

CAPACITÉ

Décrire le circuit d'un ou plusieurs produits

Vous allez décrire dans un paragraphe d'une dizaine de lignes le circuit d'un produit. Pour cela, vous vous appuierez sur les documents de la double page et les questions suivantes. Vous pouvez retracer le circuit d'un des deux produits proposés ou bien celui d'un produit de votre choix.

Le circuit de la porcelaine

1 Déterminez le lieu de fabrication de la porcelaine (**docs 1 et 2**).

2 Décrivez le trajet des navires marchands qui exportent la porcelaine : par quels espaces maritimes, par quels lieux passent-ils (**docs 1 et 2**) ?

3 Expliquez à quoi sert la porcelaine en Europe (**doc. 3**).

Le circuit du sucre

1 Déterminez l'origine de la canne à sucre : Asie, Afrique, Europe ou Amérique (**doc. 2**).

2 Localisez les grands lieux de production du sucre entre le XVIe et le XVIIIe siècle (**doc. 2**).

3 Indiquez quel espace maritime est traversé par les navires qui exportent le sucre (**doc. 1**).

4 Expliquez comment ce produit est consommé en Europe (**doc. 3**).

Regards croisés

Histoire
Français

Les Européens et la découverte de l'Autre

Le contexte

À l'époque moderne (XVIe-XVIIIe siècles), les voyages d'exploration font découvrir aux Européens des terres et des peuples inconnus aux coutumes différentes.
La rencontre avec les sociétés amérindiennes et océaniennes est un choc qui suscite des réactions diverses et de profondes réflexions.

Mes ressources numériques

Visitez cette exposition virtuelle sur la représentation de l'Amérique par les Européens au XVIe siècle, BnF.
liennathan.fr/5p46kj

Regardez ce film sur le mythe du « bon sauvage », BnF.
liennathan.fr/942kte

LE REGARD D'UN EXPLORATEUR

1 Louis-Antoine de Bougainville, *Voyage autour du monde*, 1771

Premier navigateur français à effectuer un tour du monde en bateau (1766-1769), Louis Antoine de Bougainville publie à son retour un récit de voyage qui connaît un énorme succès. L'escale à Tahiti est un des plus célèbres épisodes.

J'ai plusieurs fois été, moi second ou troisième, me promener dans l'intérieur. Je me croyais transporté dans le jardin d'Eden : nous parcourions une plaine de gazon, couverte de beaux arbres fruitiers et coupée de petites rivières qui entretiennent une fraîcheur délicieuse, sans aucun des inconvénients qu'entraîne l'humidité. Un peuple nombreux y jouit des trésors que la nature verse à pleines mains sur lui. [...]

Au reste, tandis qu'en Europe les femmes se peignent en rouge les joues, celles de Tahiti se peignent d'un bleu foncé les reins et les fesses ; c'est une parure et en même temps une marque de distinction. Les hommes sont soumis à la même mode. Je ne sais comment ils s'impriment ces traits ineffaçables ; je pense que c'est en piquant la peau et y versant le suc de certaines herbes, ainsi que je l'ai vu pratiquer aux indigènes du Canada. [...].

Le caractère de la nation nous a paru être doux et bienfaisant. Il ne semble pas qu'il y ait dans l'île aucune guerre civile, aucune haine particulière, quoique le pays soit divisé en petits cantons qui ont chacun leur seigneur indépendant. [...]

Chacun cueille les fruits sur le premier arbre qu'il rencontre, en prend dans la maison où il entre. Il paraîtrait que, pour les choses absolument nécessaires à la vie, il n'y a point de propriété et que tout est à tous.

LE REGARD D'UN PHILOSOPHE

2 Diderot, *Supplément au voyage de Bougainville*, 1779

Le philosophe Diderot reprend le récit de Bougainville et imagine sous forme de dialogues la rencontre entre Tahitiens et Français. Dans cet extrait, il fait parler un vieux Tahitien s'adressant à Bougainville.

Et toi, chef des brigands qui t'obéissent, écarte promptement ton vaisseau de notre rive : nous sommes innocents, nous sommes heureux ; et tu ne peux que nuire à notre bonheur. Nous suivons le pur instinct de la nature ; et tu as tenté d'effacer de nos âmes son caractère. Ici tout est à tous ; et tu nous as prêché je ne sais quelle distinction du tien et du mien. [...]

Orou[1] ! toi qui entends la langue de ces hommes-là, dis-nous à tous, comme tu me l'as dit à moi-même, ce qu'ils ont écrit sur cette lame de métal : « Ce pays est à nous ». Ce pays est à toi ! et pourquoi ? parce que tu y as mis le pied ? Si un Tahitien débarquait un jour sur vos côtes, et qu'il gravât sur une de vos pierres ou sur l'écorce d'un de vos arbres : « Ce pays est aux habitants de Tahiti » qu'en penserais-tu ? Tu es le plus fort ! Et qu'est-ce que cela fait ? [...] Tu n'es pas esclave : tu souffrirais plutôt la mort que de l'être, et tu veux nous asservir ! [...]

Laisse-nous nos mœurs ; elles sont plus sages et plus honnêtes que les tiennes ; nous ne voulons point troquer ce que tu appelles notre ignorance, contre tes inutiles lumières. Tout ce qui nous est nécessaire et bon, nous le possédons. Sommes-nous dignes de mépris, parce que nous n'avons pas su nous faire des besoins superflus ?

1. Autre personnage ; jeune Tahitien.

LE REGARD D'UN GRAVEUR

3 Jacques Grasset de Saint-Sauveur, *Tableau des principaux peuples d'Amérique*, 1798

Regards croisés

Croiser les regards

1. Quelles informations sur les peuples non-européens les documents 1 et 3 apportent-ils ?
2. Comparez la figure de l'indigène dans les documents 1 et 3.
3. Mettez en relation la dernière phrase du document 1 avec le texte de Diderot (doc. 2). Quelle différence majeure entre la société tahitienne et les sociétés européennes y est présentée ?

Porter un regard critique

4. Comment la gravure de Grasset de Saint-Sauveur pourrait être utilisée pour justifier la conquête européenne (doc. 3) ?
5. Relevez un passage qui montre que Bougainville idéalise l'île de Tahiti (doc. 1).
6. À travers le personnage du vieux Tahitien, que dénonce Diderot (doc. 2) ?

Faire le bilan

7. D'après vous, à quoi peuvent servir les récits de voyage ?

LES OUTILS DE L'HISTORIEN

Exercice 1

Je connais les acteurs majeurs des grandes découvertes

Associez à chaque voyageur la description qui correspond à son expédition.

Les voyageurs : a. Christophe Colomb. **b.** Jacques Cartier. **c.** Magellan. **d.** Vasco de Gama. **e.** James Cook. **f.** Passagers du *Mayflower*.

Les voyages : 1. Contournement de l'Afrique et arrivée en Inde en 1498.
2. Traversée de l'Atlantique et fondation de la colonie de Plymouth en Amérique du Nord en 1620.
3. Traversée de l'Atlantique Nord et exploration du Canada par le fleuve du Saint-Laurent en 1535.
4. Exploration du Pacifique au XVIIIe siècle. **5.** Découverte d'un passage au sud de l'Amérique, première traversée du Pacifique et première *circumnavigation*. **6.** Traversée de l'océan Atlantique et arrivée accidentelle en Amérique en 1492.

Exercice 2

Je sais compléter un croquis à partir d'un texte

Document **Le parcours d'un navire nantais au XVIIIe siècle**

Le 21 juin 1769 a comparu J. E. Tanquerel, capitaine du navire *Le Maréchal de Luxembourg*, du port de Nantes, de 25 tonneaux, armé de 12 canons et équipé de 60 hommes par Deseigne, Drouin et Dulac, négociant[1] à Nantes, bourgeois et armateur[2]. Il a déclaré être parti le 1er février 1768 pour aller à la Côte de l'Or où il serait arrivé le 28 mars. Il y aurait traité 691 Noirs de tous sexes et âges. Il serait reparti le 30 octobre pour Saint-Domingue où il serait arrivé le 20 février 1769. Il aurait fait la vente de ses Noirs, à l'exception de 50 qui sont morts tous pendant la traversée. La vente finie, il aurait chargé 270 tonneaux de sucre brut, 67 tonneaux et 25 sacs de café, 132 ballots de coton, 12 tonneaux d'indigo[3]. Son chargement fini, il serait parti le 15 mai dernier pour venir à Nantes et serait arrivé le 19 de ce mois.

D'après le Registre d'entrée de long cours de l'Amirauté de Nantes, 1769.

1. Personne qui fait du négoce, c'est-à-dire du commerce à grande échelle.
2. Personne qui assure l'équipement et l'entretien d'un navire.
3. Plante donnant un colorant bleu.

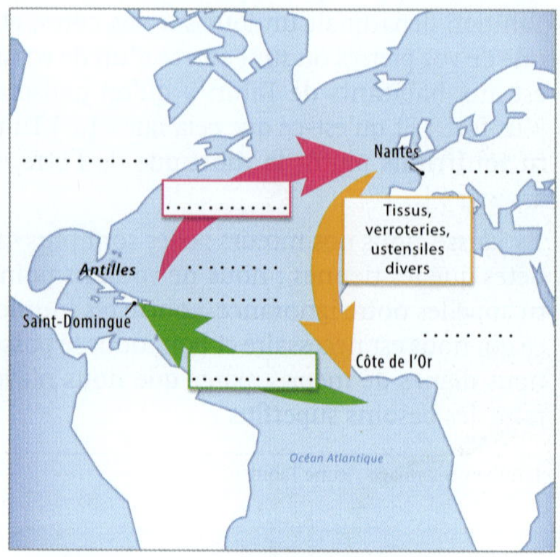

Retracer le parcours du navire *Le Maréchal de Luxembourg* à partir du texte.
a. Numérotez les parcours fléchés.
b. Notez les produits transportés dans les encadrés.
c. Évaluez le temps nécessaire pour effectuer l'ensemble du parcours.

Regards croisés

- **À écouter :** un podcast sur Christophe Colomb, ses voyages et la postérité du personnage, France Culture.
- **À lire :** les bandes dessinées de la série *Les Passagers du vent* (1979-2018) de François Bourgeon portant notamment sur la traite atlantique et l'esclavage.

Un podcast

Une bande dessinée

Chapitre 2 Les empires coloniaux européens (XVIe-XVIIIe siècles)

Dès la fin du XVe siècle, les Européens rivalisent pour s'approprier les terres du Nouveau Monde et développer le commerce avec l'Asie. Ainsi se créent les premiers empires coloniaux et commerciaux, qui contribuent au dynamisme économique de la façade atlantique européenne.

François Denis, *Vue du Fort Royal de la Martinique*, vers 1750.
Dominées par les Espagnols au XVIe siècle, les Antilles sont, aux siècles suivants, au cœur des rivalités coloniales entre la France, l'Angleterre et les Pays-Bas.

Les mots du chapitre

- Selon vous, que signifient le mots *empire* et *colonie* ? Que pouvez-vous en déduire sur les objectifs de ce chapitre ?

Pour se lancer !

1. Comment la défense de l'île de la Martinique est-elle assurée ? Pourquoi est-ce nécessaire ?
2. De quel État la Martinique est-elle un territoire aujourd'hui ?

REPÈRES Les empires coloniaux européens

● Sur quels territoires les puissances européennes étendent-elles leur domination entre le XVIe et le XVIIIe siècle ?

Document 1 **Les empires espagnol et portugais (XVe-XVIe siècles)**

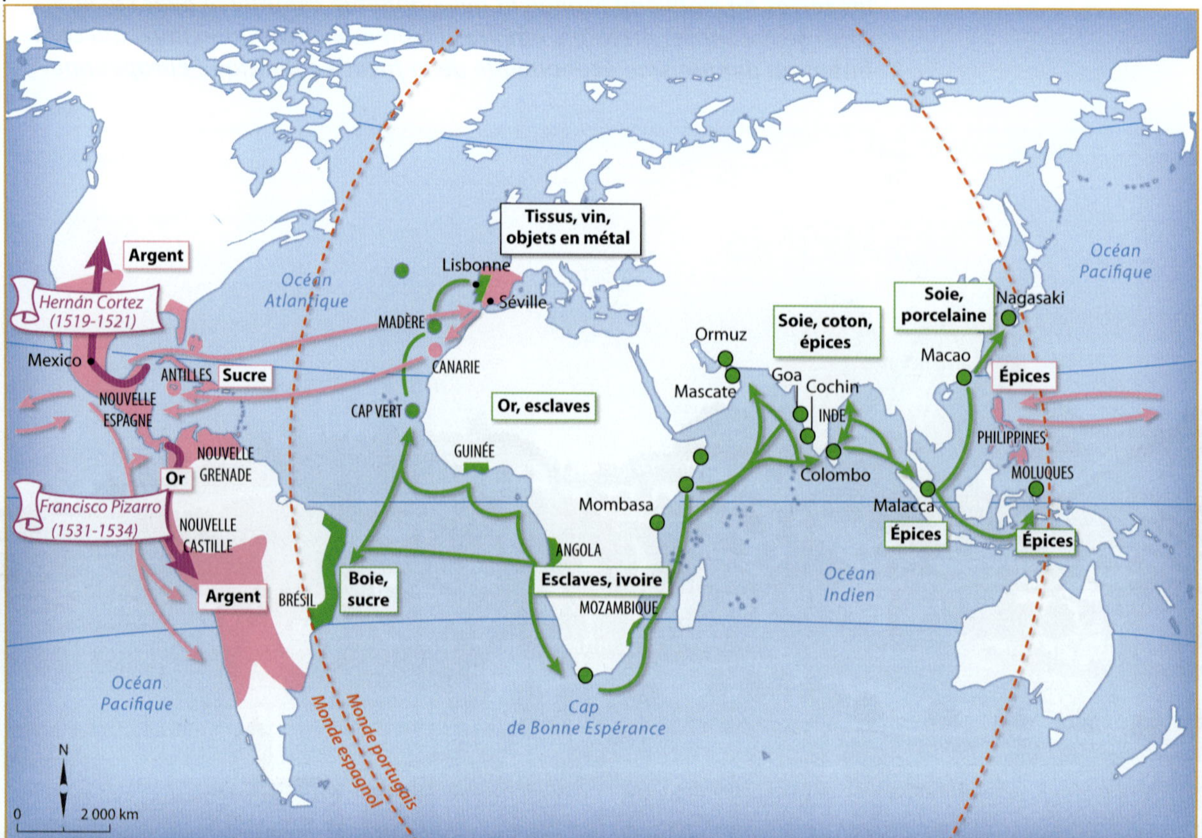

1. Portugal
- Territoires contrôlés
- Routes maritimes
- **Épices** Produits échangés

2. Espagne
- Territoires contrôlés
- Routes maritimes
- **Or** Produits échangés
- Expéditions des conquistadors espagnols

Tissus Produits européens exportés

-- Lignes de partage entre possessions portugaises et espagnoles suite aux traités de Tordesillas (1494) et de Saragosse (1529)

1. Comment s'est fait le partage du Nouveau Monde entre Espagnols et Portugais ?
2. Quel pays domine l'océan Indien ?
3. Citez une possession espagnole en Asie et une possession portugaise en Amérique.
4. Quelle est la particularité des noms donnés aux régions de l'empire espagnol en Amérique ?

Mes ressources numériques

Regardez la présentation de l'empire portugais par *L'Histoire à la carte*.
liennathan.fr/wq688m

Regardez la présentation de la Nouvelle France, en Amérique du Nord par *L'Histoire à la carte*.
liennathan.fr/6b27cv

Document 2 Les empires coloniaux européens au XVIIIe siècle

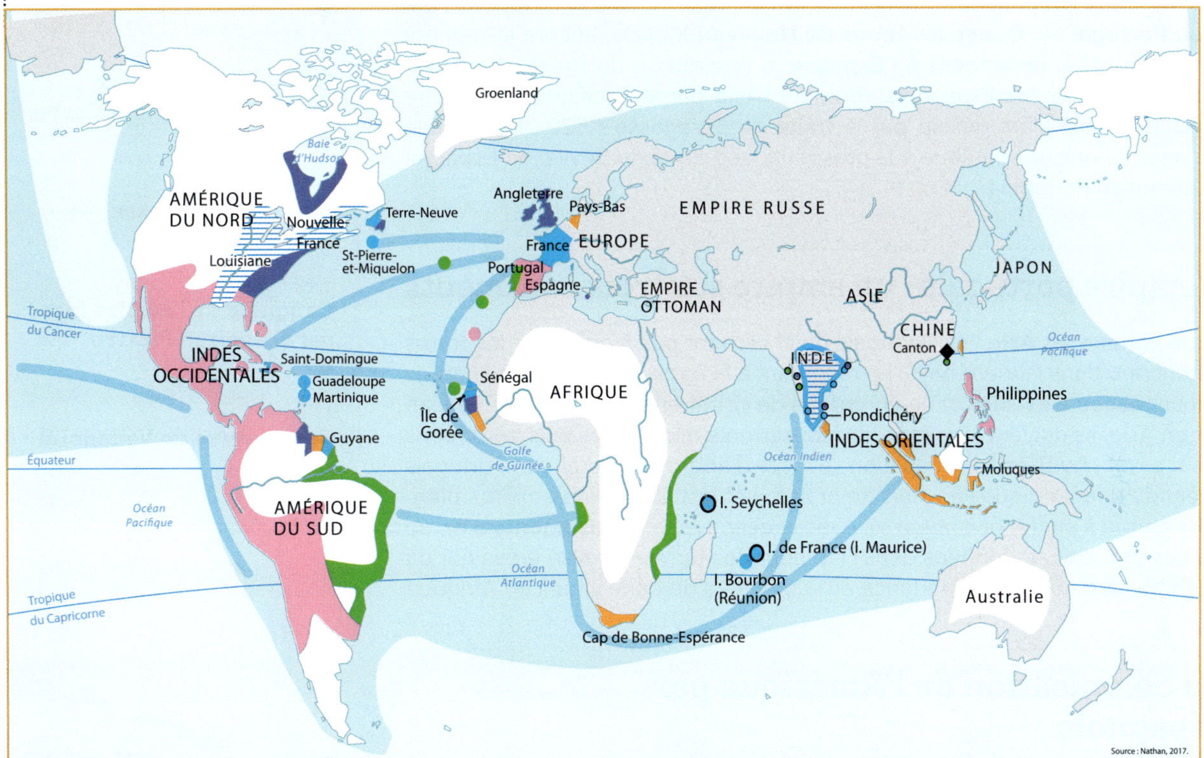

1. Le monde au début du XVIIIe siècle

Possessions :
- de l'Espagne
- du Portugal
- de la France
- des Provinces-Unies
- du Royaume-Uni
- Autres territoires

- Grandes routes maritimes
- Comptoir de commerce international partagé entre plusieurs États
- Terres et océans mal connus des Européens

2. L'évolution de l'empire colonial français au XVIIIe siècle

- Possessions françaises acquises dans la première moitié du XVIIIe siècle
- Zone sous influence française au milieu du XVIIIe siècle
- Territoires français définitivement perdus après 1763

1 Quels pays d'Europe se sont appropriés des terres en Amérique et dans les Antilles entre le XVIe et le XVIIIe siècle ?

2 Dans quelles parties du monde la présence française recule-t-elle après 1763 ?

Mes ressources numériques

Regardez le reportage sur Pondichéry, le plus important comptoir français dans les Indes orientales, *Francetvinfo*.
liennathan.fr/a263rw

COURS

1. Les premiers empires coloniaux

- Comment l'Espagne et le Portugal ont-ils établi leurs empires au cours du XVIe siècle ?

1 Le partage du monde

Dès 1494, afin d'éviter les tensions et de délimiter des zones d'influence, le Portugal et l'Espagne signent le **traité de Tordesillas** qui trace une ligne de démarcation dans l'Atlantique (➤ Repères, p. 28). Tout ce qui se trouve à l'**Est revient au Portugal**. À l'**Ouest, les terres du Nouveau Monde**, encore largement inexplorées en 1494, **reviennent à l'Espagne**, à l'exception du Brésil. Avec l'expédition de Magellan, les Espagnols abordent l'Asie par le Pacifique : une autre ligne de partage est alors définie par le **traité de Saragosse** (1529). L'ensemble des échanges coloniaux contribue à la prospérité des ports de Séville en Espagne et de Lisbonne au Portugal (document 1).

2 L'empire portugais : un empire sur trois continents

En Afrique comme en Asie, les Portugais ne cherchent pas à coloniser les terres et pénètrent peu dans l'arrière-pays. En recourant à la force ou à la négociation, ils bâtissent un **réseau d'escales** et de **comptoirs de commerce** fortifiés dans l'océan Indien et en Asie. Ils doivent faire face aux concurrents musulmans puis européens (➤ Focus 1, p. 32). **Au Brésil**, l'occupation se limite d'abord au littoral. Les Portugais y exportent du bois exotique (le « bois de braise ») et installent les premières **plantations de canne à sucre** (document 2). Avec la découverte de **gisements d'or**, de petites villes sont ensuite fondées dans l'intérieur des terres. La mise en valeur du Brésil redonne une nouvelle importance aux comptoirs de traite situés en Afrique.

3 La colonisation de l'Amérique par les Espagnols

Les conquistadors espagnols (Cortes, Pizarro) soumettent en quelques décennies un territoire immense en Amérique. Les civilisations amérindiennes (empires aztèque et inca) s'effondrent. Les souverains espagnols fondent une administration, des évêchés et des villes sur le modèle européen. Ils attribuent les terres à des colons qui ont le droit d'y employer les Indiens, avec le devoir de les protéger et de les christianiser. Mais dans les faits, les Indiens sont soumis au travail forcé, notamment dans les mines d'or et d'argent. La légitimité de la conquête et le sort des Indiens font l'objet de débats en Espagne, comme la célèbre **controverse organisée à Valladolid** en 1550. Bartolomé de Las Casas (document 3) y défend les Indiens tout en critiquant vivement la colonisation.

J'ai compris le cours

1. Je peux citer le pays qui a établi un empire commercial en Afrique et en Asie.
2. Je peux citer le pays qui possède le plus vaste empire en Amérique.
3. Je peux citer trois ressources exploitées par les Portugais au Brésil.
4. Je peux identifier les conséquences de la colonisation espagnole pour les Indiens d'Amérique.

Chronologie

1494
Traité de Tordesillas
▼
1519-1521
Conquête de l'empire aztèque par Hernan Cortes
▼
1529
Traité de Saragosse
▼
1531-1534
Conquête de l'empire inca par Francisco Pizarro
▼
1550-1551
Controverse de Valladolid

Vocabulaire et notions

Colonisation : entreprise qui vise à prendre possession de territoires étrangers pour les exploiter et/ou les peupler.

Conquistador : conquérant espagnol cherchant gloire et richesse en Amérique.

Empire : vaste espace (terrestre ou maritime) sur lequel s'exerce la domination d'un pays. On parle d'**empire commercial** quand le but est de faire du commerce (création de comptoirs). On parle d'**empire colonial** quand le but est la colonisation.

Document 1 Le port espagnol de Séville au XVIe siècle

On envoie aux Indes[1] du blé et du vin ainsi que des pourpoints, chemises, chausses et autres marchandises analogues, et qui ne se fabriquent pas encore là-bas, ce qui permet de gros bénéfices. C'est à Séville, à la Casa de Contratación[2], qu'arrivent tous les produits qui viennent de ces régions puisque les navires ne peuvent les décharger en aucun autre port. Lorsqu'arrivent les navires, il entre beaucoup d'or à la Casa de Contratación avec lequel on frappe chaque année de nombreux doublons[3], le cinquième étant pour le roi.

Andrea Navagero, ambassadeur vénitien, 1526.

1. Les Indes occidentales, c'est-à-dire l'Amérique. 2. Maison royale de commerce fondée en 1503 où tout navire revenant des Indes devait se rendre pour y verser une taxe de 20 % sur les marchandises importées. 3. Pièces de monnaie.

1. Quels sont les produits qui partent de Séville en direction de l'Amérique ?
2. À qui le commerce avec l'Amérique profite-t-il ?

Document 2 Une sucrerie au Brésil au XVIe siècle

Les Portugais achètent des esclaves dans leurs comptoirs africains pour les vendre au Brésil et dans l'Amérique espagnole.

Gravure du XVIe siècle de Georg Braun. Bibliothèque nationale, Madrid.

1. Identifiez les différentes parties de cette plantation sucrière (champs de canne à sucre ; résidence du propriétaire ; moulin ; chaudière).
2. D'après cette gravure, qui travaille dans les plantations ?

Document 3 Les débats sur la colonisation espagnole

Prêtre dominicain, Bartolomé de Las Casas (1474-1566) se rend en Amérique pour évangéliser la population. Choqué par les massacres qui accompagnent la conquête, il prend la défense des Amérindiens.

À ceux qui prétendent que les Indiens sont des barbares[1], nous répondrons que ces gens ont des villages, des cités, des rois, des seigneurs et leur organisation politique est parfois meilleure que la nôtre. Si l'on n'a pas longtemps enseigné la doctrine chrétienne aux Indiens, c'est une grande absurdité que de prétendre leur faire abandonner leurs idoles. Car personne n'abandonne de bon cœur les croyances de ses ancêtres. Que l'on sache que ces Indiens sont des hommes et qu'ils doivent être traités comme des hommes libres. [...] Alors que les Indiens étaient si bien disposés à leur égard, les chrétiens ont envahi ces pays tels des loups enragés qui se jettent sur de doux et paisibles agneaux.

Bartolomé de Las Casas, *Très brève relation sur la destruction des Indes*, 1542.

1. Las Casas répond au théologien Sepulveda qui présente les Indiens d'Amérique comme « médiocrement humains dépourvus de toute science et de tout art », nés pour être esclaves.

1. Relevez la phrase qui montre que Las Casas dénonce la violence de la colonisation de l'Amérique par les Espagnols.
2. Comment Las Casas considère-t-il les Indiens d'Amérique ?
3. Relevez la phrase qui montre qu'il refuse leur mise en esclavage.

Mes ressources numériques

Lisez cet article sur les facteurs ayant permis la conquête du Mexique par Hernan Cortes, France Culture.
liennathan.fr/4c79zj

Je fais ma synthèse à l'oral

Choisissez l'un des deux empires (espagnol et portugais) et présentez ses possessions et ses ressources.

FOCUS

1. Les rivalités commerciales dans les Indes orientales

● Comment évoluent les relations commerciales dans les Indes orientales entre le XVIe et le XVIIIe siècles ?

À partir du XVIe siècle, les marchands européens parcourent l'océan Indien. Ils s'imposent par la négociation ou par la force dans les circuits du commerce des produits exotiques. Trafics et affrontements guerriers rythment l'histoire des Indes orientales.

Document 1 **Les Indes orientales au milieu du XVIe siècle**

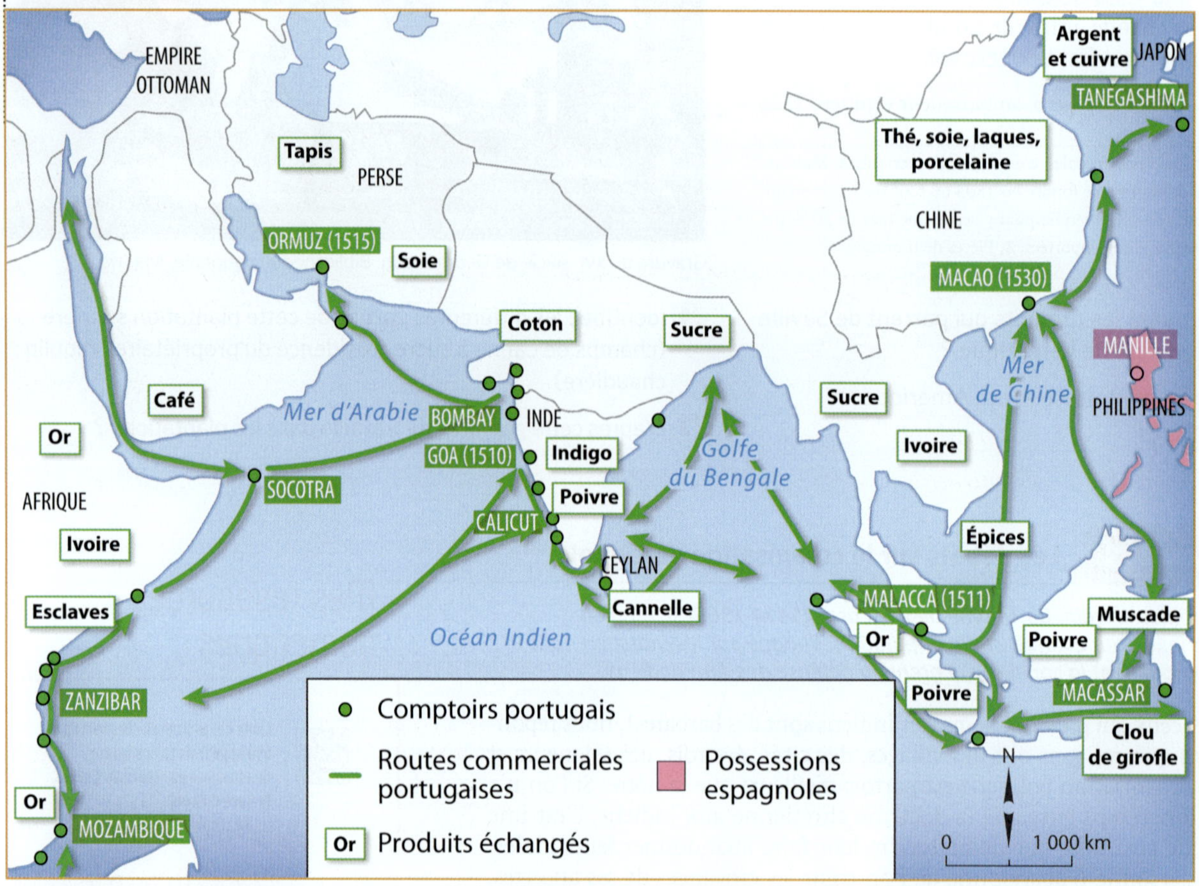

Chronologie

1498
Arrivée du Portugais Vasco de Gama à Calicut (Inde)

1510
Goa, capitale de l'empire portugais (« Estado da India »)

1602
Fondation de la Compagnie hollandaise des Indes orientales

1664
Fondation de la Compagnie française des Indes orientales

1756-1763
Guerre de Sept ans

Étudier une carte

1 Quels sont les deux types de commerce opérés par les Portugais au XVIe siècle dans les Indes orientales (doc. 1) ?

Document 2 Les Indes orientales à la fin du XVIIIe siècle

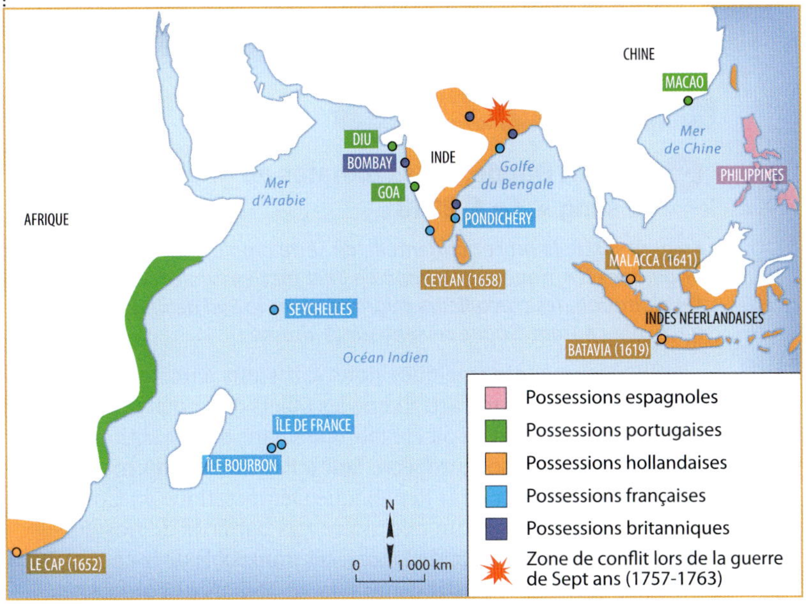

Document 3 La Compagnie hollandaise des Indes orientales, un acteur majeur

Le navigateur français Louis Antoine de Bougainville rapporte son escale dans l'archipel des Moluques lors de son tour du monde en bateau.

Batavia[1] est l'entrepôt de toutes les productions des Moluques. La récolte des épiceries s'y apporte toute entière ; on charge chaque année sur les vaisseaux ce qui est nécessaire pour la consommation de l'Europe et on brûle le reste. C'est ce commerce seul qui assure la richesse, je dirai même l'existence de la Compagnie des Indes hollandaises [...]. C'est aussi sur ce commerce exclusif et sur celui de Ceylan[2] qu'elle dirige ses principaux soins. [...]

Lorsqu'ils eurent chassé les Espagnols et les Portugais, [les Hollandais] sentirent bien que ce n'était pas assez pour rendre le commerce des épiceries exclusif [...]. Le grand nombre de ces îles en rendaient la garde presque impossible ; il ne l'était pas moins d'empêcher un commerce de contrebande des insulaires[3] avec la Chine, les Philippines [...]. Les Hollandais ont maintenant la guerre avec les habitants de Ceram[4], île riche en clous. [...] Les Papous[5] sont aussi continuellement en guerre avec la compagnie et ses vassaux.

Louis Antoine Bougainville, *Voyage autour du monde*, 1771.

1. Aujourd'hui Jakarta, ville fondée par les Hollandais en 1621 sur l'île de Java.
2. Île située au sud est de l'Inde, prise au Portugal en 1658. 3. Habitant des îles.
4. Île des Moluques riche en clous de girofle. 5. Peuple de Nouvelle-Guinée.

CAPACITÉ

Comparer à l'aide de cartes la situation des territoires colonisés au début et à la fin de la période étudiée

1. Étudiez la carte des Indes orientales au début de la période (doc. 1) : quel est le premier État européen présent dans les Indes orientales au XVIe siècle ?
2. Étudiez la situation de cet État à la fin de la période (doc. 2) : a-t-il renforcé ou diminué sa présence ? Nommez des territoires gagnés ou perdus pour justifier votre réponse.
3. Nommez les territoires qui restent sous sa possession durant toute la période (docs 1 et 2).
4. Nommez les autres États présents dans la région à la fin du XVIIIe siècle, en localisant pour chacun ses principales possessions (doc. 2).

Confronter les documents

2. Selon Bougainville, quelles puissances coloniales sont en rivalité (carte 2 et doc. 3) ?
3. Quelle entreprise assure le succès des hollandais (doc. 3) ?
4. À quelles difficultés les hollandais doivent-ils faire face (carte et doc. 3) ?

Écrire

5. À l'aide des documents et de vos réponses, rédigez un paragraphe montrant l'évolution des relations commerciales entre les différents acteurs. Vous pouvez suivre le plan proposé.
   a. La domination portugaise au XVIe siècle.
   b. L'affirmation de la puissance hollandaise au XVIIe siècle.
   c. Les rivalités entre empires français, britannique et hollandais au XVIIIe siècle.

Regards croisés

Histoire
EMC
Français

Le contexte

Grâce au mouvement abolitionniste, la traite et l'esclavage ont été interdits au XIXe siècle. Mais si le droit a évolué, des formes de servitude et de travail forcé persistent ; elles concerneraient 40 millions de personnes dans le monde.

Chronologie

1848 ····• Abolition définitive de l'esclavage dans les colonies françaises.

1948 ····• Déclaration universelle des droits de l'homme.
Art. 4 « Nul ne sera tenu en esclavage ni en servitude ; l'esclavage et la traite des esclaves sont interdits sous toutes leurs formes ».

1980 ····• La Mauritanie est le dernier pays à abolir officiellement l'esclavage.

2016 ····• Lancement d'un partenariat mondial pour éradiquer le travail des enfants, le travail forcé et l'esclavage moderne d'ici 2030.

Lutter contre l'esclavage, un combat d'hier et d'aujourd'hui

LE REGARD D'UN ÉCRIVAIN

1 Laurent Gaudé, « Des tomates au goût de sang », *Le 1*, 2018

En août 2018, la mort accidentelle de seize employés agricoles originaires d'Afrique et d'Europe de l'Est met en lumière l'exploitation des travailleurs migrants dans le Sud de l'Italie. L'écrivain Laurent Gaudé revient sur ce drame.

Ces événements tragiques nous saisissent parce que nous découvrons avec stupéfaction que les objets que nous utilisons au quotidien peuvent avoir été fabriqués dans des conditions de misère. Soit sur le sol européen. Soit à l'autre bout du monde. On pense aux mines de la République Démocratique du Congo d'où est extrait le lithium nécessaire aux batteries de nos portables. Ou au Rana Plaza de Dacca, cet immeuble de la capitale du Bangladesh qui abritait de nombreux ateliers de confection et qui s'est effondré en 2013, engloutissant 1 127 personnes. Le paradoxe d'aujourd'hui est que notre monde exploite un autre monde, tout en ignorant parfaitement qu'il le fait. D'où vient cette cécité[1] ? De très loin. Déjà les dames qui s'étourdissaient de chocolat dans les salons du XVIIIe siècle n'avaient pas la moindre idée des conditions dans lesquelles les fèves de cacao étaient récoltées en Afrique ou en Amérique du Sud. Mais depuis, [...] il y a eu le fordisme avec la fragmentation des tâches, le règne de la sous-traitance [...]. Et la mondialisation – cet éclatement géographique de la production qui rend de plus en plus compliquée la traçabilité. On a l'impression que plus personne n'est responsable de l'objet dans sa totalité. Que plus personne ne sait ni où ni comment sont fabriqués les objets de notre quotidien. Nous les utilisons mais leur histoire nous est inconnue. Quelle est notre part de responsabilité à nous consommateurs ? Probablement celle de vouloir des prix toujours plus bas. [...] Comme les engloutis du Rana Plaza, les esclaves de la tomate nous posent cette question : quel travail invisible se cache derrière notre confort ?

1. Aveuglement.

Mes ressources numériques

Regardez cette vidéo sur l'esclavage moderne, Lumni.
liennathan.fr/uq3t32

Regardez ce court métrage de fiction documentaire de Guido Freddi, *#Invisibles* sur le parcours de mineurs victimes de la traite des êtres humains en France.
liennathan.fr/x574vf

LE REGARD D'UNE MILITANTE ASSOCIATIVE

2 Sylvie O'Dy, interview pour *Le 1*, 2018

Sylvie O'Dy est présidente du Comité contre l'esclavage moderne (CCEM), une association née dans les années 1990.

Quelles sont les principales formes de l'esclavage moderne en France ?

On peut en distinguer quatre : l'esclavage sexuel, l'esclavage domestique, le travail forcé et la mendicité forcée. À chaque fois les victimes, le plus souvent d'origine étrangère, ont reçu la promesse d'un travail rémunéré et d'une régularisation de leur situation. [...] Elles sont sous l'emprise de leurs exploiteurs, enfermées, maltraitées, privées de leurs papiers d'identité. [...]

Existe-t-il un profil type d'exploiteur ?

C'est la plus grande surprise de tous ceux qui travaillent sur ces dossiers : ce phénomène touche tous les milieux sociaux, depuis des gens très riches, des nababs, des professions libérales, des commerçants, jusqu'aux habitants des banlieues défavorisées. [...] Ce n'est donc pas une question d'éducation, de niveau social, de revenus, mais de conception de l'être humain. [...]

Comment le droit s'est mis à mieux d'appréhender ces affaires ?

[...] Enfin, en 2013, à l'occasion de la transposition d'une directive européenne, la réduction en esclavage, la servitude et le travail forcé sont entrés dans le Code Pénal. [...]

LE REGARD D'UN DESSINATEUR

3 Gargalo Vasco, dessin pour la paix, *Cartooning for peace*, 2021

Gargalo Vasco est lauréat du concours organisé en 2021 par l'Organisation internationale du Travail (OIT) et l'ONG Ressources humaines sans frontières (RHSF), en partenariat avec Cartooning for Peace.

Regards croisés

Croiser les regards

1. Comment le dessin de Gargalo Vasco répond-il au texte de Laurent Gaudé ?
2. Quel groupe de population est le plus souvent victime de l'esclavage moderne dans les pays européens ? Pourquoi ?
3. Quelles sont les différents acteurs engagés dans le combat contre l'esclavage moderne ? Aidez-vous de la chronologie et des documents 2 et 3 pour répondre.

Concevoir une affiche

4. Concevez une affiche qui mettra en avant une situation d'esclavage dans le monde.

Avant de commencer

a. Vous pouvez choisir parmi les thèmes suivants : le travail forcé dans les chantiers de construction au Qatar ; les marchés aux esclaves de Libye ; les enfants soldats ou les mariages forcés.
b. Faites une recherche sur le thème choisi en vous rendant au CDI ou sur les sites d'institutions internationales (OIT, ONU, UNICEF) ou d'associations et d'organisations non gouvernemen-tales (ONG *Walk Free* ; Ressources humaines sans frontières ; *Amnesty International* ; le Comité contre l'esclavage moderne ; le Collectif contre la traite des êtres humains ; SOS mariage forcé).

Faire le bilan

5. Quelles sont les différentes formes de l'esclavage moderne en France et dans le monde ?

COURS

2. L'expansion européenne aux XVIIe et XVIIIe siècles

● Quelles nations européennes prospèrent aux XVIIe et XVIIIe siècles grâce à leur empire ?

1 L'affirmation de nouvelles puissances au XVIIe siècle

En 1579, la **Hollande** et six autres provinces des Pays-Bas prennent leur indépendance vis-à-vis de l'Espagne pour former les **Provinces-unies**. Dès lors, les marchands ne peuvent plus s'approvisionner ni à Séville ni à Lisbonne. Ils doivent aller chercher directement les épices en Asie. La **Compagnie hollandaise des Indes orientales** est fondée en **1602**. Dotée d'une puissante flotte de guerre, elle parvient à arracher au Portugal le monopole du commerce dans l'océan Indien et en Extrême Orient (➤ Focus 2, p. 38). Les Britanniques puis les Français développent à leur tour leur marine et créent leurs propres **compagnies de commerce**. En Amérique du Nord, **treize colonies sont établies par les Britanniques**, tandis que la **France** entreprend le **peuplement du Canada** (document 1). Les trois nations européennes prennent aussi pied dans les Antilles, au détriment des Espagnols.

2 Une économie coloniale au profit des métropoles européennes

Les Européens développent dans leurs colonies des **cultures d'exportation** (tabac, café, indigo, canne à sucre) et y font travailler des **esclaves** achetés dans les comptoirs africains. Leur statut est défini par des lois comme celles du **Code noir français** en 1685 (document 2). Les échanges commerciaux avec l'Asie et l'Amérique, ainsi que la traite atlantique contribuent à l'**essor des ports européens ouverts sur l'Atlantique**, et à celui des **ports hollandais en mer du Nord** (Amsterdam). Ces échanges commerciaux font la fortune des armateurs qui équipent les navires marchands et négriers, et celle des négociants qui revendent les produits importés. Ils stimulent aussi l'activité agricole et manufacturière dans l'arrière-pays (➤ Focus 2, p. 38).

3 Les rivalités coloniales au XVIIIe siècle

Au XVIIIe siècle, plusieurs conflits témoignent des rivalités impériales et commerciales entre les Européens. **La guerre de Sept ans (1756-1763)** est considérée comme la première guerre d'envergure mondiale, car elle est menée en Europe mais aussi en Inde et en Amérique du Nord, sur terre comme en mer. À la fin de la guerre, **la France doit céder aux Anglais le Canada** (document 3) et ne conserve que quelques comptoirs sur le littoral indien. La quatrième guerre hollando-anglaise (1780-1784) renforce la puissance britannique en Asie et participe à la chute de la Compagnie hollandaise des Indes orientales.

J'ai compris le cours

1. Je sais nommer les trois pays d'Europe qui fondent un empire colonial entre le XVIIe et le XVIIIe siècles.
2. Je peux citer le pays qui est le plus puissant à la fin du XVIIIe siècle.
3. Je peux citer le système d'exploitation humaine sur lequel repose l'économie de nombreuses colonies.
4. Je peux citez trois activités économiques qui se développent sur la façade atlantique européenne.

Chronologie

1602
Fondation de la Compagnie hollandaise des Indes orientales
▼
1664
Fondation de la Compagnie française des Indes orientales
▼
1685
Code noir
▼
XVIIe et XVIIIe siècles
Développement de la façade atlantique de la France
▼
1756-1763
Guerre de Sept ans

Vocabulaire et notions

Colonisation : entreprise qui vise à prendre possession de territoires étrangers pour les exploiter et/ou les peupler.

Compagnies de commerce : entreprises créées pour développer et contrôler le commerce maritime lointain en administrant les comptoirs et en assurant le transport sécurisé des marchandises.

Esclave : personne qui n'est pas de condition libre et qui appartient à un maître qui a toute puissance sur lui.

Document 1 Une compagnie de commerce en Nouvelle-France (Canada)

En 1627, le cardinal de Richelieu, ministre du roi Louis XIII, crée la Compagnie des cent associés. Sa charte indique les obligations et les privilèges de ses membres.

Art. I. [Ils] promettront de faire passer [...] deux à trois cents hommes de tous métiers dès l'année prochaine 1628, et pendant les années suivantes en augmentant le nombre jusqu'à 4 000 de l'un et l'autre sexe [...] ; les y loger, nourrir et entretenir [...].

Art. III. En chaque habitation qui sera construite par les associés, [il y aura] trois ecclésiastiques au moins [...]

Art. IV. Pour récompenser la compagnie [...], Sa Majesté donnera à perpétuité aux cent associés [...] le fort et habitation de Québec [...].

Art. VII. Sa Majesté accordera aux associés pour toujours, le trafic de tous cuirs, peaux et pelleteries de la Nouvelle-France ; et pour quinze années [...] tout autre commerce [...] [à l'exception] de la pêche des morues et des baleines [...]

Art. IX. Sa Majesté fera don aux associés de deux vaisseaux de guerre [...] armés et équipés, prêts à faire voile [...].

1. Quel est l'objectif principal de la Compagnie des cent associés au Canada ?
2. Quels privilèges Richelieu et le roi de France lui accordent-ils ?

Document 2 Le Code noir, 1685

Préparé par Colbert, ministre de Louis XIV, le Code noir réglemente la vie des esclaves et leurs relations avec les maîtres.

Art. 2. Tous les esclaves qui seront dans nos îles seront baptisés et instruits dans la religion catholique [..]

Art. 16. Défendons [...] aux esclaves appartenant à différents maîtres de s'attrouper le jour ou la nuit [...] sous peine de punitions corporelles, qui ne pourra être moindre que du fouet, et de la fleur de lys[1] ; et en cas de fréquentes récidives, et autres circonstances aggravantes, pourront être punis de mort [...].

Art. 38. L'esclave fugitif, qui aura été en fuite pendant un mois, à compter du jour que son maître l'aura dénoncé en justice, aura les oreilles coupées et sera marqué d'une fleur de lys sur une épaule ; s'il récidive [..], la troisième fois, il sera puni de mort.

Art. 44. Déclarons les esclaves êtres meubles, et comme tels [..] se partager également entre les cohéritiers [..].

Art. 55. Les maîtres âgés de vingt ans pourront affranchir leurs esclaves [..] sans qu'ils soient tenus de rendre raison de leurs actes.

1. Punition consistant à marquer la peau avec un fer rouge en forme de fleur de lys (symbole de la royauté).

1. De quelles libertés les esclaves noirs sont-ils privés ?
2. De quels pouvoirs les maîtres disposent-ils sur leurs esclaves ?

Document 3 La prise de Québec durant la guerre de Sept ans, septembre 1759

Gravure de la fin du XVIIIe siècle. Bibliothèque du Ministère de la Défense Nationale du Canada.

1. Dans quelle colonie française la ville de Québec est-elle située (➤ Repères, p. 29) ?
2. À quel pays appartiennent les forces militaires visibles au premier plan ?
3. Comment la prise de Québec se déroule-t-elle ?

Je rédige ma synthèse

Présentez les conséquences économiques et géopolitiques de la constitution des empires coloniaux et commerciaux aux XVIIe et XVIIIe siècles.

FOCUS

2. L'empire français et le développement de la façade atlantique

● Comment le commerce colonial participe-t-il au dynamisme des ports français ?

À partir du XVIe siècle, les marchands européens parcourent l'océan Atlantique. Les activités commerciales contribuent à enrichir les ports français de la façade atlantique comme celui de Nantes.

Document 1 Le port de Nantes au XVIIIe siècle

Pierre Ozanne, *Le Port de Nantes vu du chantier de construction du quai de la Fosse*, 1776.

❶ Chantier de construction navale. ❷ Nouveaux immeubles bourgeois du quai de la Fosse
❸ Navire pour la navigation en haute mer ❹ Gabarre, bateau à fond plat pour la navigation sur la Loire.

Document 2 Le commerce triangulaire

Le principal commerce de Nantes est pour la traite des nègres. Les négociants de cette ville transportent à la Martinique et à Saint-Domingue à peu près dix mille nègres, sur trente-six à quarante bâtiments. Ils emportent pour l'achat des nègres sur la Côte d'Or[1] des fusils de la Flandre autrichienne, des tapis, des moquettes, des coraux, des couteaux et des étoffes grossières, et, à la place des nègres ils rapportent des cafés et des sucres, avec les autres productions des îles. La manière dont les pauvres nègres sont traités fait vraiment bien tort à notre humanité.

Témoignage de La Rochefoucault, Nantes, avril 1783.

1. Littoral de l'Afrique qui correspond à l'actuel Ghana.

Étudier les documents

1. Quelles activités de fabrication se développent à Nantes au XVIIIe siècle (docs 1 et 4) ?
2. Quel élément du paysage témoigne de l'enrichissement et de l'agrandissement de la ville (doc. 1) ?
3. Relevez le passage qui montre que La Rochefoucault déplore la traite atlantique (doc. 2).
4. Comment évolue la cargaison des navires de la compagnie des Indes orientales au cours du XVIIIe siècle ? Quel produit devient majoritaire (doc. 3) ?
5. À quoi sont destinées les « indiennes » (doc. 4) ?

Document 3 Le commerce avec les Indes orientales

Les marchandises de la Compagnie des Indes orientales arrivent au port de Lorient (Bretagne) où elle sont ensuite vendues.

	Vers 1700	Vers 1750	Vers 1780
Thé (en kg)	55 000	505 000	1 000 000
Porcelaine (nombre de pièces)	170 000	200 000	300 000
Cotonnades (nombre de pièces)	100 000	200 000	300 000

Document 4 Les indiennes : de l'importation à la production

Les « indiennes » sont des pièces de coton imprimées réalisées en Inde. Elles sont très demandées en Europe par les classes aisées. Au XVIIIe *siècle, des manufactures françaises commencent à en produire et diversifient leurs usages (décoration intérieure, confection de vêtements).*

Château des Ducs de Bretagne, musée d'histoire de Nantes.

Écrire

6 À l'aide des documents et de vos réponses, rédigez un paragraphe montrant comment le commerce colonial participe au dynamisme des ports français et plus particulièrement à celui de Nantes. Vous pouvez suivre le plan proposé.
a. Types de navires et marchandises partant et arrivant dans les ports de l'Atlantique.
b. Activités créées par les échanges avec les colonies.
c. Apparition de la nouvelle bourgeoisie.

CAPACITÉ

Réaliser ou compléter un schéma qui rende compte d'une situation historique

Vous allez recopier et compléter ce schéma sur le développement de la ville de Nantes au XVIIIe siècle.

1. Dans les encadrés verts, nommez des possessions françaises situées outre-mer (➤ Repères, p. 28 et doc. 3).
2. Indiquez au-dessus de chaque flèche les marchandises transportées (docs 2, 3 et 4).
3. Indiquez les activités économiques qui se développent à Nantes en liaison avec les échanges coloniaux (docs 1 à 4).

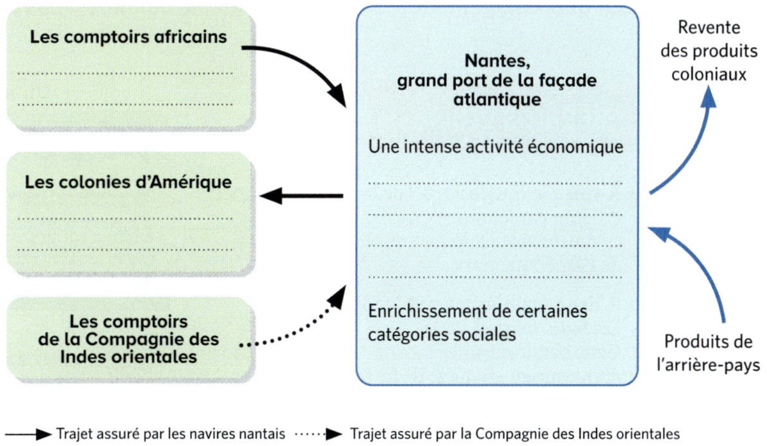

LES OUTILS DE L'HISTORIEN

Exercice 1

Je connais les principales notions

Rédigez une synthèse sur la traite atlantique en composant trois paragraphes répondant aux trois questions suivantes :

- a Comment les esclaves africains arrivent-ils en Amérique ?
- b Quel travail effectuent-ils et quelles sont leurs relations avec leurs maîtres ?
- c Quel est leur rôle dans l'économie des empires coloniaux ?

Exercice 2

Je sais identifier et nommer les dates et acteurs des grands événements

a Le traité de Tordesillas

À quelle date a-t-il été signé ? Par quels États européens ? Dans quel but ?

b La guerre de Sept ans

À quelles dates s'est-elle déroulée ? Quel État européen en sort renforcé ? Quel empire colonial en sort affaibli ?

Exercice 3

Je sais dégager l'intérêt et les limites d'un document

La compagnie des Indes rassemble à Lorient sa marine, ses troupes et tout son commerce. Elle y jette les fondements d'un des plus beaux arsenaux[1] du royaume ; ses magasins totalement achevés et remplis des marchandises de l'Inde dans le temps des ventes offrent un spectacle fort intéressant. […] Au temps des ventes, la rade[2] est bien garnie de vaisseaux anglais, hollandais, suédois, de vaisseaux de Nantes, de Saint Malo, de Marseille, de Bordeaux et de Bayonne. […] La Compagnie envoie tous les ans douze à quinze vaisseaux aux Grandes Indes dont deux sont chargés pour la Chine. Cette année, les vaisseaux ont rapporté deux millions de pesants[3] de thé, beaucoup de café de Moka[4] et de Bourbon[5], beaucoup de soie, une grande quantité de mousseline et d'étoffes des Indes, mais peu de porcelaines.

E. Mignot de Montigny, *Voyage dans la Bretagne en 1752*.

1. Centre de construction et d'entretien des navires.
2. Espace de mouillage des navires.
3. Unité de poids.
4. Café d'Arabie
5. Colonie française (île de la Réunion actuelle).

1 Recopiez et remplissez ce tableau à l'aide des informations du document.

Les trajets effectués par la Compagnie des Indes	Les marchandises ramenées à Lorient	Le dynamisme du port de Lorient

2 Sur quel chargement des navires le texte ne donne-t-il pas de précision ?

Regards croisés

- **À voir :** le musée virtuel de la Nouvelle-France. Proposé par le musée canadien de l'Histoire, ce musée virtuel permet de retracer l'histoire de l'Amérique française.
- **À lire :** Alain Ayroles et Juanjo Guarnido, *Les Indes fourbes*, 2019. Cette bande dessinée raconte les tribulations d'un vaurien en quête de fortune dans le Nouveau Monde.

Un musée

Visitez le musée.
liennathan.fr/e236wk

Une bande dessinée

Chapitre 3

L'Amérique en révolution

À partir des années 1760, l'Amérique, un monde disparate composé de colonies anglaises, françaises et espagnoles, entre en révolution. Les volontés d'indépendance conduisent à inventer de nouvelles formes de gouvernement.

John Trumbull, *La Reddition du général Burgoyne*, 1821.
La bataille de Saratoga, menée au cours de l'année 1777, se termine par une victoire des insurgés américains face aux Britanniques menés par le général Burgoyne. Le 16 octobre, ce dernier doit se rendre au général américain Horatio Gates. Cette victoire marque un tournant dans la guerre d'Indépendance américaine.

Pour se lancer !

1. Repérez où se trouvent les Américains d'une part et les Britanniques d'autre part.
2. Décrivez l'attitude des personnages. Comment le peintre a-t-il voulu souligner la victoire américaine ?

Les mots du chapitre

- Selon vous, que sous-entend le titre du chapitre : *L'Amérique en révolution* ? Émettez des hypothèses.

REPÈRES L'Amérique en révolution

● Où et quand les **révolutions** américaines ont-elles lieu ?

Document 1 **La naissance des États-Unis**

Source : M. Dorigny, *Atlas des premières colonisations*, 2013.

1. Combien de colonies les Britanniques possèdent-ils en Amérique du Nord ?
2. Identifiez les forces en présence au cours de la guerre d'Indépendance.
3. Relevez le nom des principales victoires américaines lors de la guerre d'Indépendance.

Vocabulaire et notions

Révolution : changement brusque et violent de de l'organisation politique et sociale d'un État.

Document 2 L'Amérique en révolution

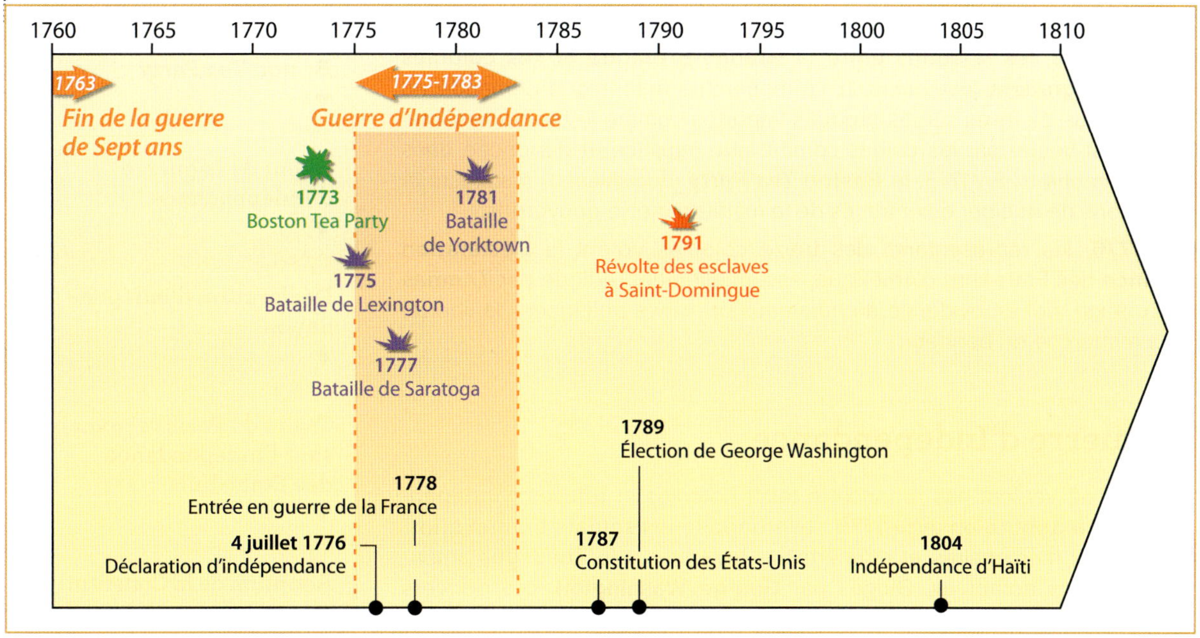

Document 3 La révolution de Saint-Domingue

1 Quand commence et quand finit la révolution de Saint-Domingue ?

2 Qui est la grande figure de cette révolution ?

COURS

1. Révolution américaine et guerre d'Indépendance

● Comment les treize colonies prennent-elles leur **indépendance** pour donner naissance aux États-Unis d'Amérique ?

1 Une révolution dans un contexte de crise coloniale

Dès la fin des années 1750, et davantage encore à partir de la fin de la guerre de Sept ans en 1763, **les relations entre la Grande-Bretagne et ses colonies américaines se dégradent** (document 2). La monarchie britannique demande en effet de plus en plus de taxes sur les produits importés comme le thé ou le sucre. Cette situation est vécue par les colons comme une injustice et dénoncée dans de nombreux pamphlets. En 1773, la ***Boston Tea Party*** (document 1) manifeste la volonté des colons de décider eux-mêmes de la manière d'être gouvernés.

Le **4 juillet 1776**, les représentants des treize colonies votent la **Déclaration d'indépendance** des États-Unis d'Amérique, essentiellement rédigée par **Thomas Jefferson**. Ce texte met en évidence de nouveaux principes politiques : la liberté, l'égalité et la recherche du bonheur.

2 Une guerre d'Indépendance

Les Britanniques ne veulent pas renoncer à leurs colonies et refusent l'indépendance. **La guerre a débuté en avril 1775** : elle oppose les soldats britanniques, aidés de nombreux mercenaires et d'Américains loyalistes, aux **insurgés** américains trois fois moins nombreux. Dirigés par **George Washington**, ces derniers comptent sur le soutien de milices, les Minutemen, qui se mobilisent rapidement mais sont peu formés et équipés.

Bénéficiant du soutien de la France, d'abord officieux puis officiel à partir de 1778, les insurgés parviennent à remporter plusieurs batailles décisives (➤ Repères, p. 42-43). La victoire de Yorktown, en 1781, conduit à la **capitulation des Britanniques**. Les traités de Paris et de Versailles, signés en 1783, marquent la fin de la guerre : les États-Unis d'Amérique sont reconnus comme un territoire indépendant.

3 Un nouvel État

Les États-Unis d'Amérique forment une République fédérale. Chaque État conserve certaines prérogatives, comme les impôts, la justice ou l'éducation, tandis que l'**État fédéral** se charge de la politique extérieure et de la défense du territoire.

Inspirés par la philosophie des Lumières, les « pères fondateurs » rédigent une **Constitution**, adoptée en 1787 puis ratifiée par chacun des États (document 3). Fondée sur le principe de la **séparation des pouvoirs**, cette Constitution prévoit l'élection de **représentants au Congrès** et d'un **président de la République**. En 1789, **George Washington est le premier président élu**. Les États-Unis ne sont pourtant pas une démocratie aboutie car les femmes, les esclaves, les Amérindiens et les citoyens modestes demeurent exclus de la vie politique.

J'ai compris le cours

1. Je peux citer les principaux acteurs de la révolution et de la guerre d'Indépendance et indiquer leurs motivations.
2. Je peux présenter les principales caractéristiques du nouvel État.

Chronologie

1773
Boston Tea Party
▼
1775
Début de la guerre d'Indépendance
▼
1776
Déclaration d'indépendance
▼
1783
Traité de Paris reconnaissant l'indépendance des États-Unis
▼
1787
Adoption de la Constitution
▼
1789
Élection de George Washington comme premier président

Vocabulaire et notions

Constitution : personne qui jouit de droits politiques et de devoirs dans un système démocratique.

État fédéral : État composé de plusieurs territoires ou États, chacun des États fédérés disposant de son propre gouvernement.

Indépendance : situation d'un État souverain et autonome.

***Insurgents* (insurgés) :** nom donné aux révoltés des colonies britanniques d'Amérique.

Document 1 La *Boston Tea Party*, 16 décembre 1773

Pour protester contre les taxes exigées par la Couronne britannique, des habitants de Boston, montés à bord des navires, vident des caisses de thé par-dessus bord. Cet événement est considéré comme un élément déclencheur de la révolution américaine.

1. Comment les individus à bord sont-ils déguisés ? Pourquoi, d'après vous, portent-ils ce déguisement ?
2. Quelle est la réaction de la population sur le quai ?

Document 2 Une grande figure de l'indépendance : Benjamin Franklin

Cet extrait présente l'audition de Benjamin Franklin, en 1766, au sujet du droit de timbre imposé par le roi d'Angleterre.

« – Quel est votre nom et lieu de résidence ?

– Franklin, de Philadelphie.

– Les Américains paient-ils des taxes ?

– Oui, beaucoup, et des taxes très lourdes.

– Dans quel but sont levées ces taxes ?

– Pour subvenir aux établissements civils et militaires et pour résorber les lourdes dettes contractées pendant la dernière guerre[1].

– Le peuple est-il en mesure de payer ces taxes ?

– Non. [...]

– Pensez-vous que le peuple d'Amérique paierait des droits de timbre s'ils sont modérés ?

– Non, jamais, sauf contraint par la force des armes. »

1. Il s'agit de la guerre de Sept ans menée contre la France et l'Autriche de 1756 à 1763.

1. D'après Benjamin Franklin, que pensent les Américains des taxes imposées par les Britanniques ?
2. Relevez le nom du nouvel impôt décidé par le roi d'Angleterre.

Document 3 La Constitution des États-Unis, 1787

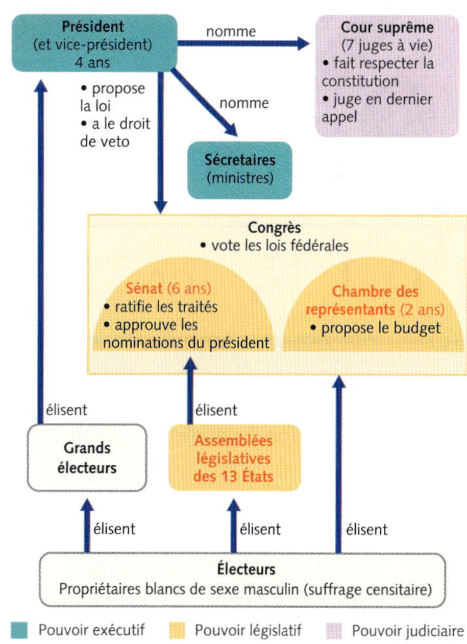

1. Quels sont les trois principaux pouvoirs ?
2. Tous les habitants des États-Unis sont-ils égaux ?

Je rédige ma synthèse

Rédigez un paragraphe résumant les principales étapes de la révolution américaine et de la création des États-Unis d'Amérique.

FOCUS

1. La naissance d'un État indépendant

● Sur quels principes la Déclaration d'indépendance des États-Unis repose-t-elle ?

À partir des années 1750, les colons américains protestent contre les mesures adoptées par la monarchie britannique, en particulier les nouvelles taxes qui pèsent sur eux. Le refus du roi d'Angleterre George III de négocier avec les Américains provoque une opposition de plus en plus importante. Le 4 juillet 1776, les représentants des treize colonies votent la Déclaration d'indépendance des États-Unis d'Amérique.

Document 1 — L'union et l'indépendance, des revendications anciennes

Chaque portion du corps du serpent désigne une colonie britannique d'entre elles (plusieurs n'ont pas été représentées).

Caricature de Benjamin Franklin, *The Pennsylvania Gazette*, 9 mai 1754.
Traduction : « S'unir ou périr »

Document 2 — La révolution américaine vue par l'Anglais Thomas Paine

Intellectuel et partisan de l'indépendance, Thomas Paine publie ce ***pamphlet*** *qui rencontre un grand succès au début de l'année 1776.*

Ô vous amis de l'humanité ! Vous qui osez vous opposer non seulement à la tyrannie mais au tyran, avancez-vous ! L'oppression ravage chaque recoin du Vieux Monde. La liberté a été pourchassée sur toute la surface du globe. L'Asie et l'Afrique l'ont bannie depuis longtemps. L'Europe la regarde comme une étrangère, et l'Angleterre lui a signifié son congé. Ah ! recueillez la fugitive et préparez à temps un asile pour le genre humain.

Thomas Paine, *Sens Commun*, 1776.

Mener une recherche

1. Cherchez qui est Benjamin Franklin : quelles fonctions politiques a-t-il occupées ? Était-il seulement un homme politique ?

Étudier les documents

2. Présentez et décrivez le document 1. À quoi correspondent les initiales ?
3. Quel message Benjamin Franklin veut-il faire passer (doc. 1) ?
4. À qui Thomas Paine s'adresse-t-il dans son pamphlet (doc. 2) ?
5. Qui désigne-t-il comme « le tyran » (l. 2, doc. 2) ?

Vocabulaire et notions

Pamphlet : texte satirique visant à dénoncer un pouvoir et à défendre une cause.

Congrès : assemblée des représentants des États américains.

Document 3 La Déclaration d'indépendance présentée au Congrès le 28 juin 1776

Le texte, rédigé en grande partie par Thomas Jefferson au sein d'un comité de cinq personnes, est déposé au ***Congrès*** *le 28 juin 1776, adopté le 4 juillet puis envoyé aux assemblées des treize colonies.*

John Trumbull, *Déclaration d'indépendance*, 1819. Capitole des États-Unis, Washington.
Le tableau représente la Commission des Cinq déposant le texte de la Déclaration d'indépendance
1 John Adams 2 Roger Sherman 3 Robert Livingston 4 Thomas Jefferson 5 Benjamin Franklin.

Document 4 Les principes fondateurs

Nous tenons pour évidentes par elles-mêmes les vérités suivantes : tous les hommes sont créés égaux ; ils sont doués par le Créateur de certains droits inaliénables ; parmi ces droits se trouvent la vie, la liberté et la recherche du bonheur. Les gouvernements sont établis parmi les hommes pour garantir ces droits, et leur juste pouvoir émane du consentement des gouvernés. Toutes les fois qu'une forme de gouvernement devient destructrice de ce but, le peuple a le droit de le changer ou de l'abolir, et d'établir un nouveau gouvernement, en le fondant sur les principes et en l'organisant en la forme qui lui paraîtront les plus propres à lui donner la sûreté et le bonheur.

Déclaration des treize États unis d'Amérique réunis en Congrès le 4 juillet 1776.

Étudier une image

6 Décrivez la scène. Quels personnages le peintre a-t-il voulu mettre en évidence (doc. 3) ?

Étudier un texte de loi

7 Relevez les droits proclamés par la Déclaration d'indépendance (doc. 4).

8 Quelle doit être la relation entre le gouvernement et les gouvernés (doc. 4) ?

Écrire

9 Rédigez un court paragraphe pour exposer les principes et les actions qui donnent naissance aux États-Unis d'Amérique.

FOCUS

2. Des Français s'engagent en faveur des États-Unis

Pourquoi et de quelle manière certains Français s'engagent-ils aux côtés des États-Unis dans la guerre d'Indépendance ?

***Grande puissance coloniale, la France est en rivalité avec la Grande-Bretagne tout le long du XVIIIe siècle. Vaincue au terme de la guerre de Sept ans (1756-1763), elle compte prendre sa revanche et affaiblir son grand rival en soutenant la révolution américaine. Des considérations d'ordre moral et philosophique expliquent aussi l'engagement de la France aux côtés des* insurgents.**

Document 1 La Fayette en Amérique

Gilbert du Motier, marquis de La Fayette (1757-1834), est un aristocrate français qui s'engage aux côtés des *insurgents* américains à deux reprises, en 1777-1778 et en 1780-1781.

Dans cette lettre, il écrit à sa femme restée en France.

Je vais à présent vous parler du pays, mon cher cœur, et de ses habitants. Ils sont aussi aimables que mon enthousiasme avait pu se le figurer. La simplicité des manières, le désir d'obliger[1], l'amour de la patrie et de la liberté, une douce égalité, règnent ici parmi tout le monde. L'homme le plus riche et le plus pauvre sont de niveau, et quoiqu'il y ait des fortunes immenses dans ce pays, je défie de trouver la moindre différence entre leurs manières respectives les uns pour les autres. [...]

Ce qui m'enchante ici c'est que tous les citoyens sont frères. Il n'y a en Amérique ni pauvres, ni même ce qu'on appelle paysans. Tous les citoyens ont un bien honnête, et tous, les mêmes droits que le plus puissant propriétaire du pays. Les auberges sont bien différentes d'Europe ; le maître et la maîtresse se mettent à table avec vous, font les honneurs d'un bon repas, et en partant vous payez sans marchander. Quand on ne veut pas aller dans une auberge, on trouve des maisons de campagne où il suffit d'être bon Américain pour être reçu avec les attentions qu'on aurait en Europe pour un ami.

« Lettre du 15 juin 1777 », *Mémoires, correspondance et manuscrits du général La Fayette*, 1837.

1. Rendre service.

Document 2 Les Américains cherchent de l'aide auprès des Français

Bientôt on vit arriver à Paris des députés américains, Sileas Deane et Richard Lee ; peu de temps après, le célèbre Benjamin Franklin vint les rejoindre. Il serait difficile d'exprimer avec quel empressement, avec quelle faveur furent accueillis en France, au sein d'une vieille monarchie, ces envoyés d'un peuple en insurrection contre son monarque. [...]

Les trois premiers Français, distingués par leur rang à la Cour, qui offrirent le secours de leur épée aux Américains furent le marquis de La Fayette, le vicomte de Noailles et moi. Nous étions depuis longtemps unis par l'amitié, nous l'étions encore par une grande conformité de sentiments.

Mémoires du Comte de Ségur (1753-1830), 1824.

Étudier les documents

1. Qu'est-ce qui séduit La Fayette en Amérique (doc. 1) ?
2. Quelle vision des Américains a-t-il (doc. 1) ?
3. D'après le comte de Ségur, comment les Américains sont-ils accueillis à Paris (doc. 2) ?
4. Qui sont les premiers Français à s'engager auprès des insurgés (docs 1 et 2) ?

Document 3 Jean Suau, *La France offre la Liberté à l'Amérique*, 1784

Ce tableau représente plusieurs ***allégories****. Au centre, la France, revêtue d'une cuirasse et d'un manteau bleu orné de fleurs de lys dorées, tient par la main la Liberté, qu'elle offre à l'Amérique. L'Amérique est incarnée par un Indien portant une coiffe à plumes. La Liberté tient dans sa main droite le sceptre, symbole de souveraineté, et dans sa main gauche le bonnet phrygien, symbole de la liberté.*

Musée franco-américain du Château de Blérancourt.

Étudier une image

5 Comment l'Amérique et les Américains sont-ils représentés (doc. 3) ?

6 Comment le peintre met-il en valeur le rôle joué par la France dans la guerre d'Indépendance (doc. 3) ?

Formuler le bilan

7 Dans un paragraphe ou sous forme de carte mentale, expliquez comment les Français s'engagent avec les insurgés américains (acteurs, causes, formes de l'engagement).

Vocabulaire et notions

Allégorie : en peinture, idée (la liberté, le bonheur, la vertu...) représentée par un objet ou une personne.

Mes ressources numériques

Lisez cette courte biographie de La Fayette.
liennathan.fr/235quj

Regards croisés

Histoire
EMC
Arts

Le contexte

Au cours de la guerre d'Indépendance, un drapeau est utilisé par les pères fondateurs pour symboliser la création d'un nouvel État. Depuis son adoption officielle en 1777, le drapeau des États-Unis a connu différentes versions. Il est actuellement composé de treize bandes horizontales, une pour chacune des colonies à l'origine du pays, et de cinquante étoiles, représentant les cinquante États fédérés.

Chronologie

1777 Première utilisation du drapeau : il ne compte alors que treize étoiles.

1960 Dernière modification du drapeau avec l'ajout de Hawaï comme 50e État des États-Unis.

Le drapeau américain, un symbole fort

LE REGARD D'UN ARTISTE DU XIXe SIÈCLE

1 Célébration de la Fête nationale, le 4 juillet, dans l'Amérique rurale (Anonyme, illustration des années 1800)

Mes ressources numériques

Écoutez ce podcast sur l'histoire du drapeau, France Culture.
liennathan.fr/8sf2t9

Regardez ce reportage sur l'histoire du drapeau américain planté sur la Lune, France 24.
liennathan.fr/8w5tw4

Consultez cet extrait d'un sondage sur le patriotisme américain.
liennathan.fr/343jmt

Écoutez ce podcast sur l'histoire du drapeau français, France Culture.
liennathan.fr/6w2u5u

LE REGARD D'UN JOURNALISTE

2 Fabrice Rousselot, « Le patriotisme souffle dans les rues de Verona », *Libération*, 21 mars 2003

Cet article est publié le lendemain de l'invasion de l'Irak par les États-Unis en mars 2003. Le président américain George W. Bush présente cette guerre comme une réponse à l'attentat perpétré aux États-Unis par Al-Qaida le 11 septembre 2001.

À Verona, personne n'a oublié le 11 septembre. Sur Main Street, les drapeaux américains sont toujours exhibés dans les vitrines ou accrochés aux feux rouges. À l'entrée de la ville, une large pancarte bleu, blanc, rouge, avec le traditionnel « God bless America » (Que Dieu bénisse l'Amérique). Dans les boutiques et devant les supermarchés, le lien entre Oussama ben Laden et Saddam Hussein ne fait aucun doute. « Bien sûr que Saddam soutient Al Qoda (sic) », assure Pat Lomento. Comme tous les jours, la petite dame est venue chercher son sandwich chez Henri, l'épicier du coin, qui arbore dans sa vitrine une affiche annonçant une manifestation en faveur des troupes américaines. « Saddam Hussein est un terroriste et je suis persuadée qu'il a quelque chose à voir avec l'attaque contre le World Trade Center, dit encore Pat. Si on n'en a pas encore les preuves, cela ne va pas tarder.

LE REGARD D'UN ARTISTE CONTEMPORAIN

3 Jasper Jones, *Three Flags*, 1958

Jasper Jones est un artiste américain né en 1930, qui a été une figure majeure du mouvement Pop Art. Three Flags *est une peinture réalisée sur toile avec de l'encaustique (une préparation faite avec de la cire et de l'essence de térébentine).*

Regards croisés

Croiser les regards

1 Comment le drapeau est-il mis en valeur sur chacune des œuvres d'art ?

2 D'après l'illustration page 52, comment et dans quelle atmosphère les Américains célèbrent-ils la Fête nationale ?

3 Comment les Américains utilisent-ils le drapeau en 2003 lors de la guerre contre l'Irak ? Relevez dans l'article toutes les manifestations du patriotisme américain.

Mener une recherche

4 Cherchez les origines du drapeau français. Depuis quand est-il utilisé ? Que symbolisent ses trois couleurs ? Comment est-il utilisé par l'État ? Par les particuliers ?

Faire le bilan

5 Selon vous, comment le drapeau américain manifeste-t-il le patriotisme des Américains ? Vous répondrez à cette question dans un paragraphe d'une quinzaine de lignes en vous appuyant sur les documents de la double page.

COURS

2. La révolution à Saint-Domingue

● Comment la révolte des esclaves à Saint-Domingue conduit-elle à l'indépendance d'Haïti ?

1 Saint-Domingue, une colonie française

Saint-Domingue est la partie occidentale de l'île d'Hispaniola, située dans les Antilles. Elle est colonisée par la France, tandis que les Espagnols en occupent la partie orientale (➤ Repères, p. 43). Avec l'essor du commerce triangulaire et de la traite atlantique aux XVIIe et XVIIIe siècles, Saint-Domingue devient la **principale « île à sucre » de l'empire français**.

À la veille de la Révolution française, Saint-Domingue est peuplée de colons blancs (environ 10 000) et de **500 000 esclaves noirs** qui travaillent dans les **plantations** pour produire du sucre, du coton ou du café. Il existe aussi une catégorie d'**esclaves affranchis, les « libres de couleur »**, dont les droits demeurent moins importants que ceux des planteurs blancs.

2 Une révolte née dans le contexte de la Révolution française

Depuis le début de la colonisation, plusieurs révoltes se produisent à Saint-Domingue. À partir des années 1770, **le marronage se développe** : des esclaves fuient dans les montagnes et se rebellent contre les propriétaires blancs. Le soulèvement se généralise en 1791 dans toute la colonie (documents 1 et 2).

Alors que la Révolution a débuté en métropole depuis deux ans, les populations se mobilisent en faveur de la suppression de la traite et pour l'égalité des hommes libres. Dans la nuit du 22 au 23 août 1791, plusieurs dizaines de milliers d'esclaves se soulèvent contre les propriétaires blancs. Saint-Domingue connaît une révolution qui dure plusieurs mois, jusqu'à **l'abolition de l'esclavage proclamée en septembre 1793** sur l'île, mesure étendue à l'ensemble des colonies françaises le 4 février 1794.

3 L'indépendance d'Haïti

Saint-Domingue devient un enjeu dans la guerre menée par l'Espagne et la Grande-Bretagne contre la France révolutionnaire. Dans ce contexte, **Toussaint Louverture** (document 3), ancien esclave **affranchi** qui a participé à la révolution, se rallie à la République française. Il unifie l'île sous son autorité et fait adopter une Constitution en 1801.

En réaction, **le général Bonaparte** envoie des troupes pour reprendre le contrôle de l'île et y **rétablit l'esclavage en 1802**. Cependant, les Français de métropole sont rapidement battus par les troupes du général Dessalines qui proclame l'**indépendance d'Haïti le 1er janvier 1804**. Ce nouvel État, qui reprend son nom indien, devient la première République noire de l'histoire.

J'ai compris le cours

1. Je peux expliquer la situation économique, sociale et politique de Saint-Domingue à la fin du XVIIIe siècle.
2. Je suis capable de citer les dates du début de la révolution de Saint-Domingue et de l'indépendance d'Haïti.

Chronologie

1791
Révolte des esclaves à Saint-Domingue
▼
1794
Abolition de l'esclavage dans les colonies françaises
▼
1802
Rétablissement de l'esclavage par Napoléon Bonaparte
▼
1804
Indépendance d'Haïti

Mes ressources numériques

Visitez cette exposition virtuelle sur l'histoire d'Haïti.
liennathan.fr/8e33eu

Vocabulaire et notions

Abolition : suppression définitive.

Affranchissement : émancipation d'un esclave qui devient un homme ou une femme libre.

Plantation : domaine agricole exploité par des propriétaires qui y font travailler des esclaves.

Document 1 La révolte des esclaves à Saint-Domingue, août 1791

Le décret du 13 mai 1791 accorde la citoyenneté aux Noirs libres nés de parents libres. Cet événement déclenche une révolte dans la colonie.

Révolte des esclaves à Saint-Domingue en août 1791, gravure, 23 août 1791.

1 Décrivez le document.

2 Quelle impression cette image produit-elle ?

Document 2 Un récit des événements

Nous nous empressons de vous faire part des cruels et désastreux événements qui nous arrivent depuis quelques jours. Les Nègres esclaves se sont attroupés en nombre considérable ; depuis quelques jours, partout où ils passent, ils incendient tout, et égorgent tous les Blancs qu'ils rencontrent. Ils se saisissent de toutes les armes et s'en servent à cet effet. Par les différentes dispositions qu'ils ont faites, il paraît que le complot doit être général dans toute la colonie. Déjà on a fait partir les troupes de ligne et patriotiques, et d'après un rapport qui vient de nous être fait, il vient d'y avoir une attaque où une centaine de Nègres ont été tués, le reste est en fuite et on les poursuit vivement. Vous devez sentir la nécessité d'établir la plus exacte surveillance, pour nous garantir du fléau qui nous afflige.

Mercure universel, 29 octobre 1791.

1 Relevez les passages et les expressions qui montrent que la révolution à Saint-Domingue est très violente.

2 Le point de vue porté sur la révolution est-il favorable aux esclaves ? Justifiez votre réponse.

Document 3 Un acteur majeur de l'indépendance

Toussaint Louverture, esclave affranchi, participe activement à la révolte des esclaves en 1791. Après l'abolition, il devient commandant de la colonie en 1797 et s'impose comme un acteur essentiel de l'indépendance. Il est ici représenté en uniforme de général français.

Toussaint Louverture, chef des Noirs insurgés de Saint-Domingue, eau-forte colorée, vers 1796-1799.

1 Présentez le document.

2 Quelle image ce dessin donne-t-il de Toussaint Louverture ?

CAPACITÉ

Raconter la révolution de Saint-Domingue

Vous allez raconter la révolution de Saint-Domingue en veillant à bien présenter les acteurs, les lieux et les événements.
Pour mener à bien cette capacité, suivez la démarche proposée.

1 Indiquez la situation économique et politique de Saint-Domingue en 1791.

2 Précisez quels acteurs interviennent dans la révolution.

3 Indiquez les conséquences de cette révolution pour la population et le territoire de Saint-Domingue.

BILAN Capacités

LES OUTILS DE L'HISTORIEN

Exercice 1

Je sais identifier et nommer les périodes historiques, les continuités et ruptures chronologiques

Reproduisez et complétez la frise suivante en associant les dates et les périodes aux événements qui leur correspondent.

Dates : 1776 • 1783 • 1787 • 1791 • 1804

Événements : Indépendance d'Haïti • Constitution des États-Unis • Déclaration d'indépendance des États-Unis • Début de la révolution à Saint-Domingue • Traité de Paris reconnaissant l'indépendance des États-Unis.

Exercice 2

Je sais identifier et nommer les acteurs des grands événements

Associez aux acteurs suivants les événements dans lesquels ils ont été impliqués.

Les acteurs :
a. George Washington.
b. La Fayette.
c. Thomas Jefferson.
d. Toussaint Louverture.

Les événements :
1. Révolution à Saint-Domingue.
2. Aide de la France aux insurgés américains.
3. Premier président des États-Unis.
4. Rédaction de la Déclaration d'indépendance.

Exercice 3

Je m'interroge sur des documents

La statue équestre du roi Georges III renversée à New York, 1776.

Gravure sur bois, 1850.

1. Présentez ce document.
2. Décrivez la scène.
3. Après avoir relevé la date de l'événement, rappelez le contexte en Amérique et expliquez cette scène.

Regards croisés

- **À écouter :** le podcast sur Toussaint Louverture, France Inter.
- **À voir :** le film *Hamilton* de Thomas Kail, 2020. Cette comédie musicale s'inspire de la vie d'un acteur de la révolution américaine.
- **À lire :** la bande dessinée *Une histoire populaire de l'empire américain* d'Howard Zinn, Paul Buhle, Mike Konopacki, 2009.

Un podcast

Écoutez le podcast.
liennathan.fr/x8g37e

Un film

Une bande dessinée

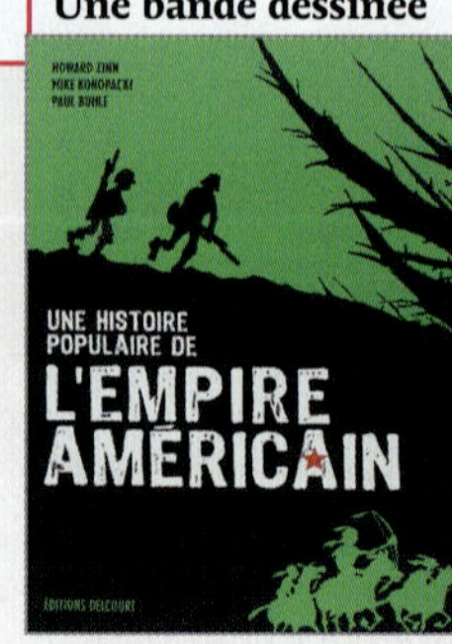

Chapitre 4

La France en révolution (1789-1799)

Entre 1789 et 1799, les Français, sujets soumis à un roi absolu, deviennent des citoyens, acteurs de leur propre destin. La Révolution française est un moment d'expérimentation politique intense, dans un climat de grandes tensions.

Sur ce tableau, Louis XVI s'apprête à monter sur l'échafaud et déclare : « Je meurs innocent des crimes dont on m'accuse. » Ces propos ont été rapportés par l'abbé Edgeworth (1745-1807).

L'exécution de Louis XVI, 21 janvier 1793
Charles Benazech (1767-1794), *Louis XVI et l'abbé Edgeworth de Firmont au pied de l'échafaud, le 21 janvier 1793.* Musée du château de Versailles.

Les mots du chapitre

- Selon vous, à quels événements se réfèrent les mots du chapitre : *La France en révolution* ?

Pour se lancer !

1. Repérez sur le tableau le roi, son confesseur, l'échafaud.
2. Comment interpréter la présence du drapeau tricolore à l'arrière-plan ?
3. Pouvez-vous citer des noms de révolutionnaires célèbres ?

REPÈRES La Révolution française (1789-1799)

- Quels sont les grandes étapes et les moments-clés de la Révolution française ?

La révolution en France, 1789-1799

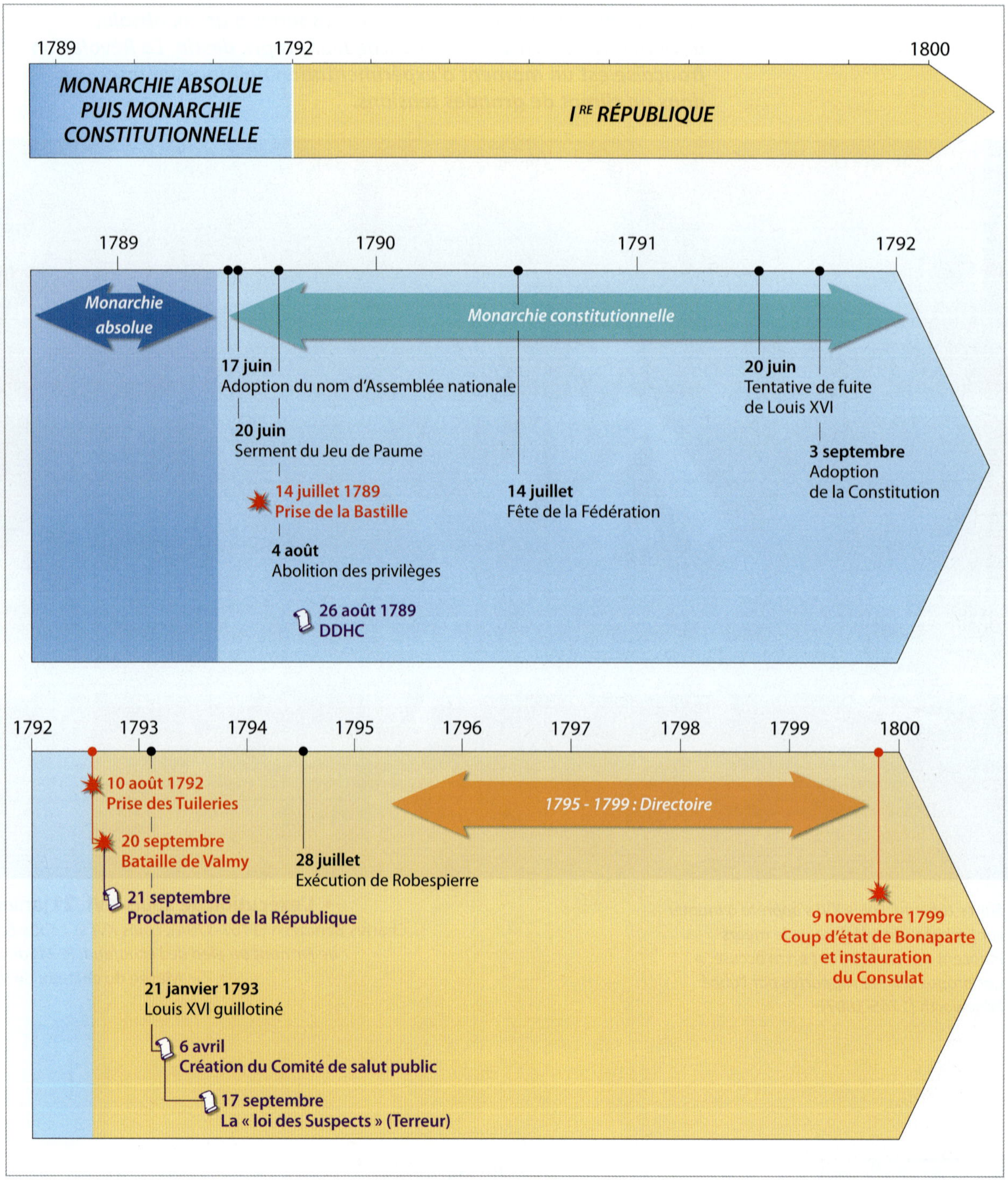

1. Dressez la liste des régimes politiques qui se sont succédé entre 1789 et 1799.
2. Quand la première République de notre histoire est-elle née ?

La République face aux ennemis de l'intérieur et de l'extérieur, 1792-1794

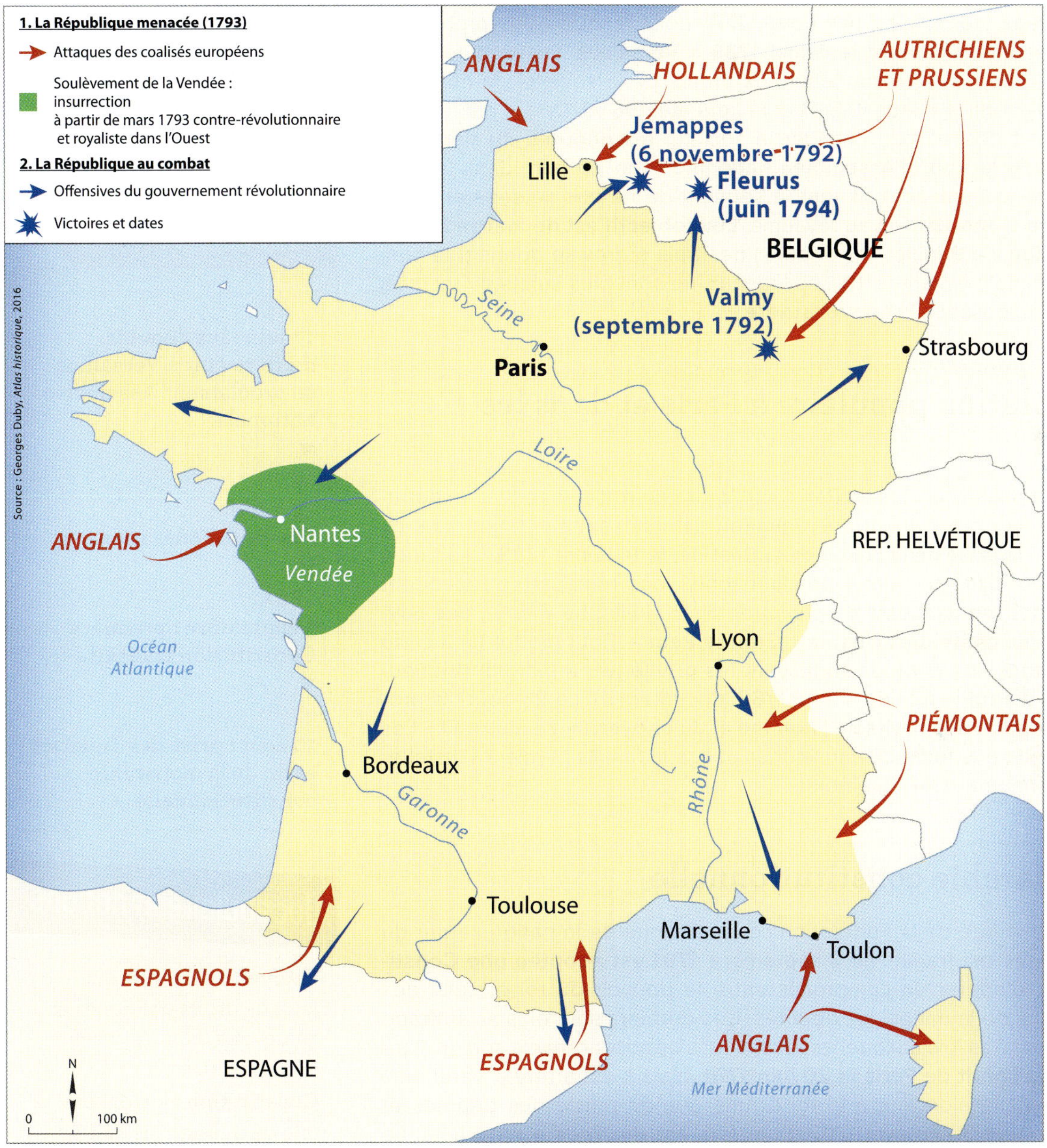

1 Où se déroulent les principales batailles qui opposent la République française aux monarchies européennes ?

2 Dans quelles régions françaises ont lieu des soulèvements contre-révolutionnaires ?

Vocabulaire et notions

République : régime politique et démocratique dans lequel les gouvernants tiennent leur pouvoir de la nation souveraine.

COURS

1. De la monarchie absolue à la monarchie constitutionnelle (1789-1792)

● Comment la Révolution rompt-elle avec la monarchie absolue ?

1 Révolution des notables et fin de l'absolutisme

Les états généraux, convoqués par **Louis XVI** pour résoudre les problèmes financiers du royaume, **s'ouvrent le 5 mai 1789 à Versailles**. Les députés sont répartis en trois groupes, correspondant aux ordres de la société : la noblesse (1,5 % de la population), le clergé (0,5 %) et le tiers état (98 %). Déçus par les propositions du roi et désireux de changer la société, **les députés du tiers état adoptent le 17 juin le nom d'Assemblée nationale** et le **20 juin**, dans la salle du Jeu de paume (document 1), ils font le serment de ne pas se séparer avant d'avoir donné une **Constitution** au royaume. **Leur objectif est de mettre fin à la monarchie absolue**. Le **9 juillet**, les députés des trois ordres se donnent le nom d'Assemblée nationale constituante. Les Français ne sont plus sujets du roi mais **citoyens**, la nation possède la **souveraineté**.

2 La révolution populaire à Paris et dans les campagnes

Les armées massées aux portes de Paris, sur l'ordre du roi, et le renvoi du populaire ministre Necker provoquent une agitation dans la capitale. C'est dans ce contexte qu'a lieu **la prise de la prison de la Bastille, le 14 juillet 1789**. L'agitation gagne le reste du royaume : dans les campagnes, des rumeurs se répandent et déclenchent des mouvements de panique : du 20 juillet au 6 août, **des paysans attaquent des châteaux : c'est la « Grande Peur »**. Pour mettre fin à cette flambée de violence, les députés **abolissent les privilèges**, les droits seigneuriaux et la **dîme** durant la nuit du 4 août 1789 (document 2). Le 26 août, ils proclament la **Déclaration des droits de l'homme et du citoyen** (➤ Focus, p. 60). Les 5 et 6 octobre 1789, une foule de Parisiennes oblige la famille royale à s'installer à Paris, où déménage aussi l'Assemblée.

3 La monarchie constitutionnelle

Le 14 juillet 1790, la fête de la Fédération célèbre l'unité de la nation autour du roi, mais cette unité est fragile. **Le 3 septembre 1791 est adoptée une Constitution**, qui tente d'opérer un compromis entre le pouvoir du roi et celui des représentants élus de la nation, les députés. Ces derniers sont élus au suffrage censitaire et votent des lois auxquelles le roi peut s'opposer grâce à son droit de **veto**. **Louis XVI s'enfuit de Paris le 20 juin 1791**, mais il est arrêté à Varennes. La méfiance s'installe alors entre le roi et une grande partie des députés et du peuple (document 3). En avril 1792, **la guerre est déclarée à l'Autriche**. Le 10 août 1792, le **palais des Tuileries**, où résidaient le roi et sa famille, est envahi et **Louis XVI est fait prisonnier**. Cet événement marque la **fin de la monarchie constitutionnelle**.

J'ai compris le cours

1. Je peux citer les dates des principaux événements révolutionnaires de l'année 1789.
2. Je suis capable d'expliquer ce qu'est une monarchie constitutionnelle.

Louis XVI (1754-1793)
Petit-fils de Louis XV, marié en 1770 à Marie-Antoinette d'Autriche, il devient roi de France en 1774. Dernier roi de l'Ancien Régime, il est guillotiné le 21 janvier 1793.

Chronologie

1789
17 juin : les députés du tiers état à Versailles se proclament Assemblée nationale.
▼
1790
14 juillet : fête de la Fédération
▼
1791
3 septembre : première Constitution française
▼
1792
10 août : prise des Tuileries et fin de la monarchie constitutionnelle.

Vocabulaire et notions

Citoyen : personne qui jouit de droits politiques et de devoirs dans un système démocratique.
Constitution : loi fondamentale définissant les droits essentiels des citoyens d'un État et déterminant son mode de gouvernement.
Dîme : impôt levé par l'Église, représentant à peu près un dixième des récoltes.
Souveraineté : autorité suprême.
Veto (droit de) : droit de s'opposer à l'adoption d'une loi.

Document 1 La naissance de la souveraineté nationale

Les députés jurent de ne pas se séparer avant d'avoir donné à la France une Constitution.

Jacques-Louis David, *Serment du Jeu de paume, le 20 juin 1789.* Musée Carnavalet, Paris.

1. Pourquoi certains députés lèvent-ils la main ?
2. Décrivez la partie haute du tableau : que voit-on ? Comment l'interpréter ?

Document 2 L'abolition des privilèges

Durant la nuit du 4 au 5 août 1789, l'Assemblée décide d'abolir les privilèges, mettant ainsi fin à l'Ancien Régime.

Art. 1er. L'Assemblée nationale détruit entièrement le régime féodal. […]

Art. 3. Le droit exclusif de la chasse ou des garennes ouvertes est pareillement aboli […].

Art. 4. Toutes les justices seigneuriales sont supprimées sans aucune indemnité […].

Art. 5. Les dîmes de toute nature, et les redevances qui en tiennent lieu, […] possédées par les corps séculiers et réguliers, […] sont abolies […].

Art. 11. Tous les citoyens, sans distinction de naissance, pourront être admis à tous les emplois et les dignités ecclésiastiques, civiles et militaires, et nulle profession utile n'emportera dérogeance. […]

Assemblée nationale, 11 août 1789.

1. Quels droits de la société de l'Ancien Régime sont abolis ?
2. Qui est concerné par l'abolition des dîmes (art. 5) ?

Document 3 La fuite de Louis XVI

La fuite du roi est sans doute le signal de la guerre. Sans doute, il a une partie liée : il compte sur les étrangers, sur les mécontents[1]. Vains secours si nous sommes unis, si nous voulons périr plutôt que d'abandonner la liberté conquise ! Louis XVI a lui-même ici brisé sa couronne. Il était impossible d'espérer de le convertir au patriotisme : on ne convertit point un despote à la liberté ; mieux vaut encore qu'il se soit tout à coup démasqué, dans un moment où l'effervescence patriotique règne universellement. Il nous aurait causé de bien plus grandes calamités si, se laissant entraîner à la Révolution, il se fût borné à en infecter secrètement les sources. […] On ôte les enseignes du roi aux boutiques qui les portaient. Les notaires mettent bas leur lys.

Jacques Pierre Brissot, *Le Patriote français*, 22 juin 1791.

1. Le roi a tenté de fuir pour se rendre à Montmédy. Il voulait y lever une armée pour rétablir son pouvoir.

1. Comment le roi est-il qualifié ?
2. Quelles sont pour Brissot les conséquences de cette tentative de fuite ?

FOCUS

1. L'influence de la Déclaration des droits de l'homme et du citoyen

● Comment la Déclaration des droits de l'homme et du citoyen a-t-elle influencé la vie politique et intellectuelle française durant la Révolution ?

Adoptée au cœur de l'été 1789 dans une atmosphère de joie et d'effervescence, la Déclaration des droits de l'homme et du citoyen marque une rupture majeure dans l'histoire politique de la France.

Document 1 La Déclaration des droits de l'homme et du citoyen

La France, tenant des chaînes brisées, et la Nation, un sceptre, surmontent le préambule et les dix-sept articles de la Déclaration des droits de l'homme et du citoyen.

Jean-Jacques François Le Barbier, *La Déclaration des droits de l'homme et du citoyen*, 1789. Musée Carnavalet, Paris.

Le 26 août 1789, l'Assemblée constituante adopte la Déclaration des droits de l'homme et du citoyen. Elle est citée dans le préambule de la Constitution de la Ve République, du 4 octobre 1958.

Les Représentants du Peuple Français, constitués en Assemblée nationale, considérant que l'ignorance, l'oubli ou le mépris des droits de l'Homme sont les seules causes des malheurs publics et de la corruption des Gouvernements, ont résolu d'exposer, dans une Déclaration solennelle, les droits naturels, inaliénables et sacrés de l'Homme, afin que cette Déclaration, constamment présente à tous les Membres du corps social, leur rappelle sans cesse leurs droits et leurs devoirs [...]

En conséquence, l'Assemblée nationale reconnaît et déclare, en présence et sous les auspices de l'Être suprême, les droits suivants de l'Homme et du Citoyen.

Art. 1er. Les hommes naissent et demeurent libres et égaux en droits. Les distinctions sociales ne peuvent être fondées que sur l'utilité commune.

Art. 2. Le but de toute association politique est la conservation des droits naturels et imprescriptibles de l'Homme. Ces droits sont la liberté, la propriété, la sûreté, et la résistance à l'oppression.

Art. 4. La liberté consiste à pouvoir faire tout ce qui ne nuit pas à autrui : ainsi, l'exercice des droits naturels de chaque homme n'a de bornes que celles qui assurent aux autres Membres de la Société la jouissance de ces mêmes droits. Ces bornes ne peuvent être déterminées que par la Loi.

Art. 6. La Loi est l'expression de la volonté générale. Tous les Citoyens ont droit de concourir personnellement, ou par leurs Représentants, à sa formation. Elle doit être la même pour tous, soit qu'elle protège, soit qu'elle punisse. Tous les Citoyens étant égaux à ses yeux sont également admissibles à toutes dignités, places et emplois publics, selon leur capacité, et sans autre distinction que celle de leurs vertus et de leurs talents.

Art. 7. Nul homme ne peut être accusé, arrêté ni détenu que dans les cas déterminés par la Loi, et selon les formes qu'elle a prescrites. Ceux qui sollicitent, expédient, exécutent ou font exécuter des ordres arbitraires, doivent être punis ; mais tout citoyen appelé ou saisi en vertu de la Loi doit obéir à l'instant : il se rend coupable par la résistance.

Art. 11. La libre communication des pensées et des opinions est un des droits les plus précieux de l'Homme : tout Citoyen peut donc parler, écrire, imprimer librement, sauf à répondre de l'abus de cette liberté dans les cas déterminés par la Loi.

Art. 17. La propriété étant un droit inviolable et sacré, nul ne peut en être privé, si ce n'est lorsque la nécessité publique, légalement constatée, l'exige évidemment, et sous la condition d'une juste et préalable indemnité.

Document 2 La Déclaration des droits de la femme et de la citoyenne (extraits)

Olympe de Gouges (1748-1793)
Femme de lettres, elle s'engage en faveur de l'abolition de l'esclavage et milite pour l'extension des droits civils et politiques aux femmes. Elle est guillotinée en novembre 1793 pour son hostilité au gouvernement révolutionnaire et sa volonté de revenir à la monarchie constitutionnelle.

Préambule

Les mères, les filles, les sœurs, représentantes de la nation, demandent d'être constituées en Assemblée nationale. Considérant que l'ignorance, l'oubli ou le mépris des droits de la femme, sont les seules causes des malheurs publics et de la corruption des gouvernements, ont résolu d'exposer dans une déclaration solennelle, les droits naturels inaliénables et sacrés de la femme, afin que cette déclaration, constamment présente à tous les membres du corps social, leur rappelle sans cesse leurs droits et leurs devoirs, afin que les actes du pouvoir des femmes, et ceux du pouvoir des hommes, pouvant être à chaque instant comparés avec le but de toute institution politique, en soient plus respectés, afin que les réclamations des citoyennes, fondées désormais sur des principes simples et incontestables, tournent toujours au maintien de la Constitution, des bonnes mœurs, et au bonheur de tous.

En conséquence, le sexe supérieur, en beauté comme en courage, dans les souffrances maternelles, reconnaît et déclare, en présence et sous les auspices de l'Être suprême, les Droits suivants de la Femme et de la Citoyenne.

Art. 1er. La Femme naît libre et demeure égale à l'homme en droits. Les distinctions sociales ne peuvent être fondées que sur l'utilité commune.

Art. 2. Le but de toute association politique est la conservation des droits naturels et imprescriptibles de la Femme et de l'Homme. Ces droits sont la liberté, la propriété, la sûreté, et surtout la résistance à l'oppression.

Vocabulaire et notions

Allégorie : en peinture, idée (la liberté, le bonheur, la vertu...) représentée par un objet ou une personne.

CAPACITÉ

Dégager le sens et l'intérêt de l'un des textes patrimoniaux de la période : la Déclaration des droits de l'homme et du citoyen (doc. 1)

À l'aide des documents de cette double page, rédigez un texte d'une dizaine de lignes qui soulignera l'intérêt de ce document.

1. D'après le préambule de la DDHC, qui rédige et adopte ce texte ?
2. Dressez la liste des libertés et des droits énoncés dans ces articles.
3. Rédigez votre texte.

Étudier des documents

1. Quelle est la signification des couleurs et des objets associés aux deux allégories (**doc. 1**) ?
2. Que demande Olympe de Gouges et pourquoi juge-t-elle nécessaire d'écrire une telle Déclaration (**doc. 2**) ?

Confronter des documents

3. Comparez les préambules et les deux premiers articles des deux Déclarations (**docs. 1 et 2**).

Écrire

4. Rédigez un paragraphe qui montre la rupture qu'a représenté la Déclaration des droits de l'homme et du citoyen avec l'Ancien Régime. Vous présenterez les nouveaux droits et les libertés inscrits dans la Déclaration et évoquerez les allégories.

COURS

2. La Première République de 1792 à 1799

• Quels sont les objectifs de la République et quelles difficultés ce régime politique rencontre-t-il ?

1 Les débats à la Convention

Après la prise des Tuileries (10 août 1792) et la victoire militaire contre l'armée prussienne à Valmy (20 septembre), **la République est proclamée le 21 septembre 1792**. La Convention, la nouvelle Assemblée de 749 députés, est divisée en trois groupes : les Girondins, fédéralistes, siègent à droite ; les Montagnards, plus radicaux et centralisateurs, sont à gauche et en haut des gradins ; la Plaine (ou le Marais) est au centre et en bas des gradins de l'Assemblée. Les Montagnards soutiennent les revendications des **sans-culottes** alors que les Girondins refusent les pressions du peuple parisien. **Les débats à la Convention** se font dans un climat extrêmement tendu (document 1) ; ils **portent sur le sort du roi**, déclaré coupable et guillotiné le 21 janvier 1793 (➤ cours 1, p. 58), **sur la poursuite de la guerre** ainsi que **sur la nouvelle Constitution**, qui est adoptée le 24 juin 1793.

2 La République en lutte contre ses ennemis

« Citoyens, la Patrie est en danger » déclaraient déjà les députés le 11 juillet 1792, alors que la Prusse entrait en guerre aux côtés de l'Autriche contre la France. En mars 1793 a lieu la levée en masse de troupes. Dans le même temps, la République doit aussi faire face à des révoltes intérieures, comme celle des Vendéens (document 2). Jugeant la République menacée à l'intérieur comme à l'extérieur (➤ Carte repères, p. 56), **la Convention remet le pouvoir au Comité de salut public** (➤ Focus, p.64), créé en avril 1793 et dirigé par Maximilien de Robespierre (➤ Regards croisés, p. 66). Ce dernier utilise la force pour défendre la République, suspend les libertés et la Constitution. La « loi des suspects » (document 3) et les tribunaux révolutionnaires doivent lutter contre « les ennemis de l'intérieur » et la Contre-Révolution. Entre septembre 1793 et juillet 1794, les condamnations à mort se multiplient, de même que les emprisonnements : **c'est le temps de la « Terreur »**.

3 Une République instable

La Convention finit par craindre Robespierre qu'elle fait arrêter par la **Garde nationale** le 27 juillet 1794, puis exécuter sans jugement le lendemain. **Une nouvelle Constitution** est promulguée le 23 septembre 1795 qui **rétablit le suffrage censitaire, instaure deux assemblées et un exécutif** composé de cinq directeurs : le Directoire. Victorieuse face aux monarchies européennes coalisées, l'armée républicaine devient l'arbitre de la politique intérieure, marquée par les tensions entre une droite majoritairement royaliste et une gauche héritière des Montagnards. **Plusieurs coups d'État militaires** se produisent, dont celui du 9 novembre 1799 organisé par le **général Bonaparte**. Cet événement marque la fin du Directoire et **l'instauration du Consulat**.

J'ai compris le cours

1. Je peux citer le nom des trois groupes politiques à la Convention et je connais leurs différences.
2. Je suis capable d'expliquer qui sont les ennemis de la République et comment le gouvernement lutte contre eux.

Chronologie

22 septembre 1792
Proclamation de la République
▼
6 avril 1793
Création du Comité de salut public
▼
23 septembre 1795
Nouvelle Constitution et instauration du Directoire
▼
9 novembre 1799
Coup d'État de Napoléon Bonaparte et instauration du Consulat

Vocabulaire et notions

Garde nationale : milice citoyenne destinée au maintien de l'ordre. La première est créée à Paris le 14 juillet 1789 et dirigée par La Fayette. À partir du 20 juillet 1789, des gardes nationales sont fondées dans toutes les communes du pays.

Sans-culottes : militants des clubs démocratiques, appelés ainsi en raison de leur pantalon long et rayé, différent de la culotte (pantalon court) des aristocrates.

Document 1 Un débat à la Convention

Imprimerie du *Journal du Peuple*, « Ah ! ça va mal », estampe, 1792, BnF.

1. Comment sont représentés les débats à la Convention (partie supérieure de l'image) ?
2. Qui sont les personnages de la partie inférieure de l'image ? Que font-ils ? Pourquoi ?
3. Quel est le message politique de cette image ?

Je rédige ma synthèse

Montrez dans un court paragraphe que les difficultés de la Première République viennent à la fois des ennemis contre lesquels elle doit lutter, mais aussi des divisions entre les groupes politiques qui siègent dans ses assemblées.

Document 2 La Convention contre les Vendéens

Le député montagnard Barère présente un rapport sur la guerre de Vendée, qui dure depuis mars 1793.

Citoyens, l'inexplicable Vendée existe encore et les efforts des républicains ont été jusqu'à présent impuissants contre les brigandages et les complots des royalistes [...] Vingt fois, depuis l'existence de ce noyau de contre-révolution, les représentants, les généraux et le comité lui-même, d'après les nouvelles officielles qu'il recevait, vous ont annoncé la destruction prochaine de ces fanatiques. [...]

Détruisez la Vendée, l'Anglais ne s'occupera plus de Dunkerque. Détruisez la Vendée, le Rhin sera délivré des Prussiens. [...] Détruisez la Vendée et une partie de cette armée de l'intérieur va renforcer cette courageuse armée du Nord si souvent trahie, si souvent désorganisée. [...]. Enfin, chaque coup que vous porterez à la Vendée retentira dans les villes rebelles, dans les départements fédéralistes, dans les frontières envahies. La Vendée et encore la Vendée ! Voilà la chance politique qui dévore le cœur de la République française : c'est là qu'il faut frapper.

Bertrand Barère, *Rapport sur la Vendée au nom du Comité de salut public*, 1793.

1. Quel lien Barère établit-il entre le soulèvement vendéen et la guerre extérieure ?
2. Pourquoi veut-il détruire la Vendée ?

Document 3 La « loi des suspects »

Art. Ier. Immédiatement après la publication du présent décret, tous les gens suspects qui se trouvent dans le territoire de la République et qui sont encore en liberté, seront mis en état d'arrestation.

Sont réputés gens suspects : ceux qui, soit par leur conduite, soit par leurs relations, soit par leurs propos ou leurs écrits se sont montrés partisans de la tyrannie et du fédéralisme et ennemis de la liberté ; [...] ceux des ci-devant nobles, ensemble des maris, femmes, pères, mères, fils ou filles, frères ou sœurs et agents d'émigrés qui n'ont pas constamment manifesté leur attachement à la Révolution ; ceux qui ont émigré dans l'intervalle du 1er juillet 1789 à la publication de la loi du 8 avril 1792 sans qu'ils soient rentrés en France dans le délai fixé par cette loi ou précédemment.

Décret de la Convention du 17 septembre 1793.

1. D'après ce décret, qui est suspect ?
2. Pourquoi cette loi s'oppose-t-elle à la Déclaration des droits de l'homme et du citoyen (➤ Focus, p. 60) ?

FOCUS

2. Robespierre et la Terreur

● Quel rôle a joué Robespierre dans la radicalisation de la Première République ?

Admiré, redouté, détesté, Robespierre, figure majeure de la Révolution, ne laisse pas indifférent. Il a joué un rôle majeur durant la Première République, plus particulièrement sous la Terreur.

Document 1 Robespierre, un homme politique

Maximilien de Robespierre (1758-1794)

Robespierre est avocat de profession. Il siège aux états généraux, puis à l'Assenblée constituante en tant que député du tiers état de l'Artois. Membre du club des Jacobins dès son origine, il siège sur les bancs des Montagnards à la Convention. Il intègre le Comité de salut public le 27 juillet 1793. Surnommé « l'Incorruptible », il est déterminé à sauver la République face aux périls, tant extérieurs qu'intérieurs, qui la menacent et n'hésite pas à employer la force pour cela. Après avoir éliminé une partie de ses opposants, il est arrêté par la Garde nationale, sur l'ordre de la Convention, le 27 juillet 1794, et il est guillotiné le lendemain.

Anonyme, *Portrait de Maximilien de Robespierre*, vers 1790. Musée Carnavalet, Paris.

Document 2 Robespierre sur le sort de Louis XVI

J'abhorre[1] la peine de mort prodiguée par vos lois ; et je n'ai pour Louis ni amour ni haine ; je ne hais que ses forfaits[2]. [...] Oui, la peine de mort, en général, est un crime, et par cette raison seule, que d'après les principes indestructibles de la nature, elle ne peut être justifiée que dans les cas où elle est nécessaire à la sûreté des individus ou du corps social. [...] Mais un roi détrôné au sein d'une révolution qui n'est rien moins que cimentée par des lois justes ; un roi dont le nom seul attire le fléau de la guerre sur la nation agitée ; ni la prison, ni l'exil ne peuvent rendre son existence indifférente au bonheur public ; et cette cruelle exception aux lois ordinaires que la justice avoue ne peut être imputée qu'à la nature de ses crimes. Je prononce à regret cette fatale vérité... mais Louis doit mourir, parce qu'il faut que la patrie vive.

Discours du 3 décembre 1792 dans *Œuvres de Maximilien Robespierre*, PUF, 1967.

1. Déteste. 2. Crimes.

Document 3 La vertu et la terreur, selon Robespierre

Si le ressort[1] du gouvernement populaire dans la paix est la vertu, le ressort du gouvernement populaire en révolution est à la fois la vertu et la terreur : la vertu sans laquelle la terreur est funeste[2] ; la terreur, sans laquelle la vertu est impuissante. La terreur n'est autre chose que la justice, prompte[3], sévère, inflexible ; elle est donc une émanation de la vertu ; elle est moins un principe particulier qu'une conséquence du principe général de la démocratie, appliqué aux plus pressants besoins de la patrie. [...] La protection sociale n'est due qu'aux citoyens paisibles ; il n'y a de citoyens dans la République que les républicains. Les royalistes, les conspirateurs ne sont, pour elle, que des étrangers, ou plutôt des ennemis. Cette guerre terrible que soutient la liberté contre la tyrannie n'est-elle pas indivisible ? Les ennemis du dedans ne sont-ils pas les alliés des ennemis du dehors ?

Discours du 5 février 1794 dans *Œuvres de Maximilien Robespierre*, PUF, 1967.

1. Énergie, force. 2. Qui entraine le malheur, la désolation. 3. Rapide.

Document 4 Robespierre « se guillotine lui-même »

Arrêté le 27 juillet 1794 avec son frère Augustin, ses amis Saint-Just, Couthon et Le Bas, Robespierre est exécuté sans jugement.

Anonyme, *Gouvernement de Robespierre*, 1794-1795. Musée Carnavalet, Paris.

On peut lire sous l'image le texte suivant :
(La Scène se passe sur la place de la Révolution)
« Admirez de Samson[1] l'intelligence extrême ! / Par le couteau fatal il a tout fait périr ! / Dans cet affreux état que va-t-il devenir ? / Il se guillotine lui-même. »

1. Samson était le nom du bourreau chargé de la guillotine.

Étudier les documents

1. Selon Robespierre, pourquoi Louis XVI ne peut-il pas être jugé comme les autres citoyens et doit être exécuté (**doc. 2**) ?
2. Selon Robespierre, qui sont les ennemis de l'intérieur et ceux de l'extérieur contre lesquels la violence est justifiée (**doc. 3**) ?
3. Pourquoi Robespierre « se guillotine-t-il lui-même » (**doc. 4**) ?

Rédiger une description

4. Décrivez le document 4.

CAPACITÉ

Situer un acteur dans son contexte et préciser son rôle dans la période considérée

Vous allez étudier le personnage de Robespierre et en ferez une présentation orale.

1. Quand et comment Robespierre s'est-il engagé en politique (doc. 1) ?
2. Quel régime politique Robespierre dirige-t-il à partir de 1793 ?
3. D'après cette double page, par quel moyen Robespierre fait-il connaître ses avis et tente-t-il d'influencer les décisions ?
4. Selon Robespierre, quel rôle doit jouer la violence dans le contexte politique ?
5. Préparez votre présentation sous la forme d'un diaporama et présentez-le à vos camarades.

Regards croisés

Histoire
Français

Le contexte

La Convention installe à partir de septembre 1792 dix-huit comités (Comité de guerre, Comité des finances...) qui jouent un rôle dans l'élaboration et l'exécution des lois. Le Comité de salut public est créé le 6 avril 1793 pour diriger le gouvernement : Robespierre, Saint-Just, Collot d'Herbois ou encore Carnot et Barère en font partie. Il est dissout le 26 octobre 1795.

Mes ressources numériques

Regardez cette interview de Pierre Michon à propos de son roman *Les Onze*.
liennathan.fr/5s22me

Le Comité de salut public : fantasmes et postérité

LE REGARD D'UN HISTORIEN

1 Jules Michelet, *Histoire de la Révolution*, 1847-1853

Il se composait de neuf membres, délibérait en secret, surveillait, accélérait l'action du ministère, pouvait aussi, au besoin, en suspendre les arrêtés. En cas d'urgence, il donnait ses ordres aux ministres. C'était un roi, en réalité, mais renouvelé de mois en mois, et qui devait, chaque semaine, [rendre] compte à la Convention. [...] Cette grande institution révolutionnaire effrayait beaucoup d'esprits. Danton[1] les calma, demanda que, dans une si grande circonstance, « on se rapprochât fraternellement ». [...] Les neuf membres furent choisis dans un sens fort remarquable, tous républicains très sûrs, ayant voté la mort du Roi.

Livre X, chapitre VIII.

1. Georges Jacques Danton (1759-1794) est membre du Comité de salut public, mais il démissionne le 10 juillet 1793.

LE REGARD D'UN ÉCRIVAIN

2 Pierre Michon, *Les Onze*, 2009

Dans son roman, Pierre Michon décrit un tableau qui n'existe pas, qui aurait été peint par un certain François-Élie Corentin, qui serait exposé au musée du Louvre et qui représenterait les onze membres du Grand Comité de l'an II.

Et que dois-je peindre ? dit-il. Cette fois, il regarda Proli[1] franchement, comme si Proli était un laquais. Proli le regardait de même. Celui-ci lâcha d'une voix flûtée et aiguisée, qui ressembla un instant à celle de Robespierre :

- Tu sais peindre les dieux et les héros, citoyen peintre ? C'est une assemblée de héros que nous te demandons. Peins-les comme des dieux ou des monstres, ou même comme des hommes, si le cœur t'en dit. Peins *Le Grand Comité de l'an II*. Le Comité de salut public. Fais-en ce que tu veux : des saints, des tyrans, des larrons, des princes. Mais mets-les tous ensemble en bonne séance fraternelle, comme des frères.

1. Pierre-Jean Berthold de Proli (1750-1794). Durant la Révolution, il fut proche de Jacques-René Hébert et des « Exagérés », membres les plus radicaux du club des Cordeliers.

LE REGARD D'UN DESSINATEUR DE BANDE DESSINÉE

3 Mathieu Gabella, Hervé Leuwers, Roberto « Dakar » Meli, *Robespierre*, 2017

Cette scène se passe en janvier 1794. Jean-Marie Collot d'Herbois veut « en finir » avec les modérés, qui remettent en cause la politique de Terreur, parmi lesquels Camille Desmoulins et Georges Jacques Danton. Ces derniers seront guillotinés le 5 avril 1794.

1 Jean-Marie Collot d'Herbois (1749-1796) 2 Maximilien de Robespierre (1758-1794)
3 Louis Antoine Léon de Saint-Just (1767-1794) surnommé « l'archange de la Terreur ».

Regards croisés

Croiser les regards

1 Quels éléments montrent que le Comité de salut public pouvait être menaçant ?

2 Pourquoi Michelet écrit-il que le Comité « était un roi » ? Ses pouvoirs étaient-ils absolus (**doc. 1**) ?

3 Quelle phrase du document 2 paraît illustrer par le document 3 ?

Écrire une plaidoirie

4 Écrivez une plaidoirie comme si vous étiez l'avocat de la défense du Comité de salut public ou celui des parties civiles constituées des personnes emprisonnées ou exécutées sur ordre de ce Comité.

Conseils
Faites des recherches sur les actions menées par le Comité de salut public, le contexte des menaces qui pesaient sur la République, les moyens utilisés et le bilan humain. En préparant votre plaidoirie, prenez des notes et indiquez les sources que vous utilisez.

Faire le bilan

5 Quelle image certains historiens et artistes ont-ils gardé du Comité de salut public ? Celle-ci correspond-elle à la réalité historique de son action et de son pouvoir ? Argumentez en une dizaine de lignes.

Capacités

LES OUTILS DE L'HISTORIEN

Exercice 1

Je sais dater les grands événements

Recopiez et placez les événements suivants sur la frise chronologique et datez-les.
Ouverture des états généraux – Prise de la Bastille – Proclamation de la Première République – Création du Comité de salut public – Entrée en fonction du Directoire – Instauration du Consulat

1785 — 1790 — 1795 — 1800

Exercice 2

Je sais situer un acteur dans son contexte et préciser son rôle dans la période considérée

Présentez, décrivez et expliquez le sens de ce dessin.

Caricature de Robespierre qui, n'ayant plus personne à exécuter, guillotine le bourreau. Caricature anonyme, 1794.

Méthode

1. Présentez le document et son contexte.
2. Présentez Robespierre, ses fonctions, ses conceptions politiques, ses décisions et la manière dont celles-ci ont influencé la Première République.
3. Décrivez ensuite la scène en étant attentif(ve) au texte qui accompagne l'image.
4. Expliquez enfin le sens de cette caricature.

Exercice 3

Je sais dégager le sens et l'intérêt de l'un des textes patrimoniaux de la période

Présentez la Déclaration des droits de l'homme et du citoyen et expliquez son rôle et sa portée.

Méthode

1. Donnez la date et la nature de ce texte. Rappelez dans quel contexte il a été produit.
2. Rappelez les principes révolutionnaires et républicains qui sont affirmés dans ce texte.
3. Expliquez l'influence de ce texte sur la vie politique de l'époque : imitations, relais.

Regards croisés

Un film

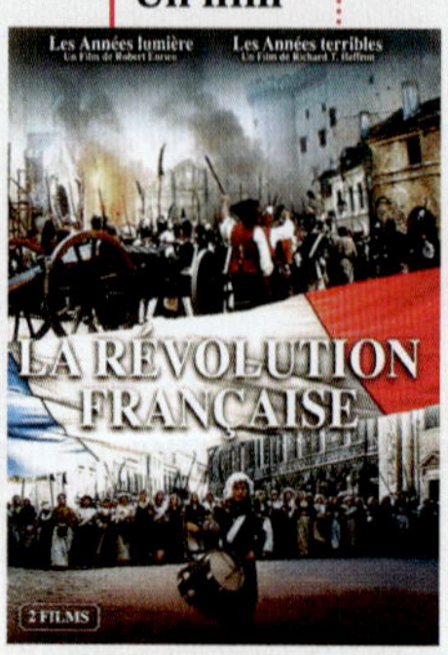

- Robert Enrico et Richard T. Heffron, *La Révolution française*, 1989.

Une bande dessinée

- Florent Grouazel et Younn Locard, *Révolution, I. Liberté*, 2019.

Chapitre 5

Métiers, compagnons, compagnonnage et chef-d'œuvre au XIXe siècle

Le compagnonnage rassemble les ouvriers de différents métiers en « Devoirs ». Née à l'époque moderne, cette organisation est menacée au XIXe siècle par le basculement dans l'ère industrielle.

Lemoine, *Champ de conduite des compagnons couvreurs de Tours en 1838*, 1879. Musée du Compagnonnage, Tours.
Les compagnons escortent ceux d'entre eux qui viennent d'être admis dans le métier de couvreur.

Les mots du chapitre

- Selon vous, que signifient les mots : *compagnons, compagnonnage, chef-d'œuvre* ? Formulez des hypothèses.

Pour se lancer !

1. D'après cette gravure, comment les compagnons se reconnaissent-ils entre eux lors des cérémonies importantes ?
2. Selon vous, en quoi ce type de cérémonie construit-il un esprit de corps ?

COURS

1. Une organisation ouvrière en mutation

- Comment le monde du compagnonnage s'adapte-t-il aux conséquences de la Révolution française puis de l'industrialisation ?

1 Une nouvelle législation

En 1791, dans le but de « rendre libre » le marché du travail, la Révolution interdit toutes les organisations, aussi bien celles des maîtres-artisans (les corporations) que celles des ouvriers (les compagnonnages). Afin de contrôler les déplacements de la main-d'œuvre, un **livret ouvrier est même imposé à chaque travailleur en 1803** (document 1).

L'époque est donc marquée par la grande méfiance de l'État envers toute organisation des ouvriers qui aurait pour but de peser sur leurs rémunérations et sur leurs conditions de travail.

2 Le compagnonnage se réorganise

Malgré les interdictions et les contrôles, les ouvriers se réorganisent en « **Métiers** » eux-mêmes regroupés en « **Devoirs** ». Le maintien de formes collectives de solidarité s'explique largement par le fait que les ouvriers sont dépositaires de savoir-faire dont ils sont les seuls à assurer la transmission. **Le tour de France et la réalisation du chef-d'œuvre sont des moments-clés de la vie d'un compagnon.** Ils s'accompagnent de **rituels** qui font vivre le compagnonnage comme une **culture spécifique**.

Les employeurs recrutent les compagnons sur les recommandations des ouvriers déjà en place. Cette organisation crée ainsi un climat de confiance (document 3).

3 L'industrialisation et la lente marginalisation du compagnonnage

Au XIXe siècle, la mise en place de vastes **unités de production** (les usines) marginalise progressivement les petites **unités traditionnelles** (les ateliers). Dans ces nouvelles usines, la **mécanisation** et **l'organisation du travail** (qui divise les tâches en gestes répétitifs) dépossèdent peu à peu les ouvriers de leur savoir-faire (document 2).

Dans ce contexte, les compagnons, formés durant de longues années et spécialisés dans un domaine, deviennent inadaptés. Au début du XIXe siècle, ils ne représentent plus qu'une infime partie des millions de travailleurs de l'industrie, du bâtiment et des travaux publics.

Les syndicats, qui regroupent les travailleurs par secteurs d'activité plutôt que par métiers, sont des **formes nouvelles d'organisation des travailleurs** qui sont mieux adaptées pour défendre leurs intérêts à l'âge industriel.

J'ai compris le cours

1. Je peux citer deux mesures de la fin du XVIIIe et du début du XIXe siècle hostiles au monde du compagnonnage.
2. Je peux expliquer pourquoi le compagnonnage est devenu marginal à la fin du XIXe siècle.

Chronologie

1791
Interdiction des corporations d'artisans et des sociétés de compagnons ouvriers.
▼
1803
Instauration du Livret ouvrier.
▼
1884
Légalisation de l'activité syndicale.

Vocabulaire et notions

Compagnon : ouvrier qualifié dans un secteur grâce à son appartenance à un métier.

Devoir (ou Société) : réunion de plusieurs métiers sous une règle commune de formation et de solidarité.

Métier : ensemble des ouvriers travaillant dans le même secteur d'activité.

Document 1 Le livret ouvrier ou le contrôle de la main-d'œuvre

À partir de 1803, tout ouvrier est tenu de présenter un livret à jour de ses engagements professionnels. C'est un moyen pour le patron et pour l'État de contrôler la circulation de la main-d'œuvre.

Gravure du XIXe siècle.

1 Décrivez le compagnon et imaginez son corps de métier.

2 Qu'est-ce qui montre qu'il est sous la surveillance de l'État ?

Document 2 Le déclin du compagnonnage face à l'industrialisation

Jusqu'en 1830, tout au moins, le type prédominant dans l'industrie a été le petit ou le moyen atelier où l'artisan que la machine n'avait pas encore supplanté ou domestiqué, fabriquait lui-même, avec l'aide des outils ou des instruments de sa profession, un objet le plus souvent destiné à être, en sortant de ses mains, directement livré à l'acheteur. Or, il est incontestable que, pendant cette période de plusieurs siècles où l'œuvre industrielle était le résultat direct et exclusif du travail humain, le compagnonnage a puissamment contribué d'abord à la formation, puis ensuite au perfectionnement technique de l'ouvrier. [...]

Aujourd'hui, le compagnonnage est mort ou se meurt. Mais la fonction sociale qu'il a si longtemps remplie n'a pas pris fin avec lui. Au contraire, l'antagonisme entre le maître et le compagnon se renouvelle sous une forme plus virulente encore ; jamais la lutte n'a été plus ardente entre patrons et ouvriers. [...] La classe patronale a pour elle ses capitaux, son expérience, sa connaissance des lois économiques qui régissent la production, un service d'informations rapides et sûres. La classe ouvrière a [désormais le syndicat].

Étienne Martin Saint-Léon, *Le Compagnonnage*, 1901.

1 Quelle était la fonction du compagnonnage jusqu'au XIXe siècle ?

2 Quelle organisation ouvrière semble en mesure de remplacer le compagnonnage ?

Document 3 Les relations compagnons-maîtres au XIXe siècle

Un maître ne peut occuper que les membres d'une seule Société[1]. [...] Si un maître est trop brutal et trop exigeant envers les ouvriers, la société qui le servait cesse de lui en donner ; il s'adresse alors à une autre société ; mais s'il ne corrige pas ses manières, il perd encore ses ouvriers. Quand un maître cherche à diminuer toujours le salaire des ouvriers, les sociétés s'en alarment, car le mal est contagieux. Alors elles s'entendent, et mettent sa boutique en interdit pour un nombre d'années ou pour toujours. Cette interdiction cause un grand dommage au maître ; quelquefois elle le ruine ; mais les Compagnons n'en sont point touchés.

Agricol Perdiguier, *Le Livre du compagnonnage*, 1857.

1. Autre nom des Devoirs.

1 Quels sont les deux sujets de conflit entre le maître et les ouvriers ?

2 De quelle manière les Devoirs font-ils pression sur les employeurs ?

Le saviez-vous ?

En novembre 2010, le compagnonnage a été inscrit sur la liste représentative du Patrimoine culturel immatériel de l'UNESCO en tant que « réseau de transmission des savoirs et des identités par le métier ».

Je rédige ma synthèse

Écrivez un paragraphe expliquant dans quel contexte le compagnonnage s'organise et comment il est progressivement marginalisé.

FOCUS

1. Le tour de France du compagnon

• Pourquoi peut-on dire que le tour de France relève à la fois de l'apprentissage d'un métier et d'une sociabilité spécifique ?

Le tour de France que doit accomplir chaque aspirant conduit celui-ci à voyager à travers le pays, pour découvrir dans chaque région l'ensemble des techniques et méthodes propres à son métier. À son retour, l'aspirant présente à ses pairs un chef-d'œuvre afin de devenir compagnon.

Document 1 Hébergement chez « la mère »

Les Devoirs entretiennent dans les villes grandes et moyennes des auberges appelées « la mère » ouvertes aux compagnons.

(Compagnons du tour de France. — Arrivée chez la Mère.)

Gravure des années 1840.

Vocabulaire et notions

Aspirant (= Itinérant) : ouvrier en formation.

Chef-d'œuvre : travail qu'un aspirant présente au terme de son tour de France afin d'exposer sa maîtrise technique.

Sociabilité : ensemble des pratiques qui favorisent les relations humaines et permettent à un groupe de construire une identité collective.

Tour de France : voyage accompli par un aspirant auprès de compagnons.

Document 2 Le tour de France d'un menuisier

Dans son livre, Agricol Perdiguier raconte le tour de France qu'il a réalisé dans sa jeunesse afin de devenir compagnon.

Étant parti d'Avignon en 1824, ayant passé par Marseille, Montpellier, Bordeaux, Nantes, etc. J'avais alors vingt ans. [...] Nous marchons, nous avançons, [...] nous arrivons à Angers, où se trouve une école d'arts et métiers. Quelques heures nous sont accordées. Je parcours la ville ; je vois ses rues, ses monuments. [...] Nous roulons de nouveau... [...]. Nous traversons des villes, des villages, vu les toits en chaume après les toits d'ardoises ; [...] nous apercevons les tours de la cathédrale de Chartres. [...] Je pus contempler, admirer la cathédrale, le plus riche, le plus grand, le plus sublime des monuments que j'eusse vu jusque-là. [...] Les maisons sont d'une grande simplicité, bâties en pans de bois, en lattes, en plâtras, sans pierres de taille. [...]

Je m'étais reposé pendant deux semaines. Les compagnons décidèrent de m'envoyer travailler dans un charmant village près de Chartres, chez M. Casting. [...] Le jour de la Sainte-Anne[1], les compagnons donnaient un bal, et ils faisaient danser patrons et patronnes ; le lendemain, les maîtres donnaient bal à leur tour [...] ; on s'asseyait tous à la même table, on mangeait le même pain, on buvait le même vin ; et, à certains jours, il y avait festin : on était de la même famille. [...]

Nous voilà dans Paris, cette grande et belle ville : c'est le séjour des rois, le siège du gouvernement, le théâtre des révolutions, des transformations politiques et sociales. C'est là que se manifestent ou brillent les talents [...]

Agricol Perdiguier, *Mémoires d'un compagnon*, 1854.

1. Patronne des menuisiers.

Document 3 La réception à la fin du tour

Un aspirant charpentier présente son chef-d'œuvre à la fin de son tour de France en 1845.

Gravure des années 1840.

Document 4 Règlement à suivre par un itinérant durant son tour de France

Tout itinérant se devra de travailler avec conscience et persévérance. Un changement d'employeur en ville ne pourra se faire sans l'autorisation du Président. Tous les itinérants sont tenus d'assister régulièrement aux cours désignés par la section. Ils auront comme objectif constant de se perfectionner dans leur métier. Ils recevront une information sur le compagnonnage, ses légendes, son histoire et sur l'existence des autres sociétés compagnonniques.

Règlement des itinérants à l'Union compagnonnique des Devoirs unis, 1889.

Étudier les documents

1 Décrivez la scène. Quel est l'intérêt pour les compagnons de disposer d'une « Mère » dans chaque ville (doc. 1) ?

2 Quelles sont les villes traversées par Agricol Perdiguier (doc. 2) ?

3 Quel passage du texte montre que le compagnonnage a aussi sa propre sociabilité (doc. 2) ?

4 Relevez les éléments montrant que l'enseignement reçu par les compagnons est structuré (doc. 4).

Étudier une image

5 Quel chef-d'œuvre cet aspirant a-t-il réalisé (doc. 3) ?

6 Dans quel décor et à quel public l'aspirant présente-t-il son chef-d'œuvre (doc. 3) ?

CAPACITÉ

Décrire le tour de France d'un compagnon

Vous allez rédiger un paragraphe qui présente la réalisation d'un tour de France par un compagnon.
Vous retracerez ce tour de France de manière chronologique : le voyage, l'hébergement, les apprentissages, les qualités qu'il a acquises et enfin le chef-d'œuvre présenté à ses pairs.

COURS

2. Le compagnonnage ou la fierté de l'excellence ouvrière

● Quelle relation le compagnon entretient-il avec son travail et avec son métier ?

1 Le goût du travail bien fait

Le compagnon détient un savoir-faire dont il hérite et qu'il construit patiemment durant son tour de France (➤ Focus, p. 72). Il est reçu par ses pairs lors d'une **cérémonie qui le reconnaît comme l'égal** de ses aînés pour sa **maîtrise des techniques de travail**, mais aussi pour ses **qualités morales** qui doivent correspondre aux valeurs du **Devoir**. Chaque compagnon est un représentant du métier auprès des personnes extérieures, et un modèle pour ceux qui lui succéderont (document 1). Son comportement et la qualité de son travail engagent l'honneur de l'ensemble de son Devoir.

2 Un moment-clé : la fête du Saint Patron

Si, dans la vie de tous les jours, le compagnon se comporte en simple travailleur, en certaines occasions les **Métiers** se réunissent pour faire la fête et ressouder les liens entre leurs membres. Chaque Métier compte un saint protecteur : Saint-Éloi, par exemple, est le protecteur des compagnons maréchaux-ferrants, forgerons, selliers et bourreliers-harnacheurs. Le jour de fête de ce saint, le 1er décembre, les compagnons cessent le travail et organisent une procession à travers la ville. **La fête du Saint Patron est une manifestation publique de l'esprit de corps du Métier**. Ce moment est l'occasion pour les compagnons d'arborer les signes distinctifs de leur Métier, à savoir costume, chapeau, et surtout canne et rubans (document 3).

3 Les rivalités entre groupes de compagnons

Durant tout le XIXe siècle, des rivalités anciennes entre Devoirs continuent de jouer. Elles prennent même parfois des formes violentes et peuvent dégénérer en rixes (document 2). Ces rivalités sont dues à la mainmise qu'ont certains Devoirs sur une ville ou une région empêchant alors toute autre société de travailler.

À la fin du XIXe siècle, plusieurs initiatives tentent de réunir les Devoirs afin de mieux **défendre le monde du compagnonnage face à l'industrialisation** (document 4). Mais ces tentatives échouent, parfois pour des raisons de rituels incompatibles, parfois pour des désaccords fondamentaux concernant l'organisation de la démocratie interne ou la solidarité entre les métiers.

J'ai compris le cours

1. Je peux citer les conditions que l'affilié doit remplir pour devenir compagnon.
2. Je peux citer les raisons pour lesquelles les Devoirs s'opposent parfois entre eux.

Chronologie

1840
George Sand publie *Le Compagnon du tour de France*

▼

1889
Création de l'Union compagnonnique des compagnons du tour de France des Devoirs unis

Mes ressources numériques

Renseignez-vous sur les compagnons du tour de France aujourd'hui.
liennathan.fr/d28x9j

Consultez le site du concours du meilleur ouvrier de France.
liennathan.fr/hnf573

Vocabulaire et notions

Devoir (ou Société) : réunion de plusieurs Métiers sous une règle commune de formation et de solidarité.

Métier : ensemble des ouvriers travaillant dans le même secteurs d'activités.

Document 1 La cérémonie de réception des affiliés menuisiers

Nous sommes reçus compagnons. Buyé s'appelle Avignonnais-la-Prudence, Marius, Marseillais-la-Bonne-Conduite, Émeric, Provençal-le-Cœur-Fidèle, Perdiguier, Avignonnais-la-Vertu. Nous voilà possesseurs d'une canne, de rubans bleus et blancs que nous devons nous attacher à notre boutonnière dans les assemblées générales et les jours de grandes cérémonies, et d'un nom nouveau.

Les compagnons nous dirent : « Vous portez une canne, des couleurs, un surnom, faites respecter tout cela !... Votre conduite a toujours été bonne ; qu'elle soit, s'il se peut, meilleure encore. Vous êtes maintenant le point de mire des affiliés ; vous leur servez d'exemple ; guidez-les donc dans le chemin de l'honneur, de la science, de la gloire, de la droiture, de la vertu.

Agricol Perdiguier, *Mémoires d'un compagnon*, 1854.

1 Relevez et commentez les surnoms : qu'ont-ils en commun ?

2 Quels sont les objets distinctifs des compagnons menuisiers ?

Document 2 Les rivalités entre métiers

Gravure XIXe siècle.

1 Décrivez cette scène.

2 Avec quel symbole du métier ces compagnons se battent-ils ?

Document 3 Une procession pour un Saint Patron, 1906

Les maréchaux-ferrants du Devoir de Nantes défilent dans les rues pour la Saint-Éloi.

1 Quels symboles les compagnons arborent-ils lors des cérémonies publiques ?

2 Pourquoi parcourent-ils ainsi la ville de Nantes ?

Document 4 Une tentative d'unification des Devoirs

Union compagnonnique des compagnons du tour de France des Devoirs unis. Siège de Châteauroux, 1908.

Quels sont les termes qui montrent que cette organisation est ouverte à tous les Devoirs ?

Je rédige ma synthèse

Présentez les raisons pour lesquelles les compagnons peuvent être fiers de leur statut et montrez comment ils manifestent leur appartenance à un Devoir.

Regards croisés

Histoire
Français

Le contexte

George Sand, écrivaine déjà reconnue, rencontre Perdiguier car elle prépare son roman *Le Compagnon du Tour de France*. Enthousiasmée par le livre de Perdiguier, elle lui apporte son soutien matériel et relationnel.

George Sand (1804-1876)
Célèbre romancière française, George Sand a notamment publié en 1840 *Le Compagnon du tour de France*.

Mes ressources numériques

Visitez le musée George Sand à Nohant.
liennathan.fr/f83md3

Découvrez cette bande dessinée consacrée à Agricol Perdiguier.
liennathan.fr/54zsk8

L'entrée de la figure du compagnon en littérature

Agricol Perdiguier (1805-1875)
Compagnon menuisier, il fait connaître la richesse et la diversité de son milieu dans *Le Livre du compagnonnage* paru en 1840.

LE REGARD D'UN COMPAGNON

1 Agricol Perdiguier, *Le Livre du compagnonnage*, version de 1857

En mai 1840, un Monsieur, que je ne connaissais point encore, vint me trouver et me dit : « Je viens de la part de madame George Sand ; elle a lu votre *Livre du compagnonnage*, et désire vous voir et vous connaître. [...] Nous vous attendons demain à dîner ; venez, vous nous ferez plaisir. » [...] Madame Sand m'accueillit on ne peut mieux ; nous causâmes bien longtemps ensemble, puis je la quittai très satisfait de cette entrevue.

Huit jours plus tard le même Monsieur revint me trouver, et me remit, de la part de celle qui avait déjà pensé à moi, une lettre des plus flatteuses et des plus nobles, dont je transcris des fragments.

« Paris, ce 29 mai 1840.

J'ai lu avec un bien vif intérêt, monsieur, les notes que vous m'avez communiquées. [...] Persévérez dans la voie vraiment grande et généreuse que vous avez embrassée, et soyez sûr que votre vertueuse entreprise portera ses fruits. [...] vous aurez ouvert la tranchée ; d'autres champions de cette cause de fraternité viendront seconder vos efforts, et vous laisserez un beau nom parmi vos frères. J'ai été vivement touché de la lecture de vos écrits, et votre conversation m'a confirmée dans la haute estime que j'avais de vous. Cependant, à la joie que j'ai eue de vous entendre parler si bien des choses que vous sentez, s'est jointe une profonde tristesse à cause des épreuves que vous avez souffertes et de celles que vous souffrirez encore[1]. [...]

Pardonnez-moi ces réflexions que m'inspirent la sympathie la plus vive et l'intérêt le plus fraternel. Je charge la personne qui vous remettra ma lettre de vous dire encore plusieurs choses dictées par les mêmes sentiments.

Tout à VOUS. GEORGE SAND. »

1. Plusieurs compagnons reprochent à Perdiguier d'avoir rendu publics des aspects confidentiels du mode de vie des compagnons.

LE REGARD D'UNE ROMANCIÈRE

2 George Sand, *Le Compagnon du tour de France*, 1840

Pierre Huguenin, le héros du roman, est fils d'un menuisier. Il souhaite entreprendre un tour de France pour poursuivre sa formation.

Bientôt il voulut en savoir plus sur son temps et sur son pays, que ce qu'il pouvait apprendre dans sa famille et dans son village. Il fut saisi à dix-sept ans de l'ardeur voyageuse qui, chaque année, enlève à leurs pénates[1] de nombreuses phalanges[2] de jeunes ouvriers pour les jeter dans la vie aventureuse, dans l'apprentissage ambulant qu'on appelle le tour de France. Au désir vague de connaître et de comprendre le mouvement de la vie sociale se mêlait l'ambition noble d'acquérir du talent dans sa profession. Il voyait bien qu'il y avait des théories plus sûres et plus promptes[3] que la routine patiente suivie par son père et par les anciens du pays. Un compagnon tailleur de pierres, qui avait passé dans le village, lui avait fait entrevoir les avantages de la science en exécutant devant lui, sur un mur, des dessins qui simplifiaient extraordinairement la pratique lente et monotone de son travail. Dès ce moment, il avait résolu d'étudier le trait, c'est-à-dire le dessin linéaire applicable à l'architecture, à la charpenterie et à la menuiserie. Il avait donc demandé à son père la permission et les moyens de faire son tour de France. Mais il avait rencontré un grand obstacle dans le mépris que le père Huguenin professait pour la théorie. Il lui avait fallu presque une année de persévérance pour vaincre l'obstination du vieux praticien.

1. Maisons. 2. Groupes nombreux. 3. Rapides

LE REGARD D'UN ÉDITEUR

3 L'annonce du nouveau roman de George Sand, 1840

Cette réclame a été envoyée chez les libraires pour être affichée à la vue des clients.

Regards croisés

Croiser les regards

1 Quel est l'intérêt pour George Sand de rencontrer Perdiguier ? Quel intérêt Perdiguier peut-il avoir à recevoir le soutien de George Sand (doc. 1) ?

2 Quelles difficultés les compagnons peuvent-ils rencontrer (docs 1 et 2) ?

3 Par quel moyen le roman sur le compagnonnage est-il connu du grand public (doc. 3) ?

Imaginer un film à partir d'un récit

4 Vous êtes scénariste et préparez un film sur le compagnonnage au XIXe siècle. Dressez la liste de vos personnages et imaginez l'intrigue de votre film. Vous prendrez en compte les différents codes qui régissent la vie des compagnons.

Faire le bilan

5 Selon vous, qu'est-ce qui fait du compagnon une figure romanesque intéressante ?

3. Une vie encadrée par le compagnonnage

● Comment la fraternité du compagnonnage encadre-t-elle la vie du compagnon ?

1 La fraternité gère l'embauche

Dans une ville où un Devoir est établi, il impose son monopole aux maîtres-artisans et aux patrons : ceux d'entre eux qui souhaitent embaucher un compagnon doivent faire appel à un **rouleur, un compagnon désigné par les siens pour être l'interlocuteur des employeurs**. C'est le rouleur qui présente le candidat à l'embauche à son nouvel employeur. En contrepartie d'une embauche obtenue, un compagnon est tenu d'inviter ses compagnons à fêter sa première paie (document 1).

Quand un compagnon souhaite partir pour aller travailler dans une autre ville, **le rouleur s'assure que les contrats sont respectés** de part et d'autre. Ensuite, il l'escorte avec les autres compagnons, jusqu'aux portes de la ville.

2 La fraternité encadre les grands moments de la vie

Les compagnons forment une **communauté fraternelle** créant des liens de solidarité qui dépassent le travail lui-même. Les Devoirs se montrent solidaires de leurs membres au cours de tous les moments importants de leur vie personnelle, comme lors des mariages (document 3) ou pour organiser des obsèques. Ils établissent des caisses de secours pour aider les compagnons sans emploi, les malades ou ceux qui sont endettés. **Ces fonctions préfigurent des formes modernes de protection sociale** (document 2). C'est dans les milieux du compagnonnage que la réflexion sur les mutuelles a commencé de trouver son application au XIXe siècle.

3 L'affaiblissement du modèle de fraternité

Durant la seconde moitié du XIXe siècle, **le nombre de compagnons s'effondre en raison de l'industrialisation des métiers**. Les Devoirs ne peuvent alors plus collecter les cotisations nécessaires à l'entretien des maisons-mères et aux secours des compagnons en difficulté.

Par ailleurs, la longueur de l'apprentissage décourage les candidats, tandis que les rituels des Devoirs apparaissent comme dépassés aux nouveaux ouvriers, ceux des grandes usines. La **sociabilité** et l'organisation du compagnonnage disparaissent peu à peu.

Mes ressources numériques

Découvrez le site du musée du compagnonnage de Tours.
liennathan.fr/4w9iw7

Vocabulaire et notions

Fraternité : principe de l'entraide qui unit les compagnons d'un même Devoir.

Sociabilité : ensemble des pratiques qui favorisent les relations humaines et permettent à un groupe de construire une identité collective.

J'ai compris le cours

1. Je peux définir le rôle du rouleur dans l'organisation du travail d'un métier.
2. Je peux citer les raisons qui expliquent le déclin de la fraternité du compagnonnage.

Document 1 L'embauche

Lorsqu'un compagnon trouve un emploi, il « paie la tournée » à tous ses compagnons de la ville.

Gravure des années 1840.

1 Décrivez cette scène.

2 En quoi ce rituel entretient-il la fraternité entre compagnons ?

Document 2 Services et secours au sein d'un Devoir

Quand un compagnon arrive dans une ville, on l'embauche ; s'il n'a pas d'argent, il a du crédit[1] ; si les affaires pressantes exigeaient son départ, étant lui dépourvu d'argent, la Société lui accorderait des secours de ville en ville jusqu'à ce qu'il fût rendu à sa destination.

Si un membre de la Société est mis en prison pour des faits non dégradants, on fait pour lui tout ce qu'on peut faire ; s'il tombe malade, chacun va le voir à son tour et lui porte tout ce qui peut lui être utile. Dans certaines Sociétés, on visite moins fréquemment le malade, mais on lui fait dix sous par jour, dont le montant lui est remis dès qu'il sort de l'hospice.

Agricol Perdiguier, *Le livre du compagnonnage*, 1857.

1. On lui prête.

1 Relevez les situations dans lesquelles un compagnon est secouru par son Devoir.

2 Dans quelle circonstance un Devoir peut-il rompre l'assistance due à un compagnon ?

Document 3 Le mariage d'un compagnon

L'ensemble des membres du Devoir de la ville accompagne la cérémonie.

Gravure des années 1840.

À quoi reconnaît-on le marié et ses compagnons lors du mariage ?

Je rédige ma synthèse

Montrez que le compagnon est accompagné à toutes les étapes de sa vie par le Devoir.

BILAN **Capacités**

LES OUTILS DE L'HISTORIEN

Exercice 1

Je connais les principales notions, les acteurs majeurs et les repères

Définissez les notions suivantes :
- Compagnon • Métier • Devoir • Tour de France.

Exercice 2

Je sais identifier les continuités et ruptures chronologiques

Rédigez un paragraphe pour expliquer les liens entre compagnonnage, Révolution et industrialisation.

Exercice 3

Je sais situer un événement dans son contexte pour l'expliquer

1889 : création de l'Union compagnonnique des compagnons du tour de France des Devoirs unis.

En quoi cette tentative d'unification marque-t-elle un moment important dans le milieu des compagnons ?

Exercice 4

Je sais questionner un document pour conduire une analyse historique

Tous les compagnons portent des cannes : dans certaines Sociétés on les porte courtes ; ce sont des cannes quelque peu pacifiques ; dans d'autres on les porte longues et garnies de fer et de cuivre ; ce sont alors des cannes guerrières, des instruments de bataille. Les jours de cérémonie, on pare les cannes de rubans. Le compagnon qui arrache la canne à un compagnon ennemi a fait une grande prouesse ; il s'en glorifie.

Agricol Perdiguier, *Le Livre du compagnonnage*, 1857.

1. Quelles sont les deux fonctions des cannes portées par les compagnons ?
2. Pourquoi un compagnon se glorifie-t-il d'arracher la canne d'un compagnon d'un autre Devoir ?
3. D'après vos connaissances, quelles causes peuvent provoquer de tels conflits ?

Regards croisés

Un film

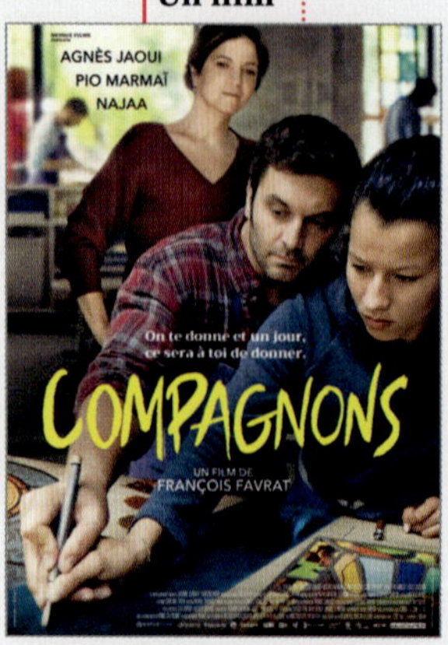

- **François Faurat, *Compagnons*, 2022.** Naëlle, une jeune fille de 19 ans, entre dans la Maison des Compagnons de Nantes et découvre un univers de codes qui donne un nouveau sens à sa vie.

Une bande dessinée

- **Tito et Manuel Lieffroy, *Compagnons, nouveau départ*, 2015.** Cette bande dessinée raconte l'histoire de trois jeunes aspirants compagnons.

Un roman

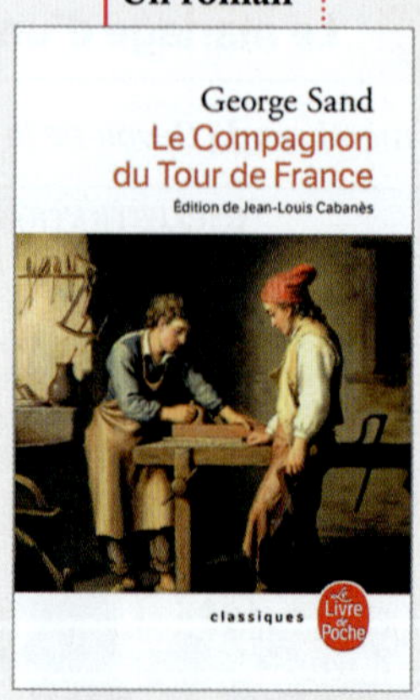

- **George Sand, *Le Compagnon du tour de France*, 1840.** Ce roman raconte l'activité et les rêves de Pierre Huguenin, un compagnon, au début des années 1820.

Chapitre 1 La mondialisation de l'économie

À partir des années 1970, la mondialisation s'accélère grâce à la révolution des transports. Plus récemment, la révolution numérique a permis l'intensification des échanges financiers et culturels.

Une séance de yoga pour 8 000 personnes à Times Square (New York) en 2012.

Les mots du chapitre

- Selon vous, quelle relation peut-on établir entre les mots *mondialisation* et *économie* ?

Pour se lancer !

1. À l'aide des publicités, quelles entreprises multinationales pouvez-vous identifier ? Déterminez leurs secteurs d'activité.
2. Montrez que Times Square est un lieu de la mondialisation culturelle.

REPÈRES Des économies mondialisées

- Quels sont les moteurs de la **mondialisation** ? Comment la mondialisation contribue-t-elle à hiérarchiser les territoires ?

Document 1 Les entreprises multinationales et la production de richesses

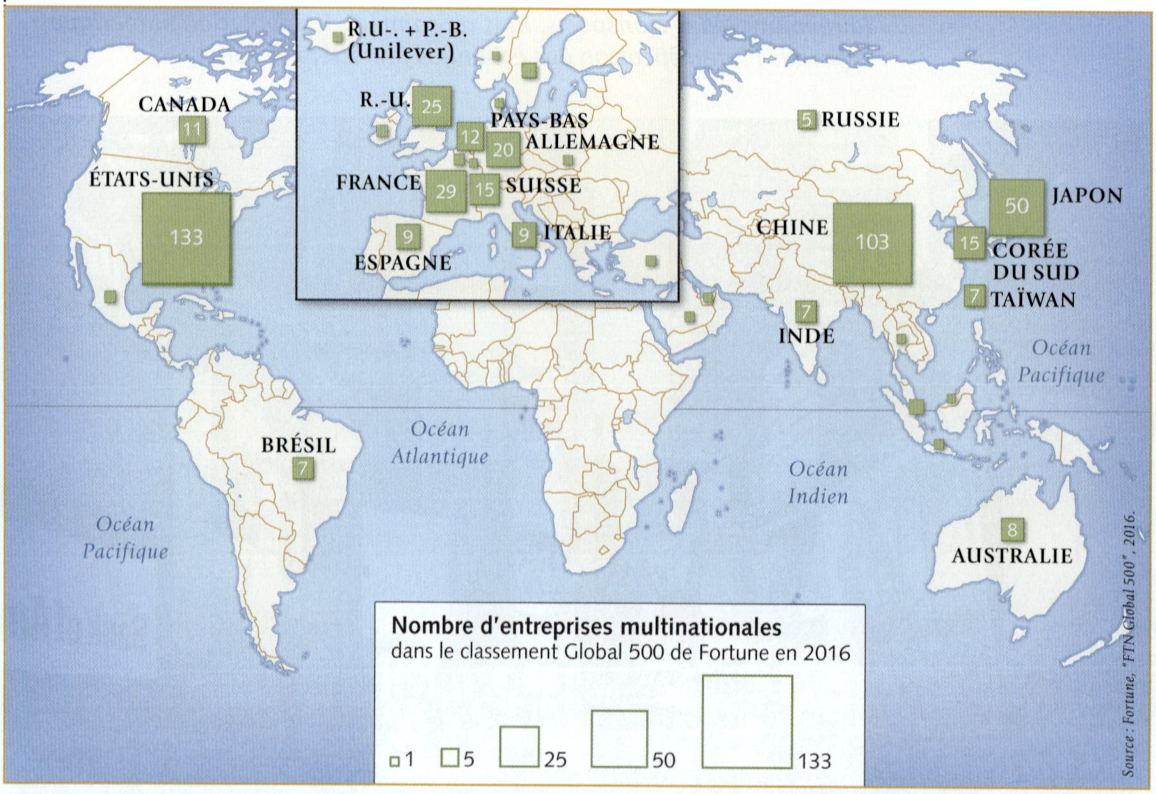

D'après *Géographie de la mondialisation*, Armand Colin, 2019.

Document 2 Le volume des échanges commerciaux internationaux

Ces volumes sont exprimés en % du PIB mondial (1970-2019).

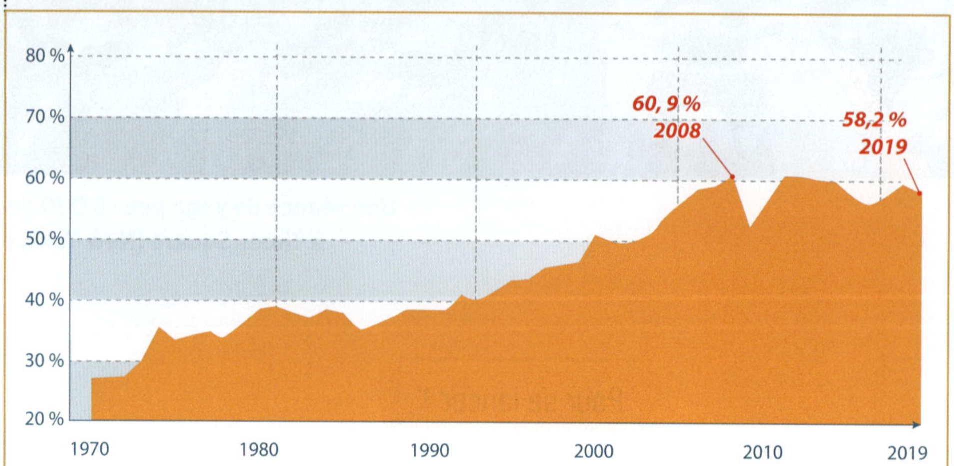

D'après la Banque mondiale.

Document 3 La mondialisation financière

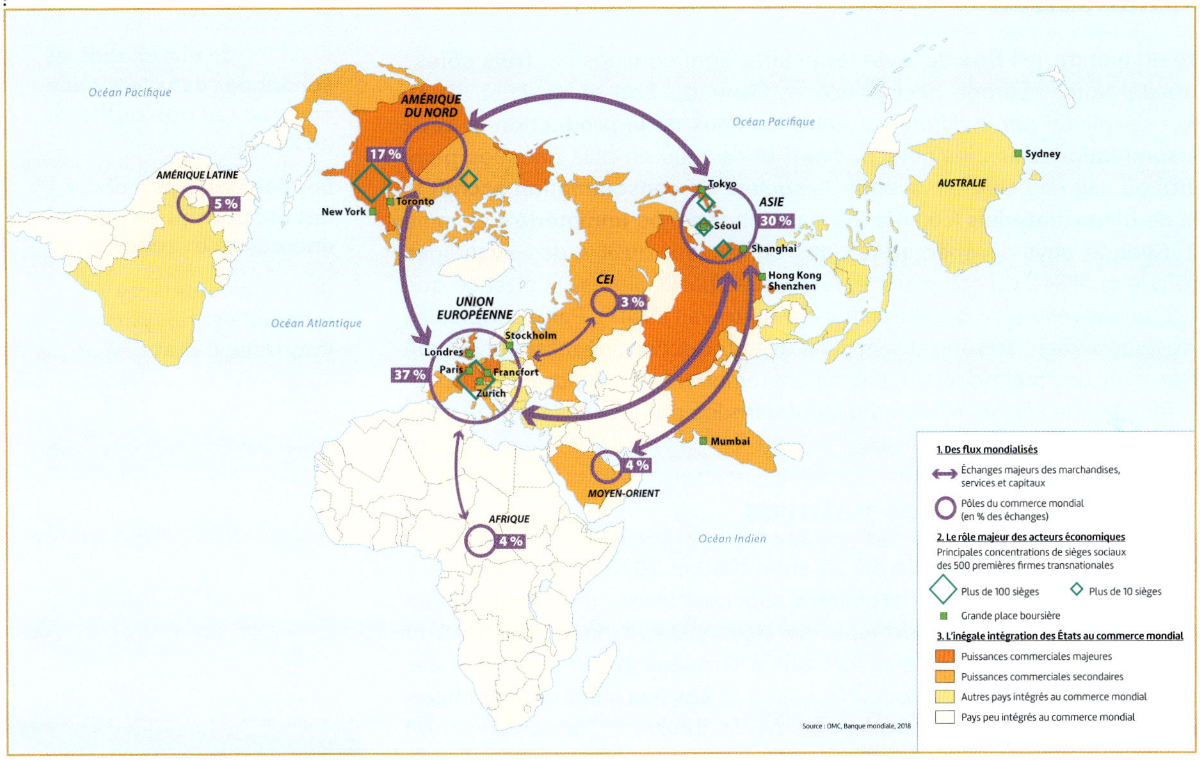

D'après *Atlas de la mondialisation*, Autrement, 2018.

1. Quels sont les principaux pôles de la mondialisation (**docs 1 et 3**) ?
2. Quels territoires sont moins bien intégrés aux **réseaux** de la mondialisation (**docs 1 et 3**) ?
3. Décrivez l'évolution du volume des échanges commerciaux entre 1970 et 2019 : que constatez-vous (**doc. 2**) ?
4. À l'aide des documents 1 et 3, déterminez la situation de l'Europe.

Vocabulaire et notions

Mondialisation : processus qui met en relation les espaces à l'échelle du monde, créant ainsi des liens d'interdépendance. La mondialisation concerne les flux économiques, financiers, culturels et humains.

Réseaux : relations entre les lieux qui structurent l'espace de manière matérielle (transports) ou immatérielle (nouvelles communications).

COURS

1. La mondialisation : une croissance des échanges entre les territoires

● Comment la mondialisation hiérarchise-t-elle les territoires ?

1 Les pôles et les pays moteurs de la mondialisation

À l'échelle du monde, les **flux** de diverses natures sont dominés par **trois pôles** : l'Amérique du Nord, l'Europe occidentale et l'Asie du Sud et de l'Est. Cette domination s'explique par la différence entre **les lieux de la production et ceux de la consommation**. Dans les pays du Nord et de plus en plus dans les **pays émergents** où naît une classe moyenne, la **société de consommation accroît la demande de biens matériels** (comme les marchandises) ou **immatériels** (comme les films). Chaque pays se **spécialise** dans un secteur où il a des avantages (main-d'œuvre qualifiée ou bon marché, ressources particulières…) : c'est ce que l'on appelle la nouvelle division internationale du travail (NDIT). Par exemple, les pays en développement se spécialisent dans des productions nécessitant peu de qualification avec une main-d'œuvre faiblement rémunérée et nombreuse. De son côté, la France fait de son savoir-faire un atout dans les productions liées au luxe.

2 Des flux de diverses natures

Le commerce mondial a été multiplié par 20 entre 1950 et 2020. En plus des biens manufacturés, les **flux de matières premières** sont concernés : les routes partent des espaces de production (par exemple du Moyen Orient pour le pétrole) et rejoignent les pays du Nord. Les flux sont dus à la déconnexion entre les pays producteurs et les pays consommateurs (document 2). **Les flux immatériels concernent les échanges culturels** comme le cinéma, le transfert d'informations, de données… Des entreprises comme Facebook sont devenues très puissantes grâce aux activités liées aux hautes technologies, qui génèrent de multiples flux immatériels (document 1). En 2017, Facebook revendique le chiffre de deux milliards d'utilisateurs, soit plus d'un quart de la population mondiale. **Les flux financiers hiérarchisent les territoires**, les dix Bourses principales polarisent 76 % de la capitalisation boursière mondiale.

Enfin, **les flux de personnes** sont importants. Ils peuvent relever de l'**économie touristique**, avec 1,4 milliard de touristes internationaux par an (document 3). Les flux humains ont aussi comme origine **le travail** ou **la volonté de changer durablement de lieu de vie (migrations)**.

Les flux de personnes sont facilités par l'amélioration des modes de transports ; ils conduisent la plupart des sociétés à s'interroger sur la notion de frontière.

Les chiffres

17 000 milliards de dollars de marchandises échangées dans le monde en 2020 (19 000 milliards en 2018).

Les échanges mondiaux ont été multipliés par 20 entre 1950 et 2000.

80 % du commerce mondial est fait par une vingtaine d'États.

Vocabulaire et notions

Flux : transfert de biens, d'informations ou de personnes d'un espace à un autre.

Pays émergents : pays qui connaissent une forte croissance économique et la consolidation d'une classe moyenne. Ils possèdent un territoire vaste et des ressources naturelles nombreuses. Exemples : Inde, Chine, Afrique du Sud, Brésil, Indonésie.

Spécialisation : phénomène par lequel une entreprise (ou un pays) concentre ses efforts financiers et humains dans un secteur d'activité, où elle est ou devient performante dans la compétition mondiale.

J'ai compris le cours

1. Je sais citer les principaux pôles de la mondialisation.
2. Je suis capable de distinguer les flux matériels, immatériels et humains.

Document 1 Le dynamisme des GAFAM

Les GAFAM[1] symbolisent le dynamisme de l'innovation et l'hégémonie mondiale de la high-tech étatsuniens dans l'économie numérique à partir de la côte Ouest (Silicon Valley et État de Washington). Mettant en place une stratégie tentaculaire d'extension de leurs compétences à des champs toujours nouveaux (culture, audiovisuel et médias, santé, transports, commerce en ligne...), leur pouvoir d'influence mondiale ne cesse de croître. Dans ce contexte, ils accélèrent la mise en place de leurs propres réseaux de câbles sous-marins afin de mieux desservir leurs clients.

Laurent Carroué, *Géographie de la mondialisation*, Armand Colin, 2019.

1. Les entreprises les plus puissantes d'Internet : Google, Amazon, Facebook, Apple, Microsoft.

1 Dans quels domaines s'exerce l'influence des GAFAM ?

2 Comment se manifeste la compétition entre les entreprises des GAFAM ?

Document 2 Le marché mondial de la rose

Les roses produites au Kenya (Afrique) par exemple sont exportées vers les Pays-Bas, qui les vendent aux enchères aux autres pays d'Europe.

Décrivez cette photographie : quels éléments indiquent que la rose est un produit mondialisé ?

Document 3 Las Vegas, capitale mondiale du jeu

Le Strip, avenue principale de Las Vegas, est jalonné des dix plus grands hôtels casinos du monde en nombre de chambres. Parmi eux, le Luxor, le MGM Grand, le Venetian, le Aria Resort, le Wynn, le Excalibur.

1 Décrivez la photographie. Que pouvez-vous dire du paysage, de l'architecture des bâtiments et des voies de circulation ?

2 Quels types de flux Las Vegas, ville du jeu, attire-t-elle ?

3 Selon vous, quelles critiques sont souvent adressées au Strip de Las Vegas du point de vue environnemental, social et culturel ?

Je rédige ma synthèse

Expliquez que la mondialisation est un processus qui concerne de multiples flux (matériels et immatériels) mettant en relation différents territoires du monde.

FOCUS

1. La Nintendo Switch : de sa conception à sa mise sur le marché

• En quoi le processus de production et de commercialisation de la Nintendo Switch Lite est-il représentatif du fonctionnement de la mondialisation ?

La Nintendo Switch est une console portable sortie en 2017, avec de nouveaux modèles en 2019 (Switch Lite) et en 2021 (Switch OLED). Elle est un produit représentatif du processus de mondialisation.

Document 1 **Nintendo, la stratégie d'une entreprise multinationale**

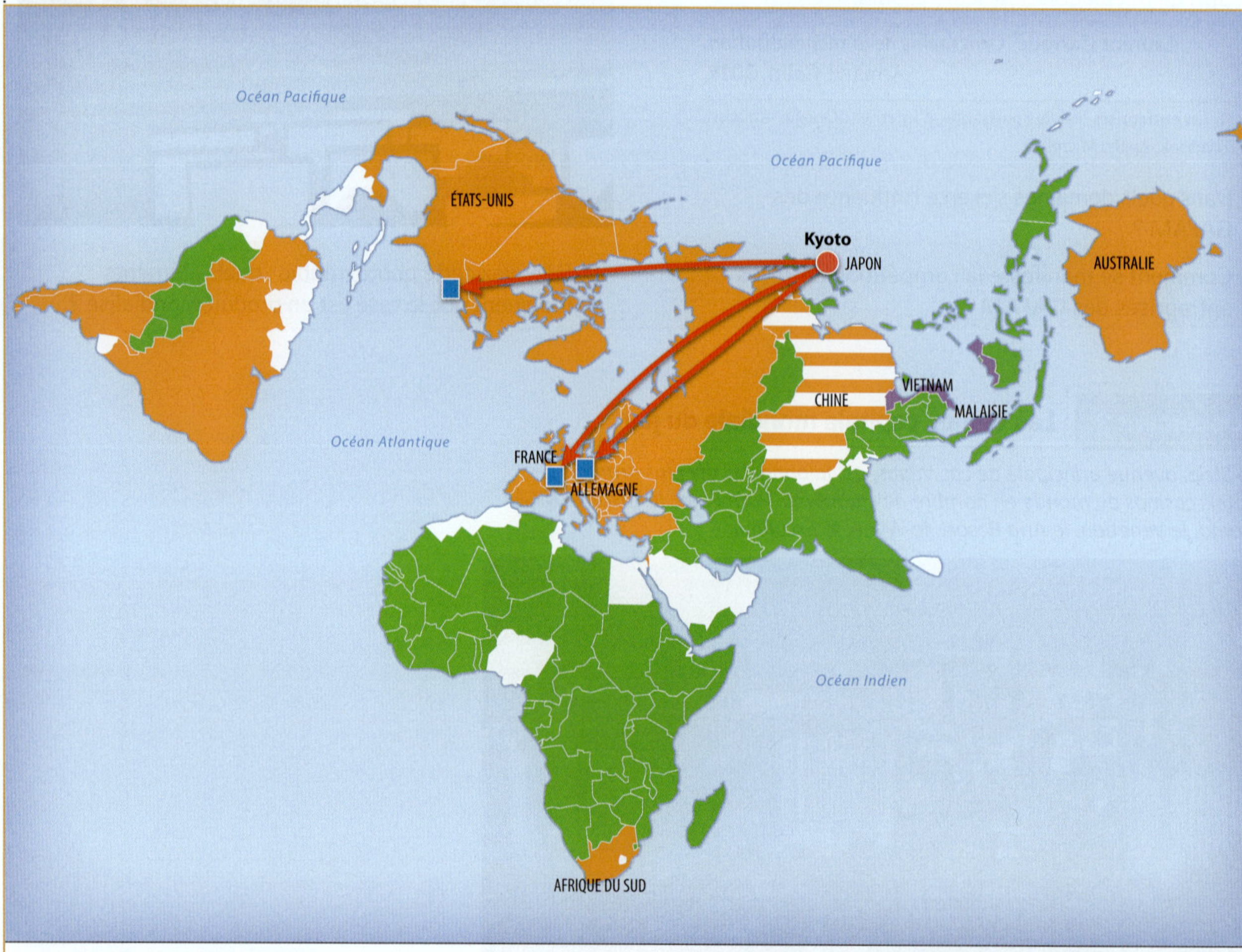

D'après le site Nintendo, France Inter, Carto n°39 (2020), https://www.franceinter.fr/economie/la-multinationale-nintendo

1. De la conception à la fabrication

- Kyoto, le siège de l'entreprise où sont conçues les consoles et certains jeux.
- Directives données aux filiales depuis le siège de Nintendo.
- Principales filiales de Nintendo : conception de jeux et adaptation des jeux en fonction des pays pour les traductions ou par rapport à la législation nationale sur la violence dans les jeux vidéos.
- Pays qui fabriquent une partie des pièces et les assemblent.

2. Les territoires d'une entreprise multinationale

- Pays où sont vendues les consoles Nintendo Switch.
- La Chine accepte en 2019 que la Nintendo Switch soit vendue sur son sol à la condition que Nintendo travaille avec Tencent, une entreprise chinoise.
- Pays où moins de 50 % de la population à un accès à Internet.

Document 2 Les composants électroniques de Nintendo

Beau succès pour STMicroelectronics. Le fabricant franco-italien de semi-conducteurs emporte sept composants dans la Switch, la nouvelle console de jeu de Nintendo lancée le 3 mars 2017. […] Les deux premiers composants […] sont des MEMS (microsystème électromécanique) combinant les fonctions d'accéléromètre et de gyroscope. L'un équipe la console principale, l'autre la manette de jeux, pour la détection des mouvements des joueurs et le pilotage des jeux. Ils sont fabriqués […] en Italie. STMicroelectronics fournit également le circuit intégré de contrôle de l'écran tactile de la console principale. […]. Il est réalisé sur le site industriel de Crolles, près de Grenoble. […] Les trois microcontrôleurs sont fabriqués à l'usine de Rousset, près d'Aix-en-Provence.

L'Usine nouvelle, 14 mars 2017.

Document 3 Une chaîne de production aux multiples acteurs

La forte demande de Nintendo Switch, associée à des difficultés d'approvisionnement causées par l'épidémie de coronavirus, ont entraîné une rupture de stock de la console. Impossible de se procurer l'appareil presque partout dans le monde, constate [l'analyste financier] Bloomberg. Elle n'est plus disponible sur les grands sites de commerce en ligne et seuls des revendeurs intermédiaires proposent des modèles neufs, mais à des prix largement supérieurs aux tarifs habituels. […] À cause de la pandémie, Nintendo fait face à un manque de certains composants fabriqués en Chine depuis février, explique Bloomberg. La situation s'est traduite par une baisse du nombre de Switch produites au Vietnam.

Ouest-France, 28 avril 2020.

Étudier les documents

1. Dans quels pays la Nintendo Switch est-elle conçue et où se trouvent les principales filiales de Nintendo ? Quel est le point commun à tous ces pays (**doc. 1**) ?
2. Où et par qui les composants les plus complexes sont-ils fabriqués (**doc. 2**) ?
3. Dans quels pays la Switch est-elle assemblée (**docs 1 et 2**) ?
4. Pourquoi peut-on dire que cette chaîne de production est fragile (**doc. 3**) ?
5. Quels sont les principaux pays consommateurs de la Switch (**doc. 1**) ?
6. Quels acteurs distribuent la Switch dans les pays consommateurs (**doc. 3**) ?
7. Pourquoi de nombreux pays ne sont pas concernés par les ventes de la Switch (**doc. 1**) ?

Vocabulaire et notions

Division internationale des processus de production : éclatement de la chaîne de production, où le produit fini résulte de l'assemblage des pièces produites dans différents pays, selon les avantages de chaque pays (qualification, coût de la main-d'œuvre).

Nouvelle division internationale du travail (NDIT) : à l'échelle du monde, les pays se spécialisent dans les activités où ils sont les plus performants.

CAPACITÉ

Décrire le circuit d'un bien, de sa conception à sa réalisation, puis à sa consommation à l'échelle mondiale

À l'aide des documents et de vos réponses aux questions, recopiez et complétez le schéma montrant que la Nintendo Switch est un produit mondialisé. Vous utiliserez les mots ou expressions suivants : *conception, réalisation, consommation, spécialisation,* ***nouvelle division internationale du travail****, acteurs, mondialisation.*

Titre : ....

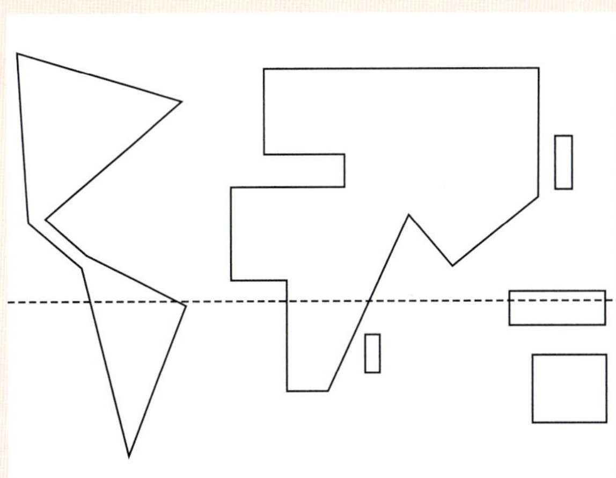

Regards croisés

Géographie
Français

Le contexte

Roméo et Juliette est une pièce de théâtre écrite par Shakespeare en 1597. Elle a connu un immense succès littéraire et, depuis le XXe siècle, elle a été adaptée plusieurs fois au cinéma, au théâtre et même en comédie musicale par Gérard Presgurvic en 2001.

Mes ressources numériques

À l'occasion de la sortie du film de Spielberg *West Side Story*, l'émission revient sur cette adaptation de *Roméo et Juliette*.

Écoutez ce podcast sur l'analyse d'un mythe contemporain, France Culture.
liennathan.fr/yj559c

Roméo et Juliette, une œuvre mondialisée

LE REGARD D'UN JOURNALISTE

1 France Info, *En Chine, le succès de la comédie musicale française* Roméo et Juliette... *en mandarin*, décembre 2021

Notre-Dame de Paris, *Mozart l'Opéra rock*, ou encore *Les Misérables*. À chaque représentation, les salles de théâtre sont pleines, le public en raffole. En cette fin d'année, dans l'un des grands théâtres de Pékin, c'est *Roméo et Juliette* qui est à l'affiche avec un petit événement : pour la première fois, la comédie musicale a été jouée en chinois et non pas en français, comme c'est le cas d'habitude. [...] Les 1 200 spectateurs réunis au théâtre Tianqiao de Pékin portent tous le masque mais cela ne les empêche pas de vibrer au rythme des chansons de *Roméo et Juliette*, tout aussi connues ici qu'en France. Mais pour la première fois, c'est en chinois dans le texte. Le public chinois est depuis longtemps friand des comédies musicales françaises. « Les comédies musicales françaises ont un style très particulier. *Roméo et Juliette* et *Notre-Dame de Paris* sont entrés dans le cœur des spectateurs chinois », explique Ayunga, 32 ans, qui interprète Roméo. « Ça illustre bien le romantisme français. » [...] Zhang Ligang, le producteur du spectacle, a eu l'idée de passer du français au chinois : « Le français est une langue étrangère pour nous. Cela empêche de nombreux spectateurs de rentrer dans le théâtre pour apprécier le spectacle. » [...] Preuve de son succès, le spectacle en version chinoise, est présenté dans une vingtaine de villes. La tournée de six mois se terminera à Shenzhen avant le nouvel an chinois.

LE REGARD D'UN ÉCRIVAIN

2 Alexandre Dumas, *Souvenirs d'une favorite*, 1865

Et, en effet, mon bonheur et mon plaisir étaient grands. Lorsque surtout arrivèrent les scènes du balcon, la première si poétique, la seconde si passionnée, les deux mains sur mon cœur qu'elles comprimaient, haletante, l'œil fixe [...] j'eusse voulu, comme Juliette, retenir à la fois Roméo et le pousser hors de la scène. Que l'on juge du degré de terreur auquel j'arrivai, quand Juliette, buvant le philtre qui doit l'endormir, tremble en songeant qu'elle va se réveiller seule dans le caveau de ses ancêtres.

LE REGARD DU GÉOGRAPHE

3 La comédie musicale française *Roméo et Juliette* : une œuvre mondialisée

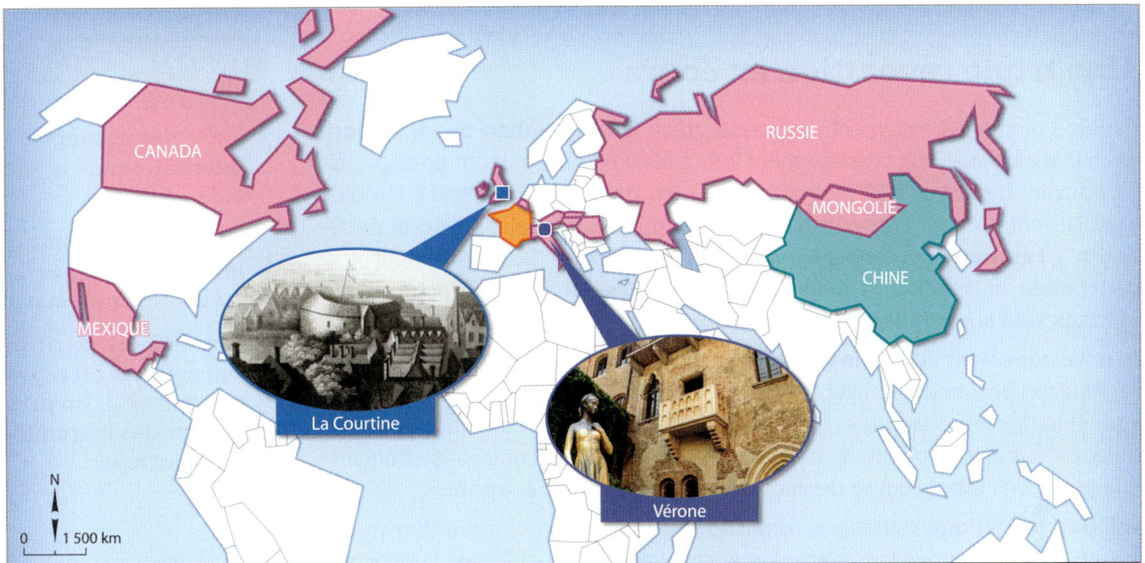

1. Une œuvre d'abord européenne

- Le théâtre de la Courtine à Londres, où a probablement été jouée pour la première fois la pièce de Shakespeare.
- Vérone, la ville italienne où se situe l'intrigue.
- La France où la comédie musicale de Gérard Presgurvic est née en 2001.

2. Une œuvre diffusée dans le monde

- Pays où ont été jouées des représentations du spectacle de Gérard Presgurvic.
- En Chine, le spectacle a été joué en mandarin pour la première fois en 2021.

Regards croisés

Croiser les regards

1. En observant la carte, montrez que le spectacle musical de *Roméo et Juliette* de Gérard Presgurvic est le résultat d'influences diverses.

2. Quelles sont les émotions décrites par Alexandre Dumas ? Montrez qu'elles font écho à l'attitude décrite par le journaliste à propos du public chinois.

3. D'après la carte et l'article journalistique, en quoi la tournée musicale de *Roméo et Juliette* participe-t-elle au rayonnement de la France dans le monde ?

Écrire une lettre

4. Vous souhaitez adapter un roman en comédie musicale. Rédigez une lettre au producteur pour le convaincre du possible succès mondial de votre projet.

Faire le bilan

5. D'après les documents, pourquoi peut-on dire que le spectacle de *Roméo et Juliette* est un produit de la mondialisation ?

COURS

2. Une expansion des échanges dans un monde en mutation

● Quelles mutations techniques permettent l'accélération de la mondialisation ?

1 Une triple révolution en cours

Le commerce mondial a fortement progressé grâce à la **révolution des transports** qui a permis de baisser considérablement les coûts. Les navires sont plus grands, certains pouvant dépasser 400 mètres de long (on parle de gigantisme). De plus, ils se spécialisent dans le transport d'un type de produit (céréales, minerai de fer, conteneurs...) **Les porte-conteneurs**, nés après la Seconde Guerre mondiale, se sont généralisés et spécialisés dans le **transport des biens manufacturés**. Les marchandises sont aussi transportées par avion.

Avec le développement du **commerce en ligne**, une véritable **révolution logistique** s'opère. Amazon possède de multiples entrepôts géants, qui servent de plateforme logistique entre les importations et les exportations de produits commandés par les clients (**document 2**). À la pointe de cette révolution logistique, l'entreprise française Exotec fabrique des robots qui se déplacement en 3D dans les entrepôts.

La révolution numérique représente **une rupture majeure**, au même titre que le charbon et le pétrole pour les précédentes révolutions industrielles. L'essor des NTIC (**nouvelles technologies de l'information et de la communication**) **facilite les échanges**. Les **câbles sous-marins** permettent la circulation des données et les data centers (stockage de données) sont à 83 % basés dans les pays développés, avec une percée de la Chine et l'Inde (**document 1**).

2 Quel rôle pour les États ?

À une époque où la mondialisation s'accélère, les interrogations sur le rôle des États sont nombreuses : sont-ils encore des **acteurs** majeurs de la mondialisation ? Peuvent-ils contrôler et réguler les flux ? Le développement des **entreprises multinationales** est un défi pour le pouvoir de l'État : en effet, **elles jouent sur les législations différentes entre États pour mettre en concurrence les territoires**. Les GAFAM semblent vouloir échapper à tout contrôle et même s'immiscer dans la vie politique de certains États : en 2018, l'entreprise Cambridge Analytica a « aspiré » des données de Facebook pour diffuser auprès de ses utilisateurs des messages favorables au Brexit ou à Donald Trump. Le rôle des GAFAM lors des différentes élections est désormais regardé de près.

De nombreux États entreprennent aujourd'hui d'**imposer des règles** aux GAFAM, avec plus ou moins de succès, en matière de normes, d'éthique, d'impôt, etc. Ainsi, en 2022, l'État allemand se dote d'outils juridiques pour pouvoir sanctionner les pratiques de Google en matière de concurrence.

J'ai compris le cours

1. Je peux citer les trois révolutions qui participent à l'intensification du processus de mondialisation.
2. Je peux expliquer le rôle des entreprises multinationales et des États dans la mondialisation.

Les chiffres

90 % des échanges internationaux se font par voie maritime.

99 % de l'information Internet passe par les câbles sous-marin.

Le transport maritime est peu coûteux : il représente moins de 2 % du prix de revient des marchandises transportées.

Vocabulaire et notions

Acteur : personne, entreprise ou collectivité qui agit sur le territoire.

Câbles sous-marin : câbles posés au fond des mers et des océans et destinés au transport des télécommunications et des données numériques.

Entreprise multinationale : entreprise possédant des filiales dans plusieurs pays.

Nouvelles technologies de l'information et de la communication (NTIC) : ensemble des outils et techniques liées aux télécommunications, à l'informatique et à l'audiovisuel et utilisant des données personnelles.

Document 1 Les câbles sous-marins et les data centers

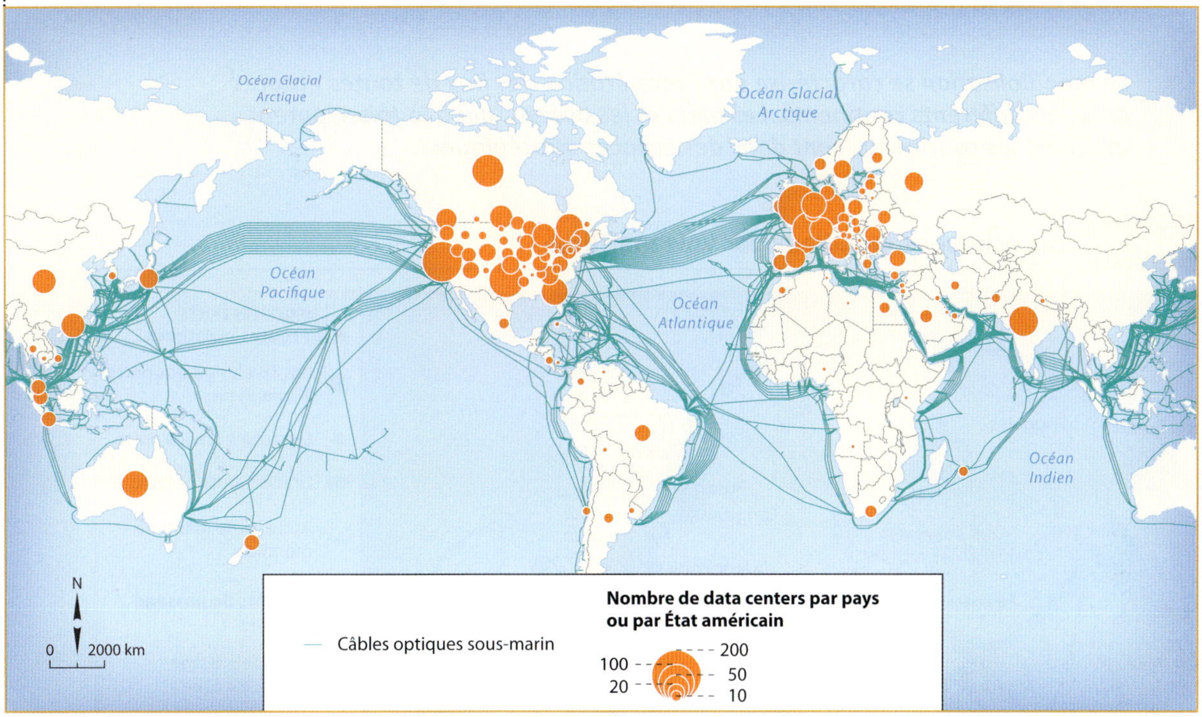

1 Où se situent majoritairement les data centers ?

2 Quels espaces sont marginalisés par les câbles sous-marins ?

Document 2 La plateforme d'Amazon à Dortmund en Allemagne

1 À quoi sert une plateforme Amazon ?

2 Décrivez cet espace de travail. Que doivent faire les salariés ?

3 D'après vos connaissances, à quelles critiques sur les conditions de travail de ses employés l'entreprise Amazon doit-elle régulièrement répondre ?

Je fais ma synthèse à l'oral

En deux minutes, expliquez quelles grandes mutations techniques ont permis l'accélération de la mondialisation depuis la seconde moitié du XXe siècle.

FOCUS

2. Les mers et les océans : des espaces au cœur de la mondialisation

- Pourquoi les mers et les océans sont-ils des espaces au cœur de la mondialisation ?

La mondialisation se caractérise par l'accélération des flux de toutes natures entre les différents continents. Les mers et les océans, qui à la fois séparent et relient les continents, sont donc des espaces stratégiques.

Document 1 Les échanges mondiaux par voie maritime

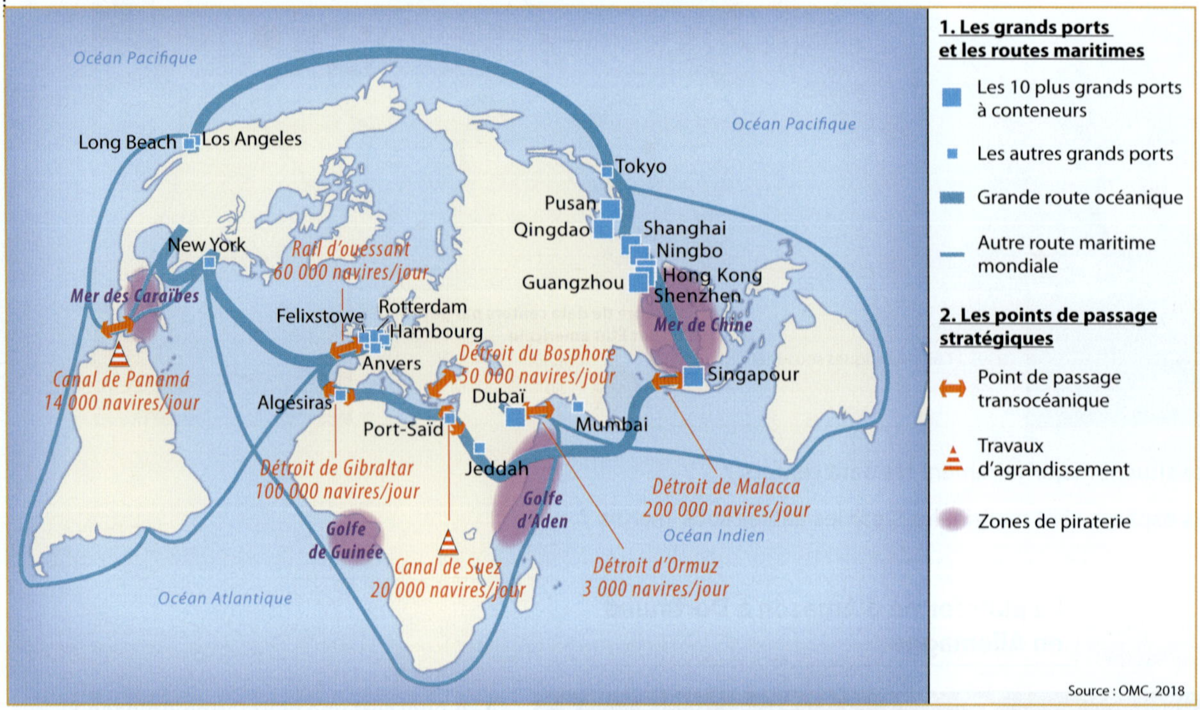

Source : OMC, 2018

Document 2 Le détroit de Malacca

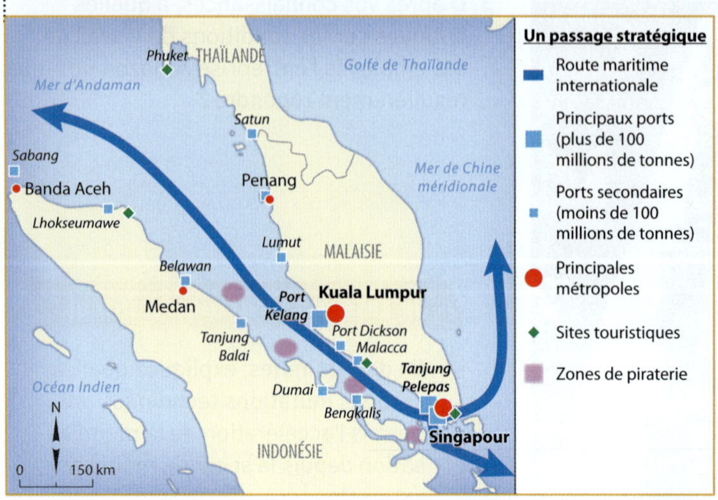

Étudier les documents

1. Quels espaces sont mis en relation par les grandes routes maritimes (**doc. 1**) ?
2. Quels territoires sont à l'écart des grandes routes maritimes (**doc. 1**) ?
3. Quels sont les espaces jugés stratégiques dans la mondialisation et pourquoi (**docs 1 et 2**) ?
4. Comment expliquer l'importance du détroit de Malacca dans la mondialisation (**doc. 2**) ?

Écrire

5. À l'aide des documents, vous montrerez dans un bref paragraphe que les mers et les océans sont des espaces essentiels de la mondialisation.

CAPACITÉS

Analyser les informations essentielles d'un document

Identifier l'échelle appropriée pour étudier les principaux flux

Document **Felixstowe : l'un des premiers ports d'Angleterre**

Vous allez présenter à la classe les principales caractéristiques du port de Felixstowe et identifier plusieurs échelles d'analyse. Pour mettre en œuvre cette capacité, suivez le plan proposé.

À grande échelle

1. Localisez l'espace où arrivent les navires.
2. Localisez les portiques et les entrepôts.
3. Quels sont les atouts de l'espace de Felixstowe pour implanter un grand port ?

À petite échelle

4. D'après les flux maritimes dessinés dans le document 1 (➤ p. 92), pourquoi le port de Felixstowe est-il un bon exemple pour étudier un port à l'échelle européenne ?
5. Quel espace est concerné par la grande échelle ? Par la petite ?

Capacités

LES OUTILS DU GÉOGRAPHE

Exercice 1

Je sais mémoriser et m'approprier les principales notions

Attribuez à chaque notions sa définition.

Mondialisation •	• Entreprise possédant des filiales dans plusieurs pays.
Entreprise multinationale •	• Processus qui met en relation les espaces à l'échelle du monde, créant ainsi des liens d'interdépendance.
Flux •	• Relations entre les lieux qui structurent l'espace de manière matérielle (transports) ou immatérielle (nouvelles communications).
Réseau •	• Transfert de biens, d'informations ou de personnes d'un espace à un autre.

Exercice 2

Je connais les principaux acteurs

Donnez pour chacun de ces acteurs un rôle dans la mondialisation.

Les États - Les entreprises multinationales

Exercice 3

Je suis une démarche d'analyse géographique

Choisissez un produit de la mondialisation. Situez ensuite les lieux de conception, de fabrication et de vente. Identifiez enfin les acteurs intervenant de la chaîne de production au processus de vente.

Exercice 4

Je sais me repérer

Donnez trois exemples d'espaces intégrés à la mondialisation.

Une grande métropole - Un port - Un détroit.

Regards croisés

Un podcast

- **À écouter :** un podcast sur la **« Fast Fashion, les dessous de la mode à bas prix »**, France Culture, 2021.

Écoutez le podcast. liennathan.fr/2swc34

Une émission

- Un reportage et un débat sur les fragilités de la mondialisation, Arte.

Regardez le reportage. liennathan.fr/r3tu95

Une bande dessinée

- **Isabelle Bensidoun et Sébastien Jean, *La Folle Histoire de la mondialisation*, 2021.** Cette bande dessinée présente les acteurs majeurs de la mondialisation et les principales étapes de ce processus.

Chapitre 2

Des territoires et des sociétés bouleversés

La mondialisation s'est accélérée ces dernières décennies, contribuant à de profondes transformations géographiques. Les territoires et les sociétés du monde entier sont concernés et s'adaptent à ces changements, de manière inégale toutefois.

Shenzhen : une ville au cœur de la mondialisation.
Petite ville dans les années 1960, Shenzhen est choisie comme zone économique spéciale en 1980 dans le cadre de l'ouverture de la Chine à la mondialisation. Avec plus de 10 millions d'habitants, elle est devenue une grande métropole mondiale.

Les mots du chapitre

- Selon vous, que signifient les mots *territoire* et *société* ? Quels liens les unissent ?

Pour se lancer !

1. Décrivez ce paysage d'une métropole mondiale.
2. Pouvez-vous citer d'autres métropoles au cœur de la mondialisation ?

REPÈRES Mondialisation et transformation des territoires

- Comment la mondialisation contribue-t-elle à transformer et à hiérarchiser les territoires ?

Document 1 Un espace mondial hiérarchisé et dominé par trois pôles majeurs

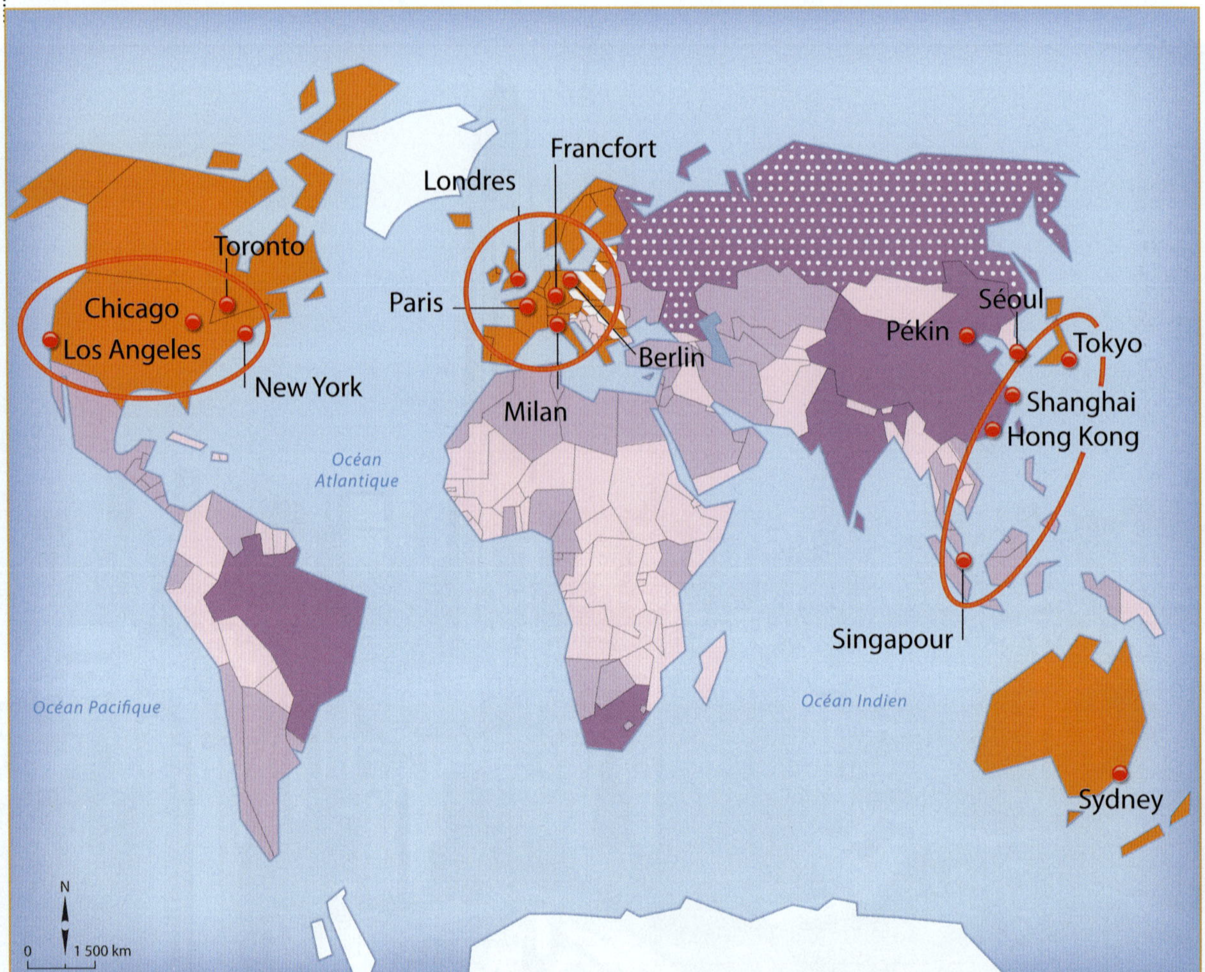

1. Les centres d'impulsion du monde
- Villes mondiales
- Pays développés
- Europe : différents degrés d'intégration avec l'élargissement vers l'Est
- Aires de puissance

2. Des puissances en devenir
- États émergents
- Russie : un territoire en recomposition

3. Des États du Sud aux situations différentes
- Pays en développement : pays ateliers, pays fournisseurs de matières premières, de ressources énergétiques
- Pays fragiles ou marginalisés, pays détruits par les crises, les conflits

Document 2 **Les espaces maritimes dans le monde**

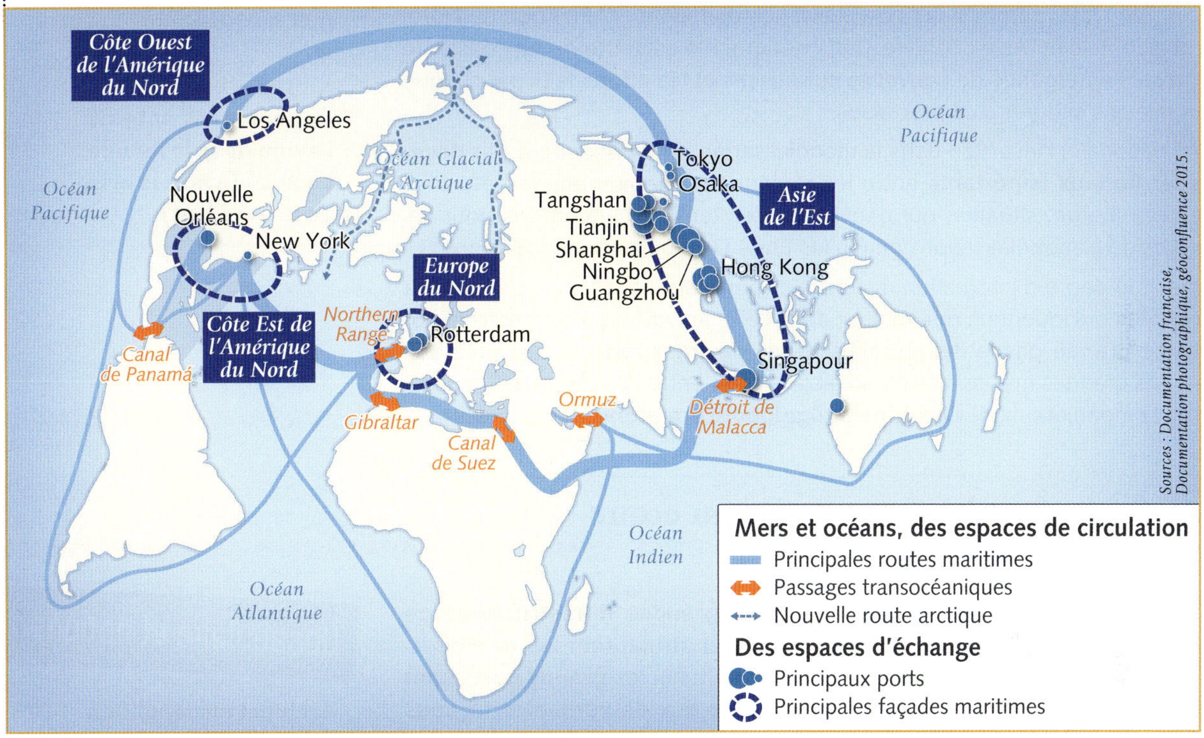

1 Nommez les grandes aires de puissance mondiale.

2 Décrivez le parcours des principales routes maritimes mondiales.

3 Citez plusieurs pays émergents.

4 Pourquoi la mondialisation renforce-t-elle le poids de certains littoraux dans le monde ?

Le saviez-vous ?

➤ Les océans sont de vastes étendues d'eau qui séparent les continents. Ils sont beaucoup plus grands que les mers qui sont disposées le long du contour des océans et fermées par des péninsules, des îles ou des hauts-fonds.

Vocabulaire et notions

Façade maritime : espace littoral constitué d'un réseau de grands ports qui entretiennent entre eux des relations importantes.

COURS

1. La mondialisation à l'origine d'une nouvelle géographie mondiale

- Comment le processus de la mondialisation contribue-t-il à l'émergence d'une nouvelle géographie mondiale ?

1 La hiérarchisation des territoires

Depuis les années 1970, la mondialisation s'accélère avec l'explosion des échanges commerciaux et des interdépendances de plus en plus fortes entre tous les pays. **La mondialisation conduit à une hiérarchisation des territoires** (➤ carte Repères, p. 96) : trois grandes aires de puissance dominent : l'Amérique du Nord, l'Europe occidentale et l'Asie orientale. Cette géographie est toutefois en constante évolution avec l'émergence de nouvelles puissances et les efforts faits par chaque pays pour mieux s'intégrer à ce processus.

À l'échelle nationale, l'insertion dans la mondialisation peut conduire à des **déséquilibres territoriaux importants** entre les régions les mieux intégrées et celles qui restent en marge, situation qui peut créer des tensions, y compris pour les pays moteurs de la mondialisation comme les États-Unis ou la Chine (document 1).

Quel que soit le degré d'intégration des pays à la mondialisation, ce sont souvent les **métropoles** qui jouent un **rôle majeur** dans cette insertion en concentrant notamment une **grande partie des infrastructures de transports** nécessaires aux échanges. Les grandes métropoles mondiales forment entre elles un réseau qui est au cœur de la mondialisation : **l'archipel mégalopolitain mondial** (document 2).

2 La révolution des transports au cœur des bouleversements territoriaux

Dans un monde où les échanges explosent, **les grandes infrastructures de transports sont au cœur des enjeux territoriaux** et structurent les territoires. La majorité des marchandises circulant par voie maritime, les **grands ports sont des territoires essentiels** qui peuvent former entre eux de véritables façades maritimes. La standardisation des conteneurs et le gigantisme des navires de commerce contribuent à renforcer le poids de ces très grands ports à l'échelle mon-diale (➤ Focus, p. 100).

Le transport aérien a connu aussi une révolution avec l'explosion des mobilités humaines, en lien avec le **tourisme international** notamment. Quelques aéroports concentrent l'essentiel de ces flux et contribuent à transformer leurs territoires, c'est le cas de Roissy-Charles-de-Gaulle près de Paris.

La recherche de gains de temps et d'efficacité conduit les acteurs de la mondialisation à favoriser la création de grandes **plateformes multimodales** où les hommes et les marchandises peuvent passer d'un moyen de transport à un autre.

J'ai compris le cours

1. Je sais citer les territoires les mieux intégrés à la mondialisation.
2. Je suis capable d'identifier les grandes infrastructures de transports au cœur du processus de mondialisation.

Chiffres

11 milliards de tonnes de marchandises transportées par mer en 2019.

▼

4, 5 milliards de personnes ont pris l'avion dans le monde en 2019 (avant la crise de la Covid-19).

Vocabulaire et notions

Archipel mégapolitain mondial : réseau des plus grandes métropoles mondiales qui entretiennent d'importantes relations entre elles et sont au cœur de la mondialisation.

Métropole : grande ville qui exerce une forte influence sur un territoire régional, national ou même mondial.

Plateforme multimodale : lieu de correspondance entre différents modes et réseaux de transports pour acheminer des voyageurs et des marchandises.

Révolution des transports : amélioration de la vitesse et de la sûreté des transports en lien avec les innovations techniques.

Document 1 Les contrastes territoriaux en Chine accentués par la mondialisation

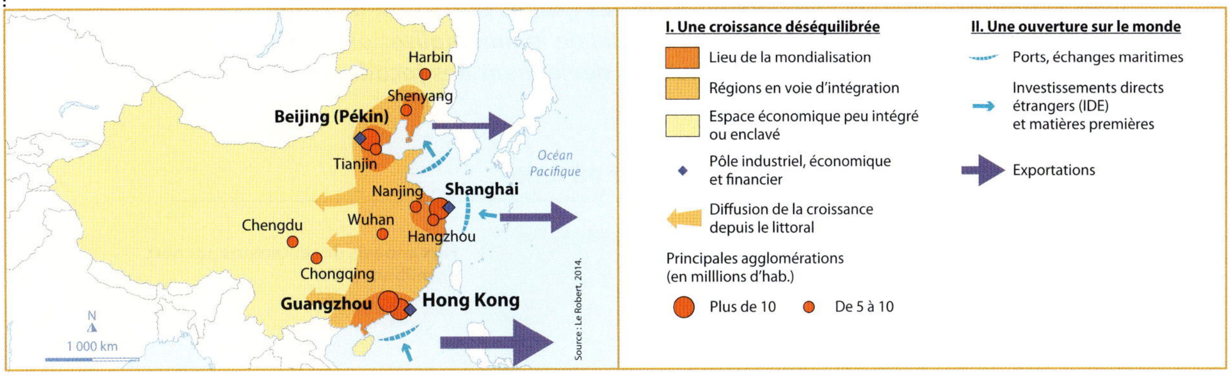

1. Comment la mondialisation renforce-t-elle les contrastes territoriaux en Chine ?
2. Pourquoi peut-on dire que les grandes villes sont les espaces majeurs de l'insertion chinoise dans la mondialisation ?

Document 2 L'archipel mégalopolitain mondial

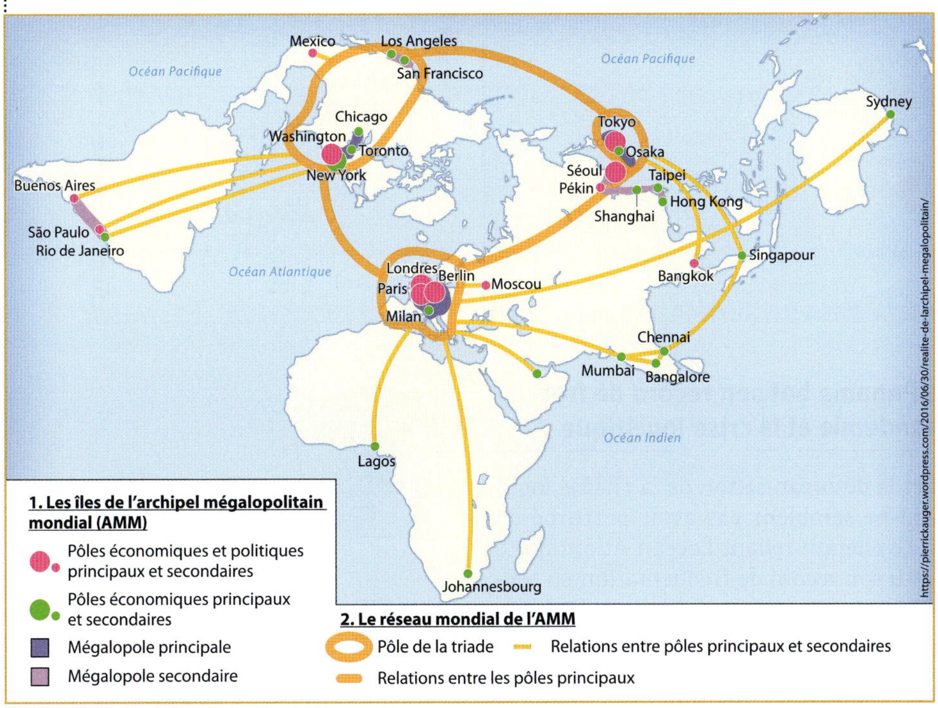

1. Quels éléments font de ces villes des moteurs de la mondialisation ?
2. Qu'est-ce qui relie ces villes entre elles ?

Je prépare une synthèse orale

En vous appuyant sur des exemples précis, expliquez en deux minutes à vos camarades, comment la géographie mondiale évolue dans le cadre de la mondialisation.

FOCUS

1. Les façades maritimes

● Pourquoi peut-on affirmer que les grandes façades maritimes et les ports sont des espaces majeurs de la mondialisation ?

L'essentiel des échanges dans le monde se fait par voie maritime. Avec le renforcement de la mondialisation, les grands ports sont devenus des lieux stratégiques. Dans les pôles majeurs de la mondialisation, ils se concentrent le long de certains littoraux qui deviennent des façades maritimes.

Document 1 Les plus grands ports mondiaux sont en Asie

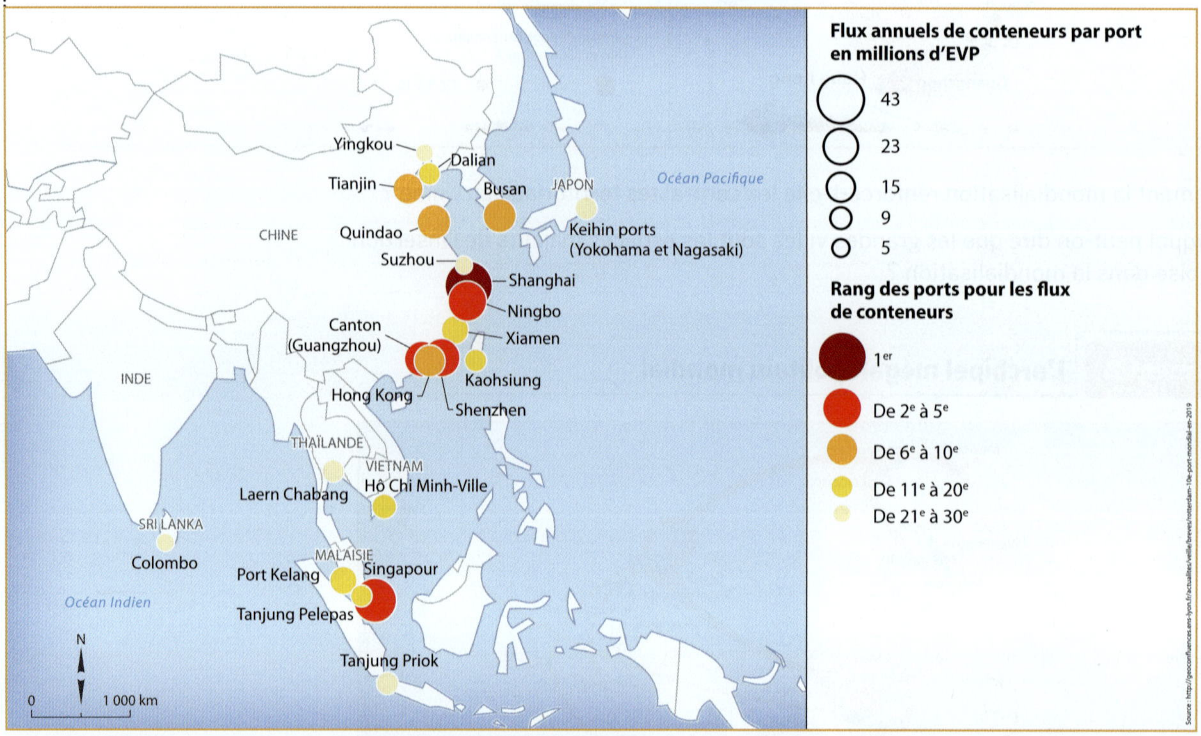

Document 2 Le canal de Panama bat son record de fret malgré la pandémie et la crise logistique

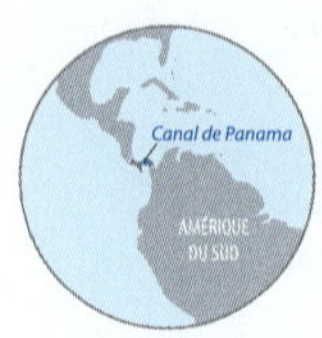

« La congestion des ports et la désorganisation de la chaîne logistique post-pandémie de Covid ne semblent pas avoir perturbé les affaires du canal de Panama. Le chemin reliant l'océan Atlantique à l'océan Pacifique a en effet battu son record de fréquentation en tonnage lors de l'année fiscale 2021 », a annoncé jeudi Ricaurte Vasquez, dirigeant de l'Autorité du canal de Panama (ACP). Du 1er octobre 2020 au 30 septembre 2021, 516 millions de tonnes ont transité par ce canal, principalement des conteneurs, des céréales, des produits chimiques et du gaz naturel liquéfié. Cela représente une hausse de 8,7 % par rapport à l'exercice antérieur (475 millions de tonnes), qui affichait déjà un record malgré le ralentissement de l'économie pendant la crise du Covid-19. [...] Le record de fret est dû au fait que les navires sont toujours plus grands et traversent la mer avec le plus grand nombre possible de conteneurs pour atteindre une plus grande efficacité dans leurs coûts de transport, selon l'ACP.

Les Echos, 29 octobre 2021.

Étudier les documents

1. Pourquoi parle-t-on de façade maritime en Asie (**doc. 1**) ?
2. Quel pays d'Asie fournit le plus grand nombre de grands ports (**doc. 1**) ?
3. Pourquoi peut-on dire que le canal de Panama est important pour les échanges maritimes mondiaux (**doc. 2**) ?

Document 3 Rotterdam : l'un des plus grands ports du monde

Rotterdam est le premier port européen et est classé au dixième rang mondial. Sa superficie est de 124 km² et sa longueur atteint 42 kilomètres.

Étudier un paysage

4 Décrivez le paysage portuaire de Rotterdam (**doc. 3**).

Écrire

5 Montrez comment les façades maritimes et les grands ports constituent des territoires majeurs de la mondialisation. Vous rédigerez un texte de quelques lignes en utilisant le vocabulaire de la géographie.

CAPACITÉ

Compléter le croquis d'un espace portuaire

a Complétez la légende du croquis ci-dessous à l'aide des mots et expressions suivants : *Connexions avec l'arrière-pays grâce aux réseaux de transports - Arrière-pays - Installations portuaires et industrielles.*

b Donnez un titre à votre croquis.

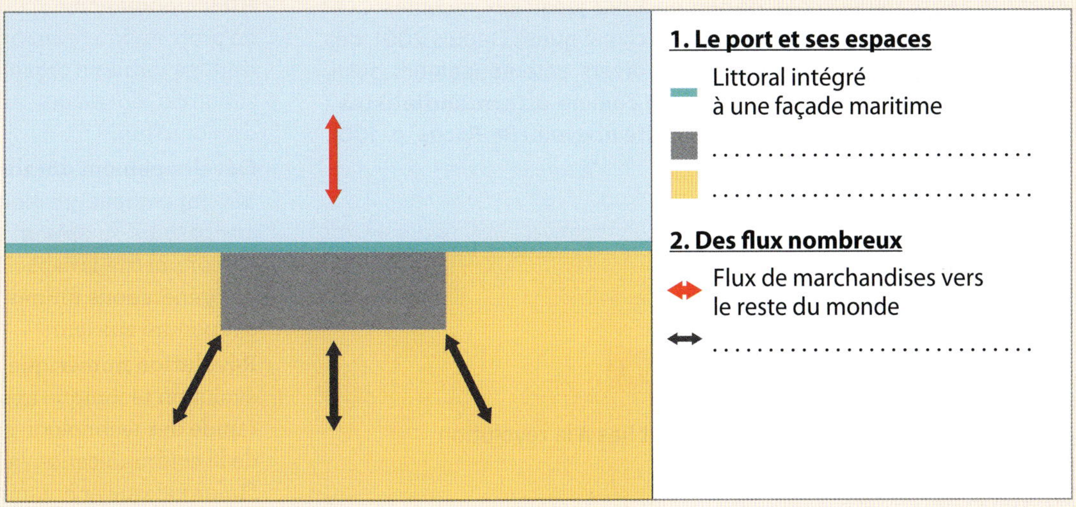

COURS

2. La transformation des sociétés

● Comment la mondialisation transforme-t-elle les sociétés du monde entier et quel type de débats engendre-t-elle ?

1 Vers un monde uniformisé ?

Parallèlement à la révolution des transports, **le monde a connu une révolution numérique** ces 40 dernières années, avec notamment la création et l'extension du réseau Internet et de la téléphonie mobile. La notion de « village global » est même apparue dans les années 1980 pour désigner ce phénomène d'une planète réduite à la dimension d'un village. Les hommes du monde entier peuvent désormais **communiquer en temps réel**, ce processus contribue à uniformiser les modes de vie, les habitudes vestimentaires ou alimentaires (document 1). Toutefois, l'ensemble des territoires de la planète ne sont pas tous connectés à ces réseaux. En effet, dans certains pays cette **connexion est même devenue un enjeu de développement**, la **fracture numérique** étant aussi un facteur de marginalisation (document 2).

L'uniformisation de nos modes de vie et de consommation peut susciter des inquiétudes et des résistances des sociétés face à un phénomène qui est souvent perçu comme une américanisation, tant ce pays est à l'origine de cette révolution numérique et diffuse ses modèles à travers la planète.

2 Une mondialisation en débat

Les sociétés sont profondément bouleversées par ce processus de mondialisation et s'interrogent de plus en plus sur ses effets positifs mais aussi négatifs. L'explosion des échanges commerciaux et la division de la production à l'échelle planétaire se heurtent aujourd'hui aux exigences du **développement durable**. L'Unesco (Organisation des Nations unies pour l'éducation, la science et la culture) a fixé **17 objectifs de développement durable** pour contraindre les sociétés à transformer le **développement porté par la mondialisation.**

Notre mode de consommation et la révolution des transports reposent en effet sur une grande consommation d'énergies fossiles et la production de tonnes de déchets. Ceci provoque des pollutions de l'air, des sols et de l'eau, perturbant fortement la vie des sociétés. Pour faire face à ces défis, les sociétés se mobilisent et **une conscience nouvelle émerge à l'échelle mondiale**. En témoignent les différents sommets de la Terre, depuis celui de Rio en 1992 jusqu'aux récentes COP (conférences des Nations unies sur les changements climatiques). Depuis 2001, des forums sociaux mondiaux (document 3) réunissent divers acteurs (acteurs politiques, associatifs, ONG, citoyens), qui se définissent comme **altermondialistes** : ils souhaitent repenser la mondialisation dans un cadre nouveau (➤ Focus, p. 106).

J'ai compris le cours

1. Je peux expliquer les enjeux de développement liés à la révolution numérique.
2. Je peux expliquer l'engagement des altermondialisme.

Chiffres

4 milliards d'internautes dans le monde.

▼

55 % de la population mondiale inscrite sur les réseaux sociaux.

▼

7,7 milliards d'abonnements de téléphone mobile dans le monde.

Vocabulaire et notions

Altermondialisme : courant de protestation revendiquant d'autres formes d'organisation du monde que celle d'aujourd'hui.

Développement durable : développement qui répond aux besoins du présent sans compromettre la capacité des générations futures à répondre aux leurs.

Révolution numérique : évolution technique très rapide des technologies de la communication liée à l'informatique et notamment au réseau Internet.

Document 1 Un restaurant McDonald's à Kunming Yunnan, Chine, octobre 2020

1 Décrivez cette photographie.

2 En quoi le succès des restaurants McDonald's traduit-il une forme d'uniformisation dans les pratiques alimentaires ?

Document 2 La révolution numérique en Afrique

Alors que moins d'un tiers des Africains sont actuellement connectés à l'Internet haut débit, le montant des investissements nécessaires pour garantir un accès universel, abordable et de qualité sur l'ensemble du continent d'ici 2030 s'élève à 100 milliards de dollars. [...] « Cette stratégie numérique est avant tout une stratégie de soutien à la croissance et à l'emploi, explique Makhtar Diop, vice-président de la Banque mondiale pour les infrastructures. Environ 450 millions de personnes devraient rejoindre les rangs de la population active en Afrique entre 2015 et 2035. Si les tendances actuelles perdurent, moins d'un quart d'entre elles décrocheront un emploi stable. L'extension de l'accès à l'internet va permettre de créer des millions de débouchés. » Mais il existe des obstacles [...], notamment le manque de fiabilité et le coût des raccordements à l'électricité.

D'après la Banque mondiale, 17 octobre 2019.

1 Pourquoi la révolution numérique est-elle au cœur des enjeux de croissance en Afrique ?

2 Quels sont les obstacles que rencontre encore l'Afrique dans le déploiement des réseaux Internet ?

Document 3 Le forum social mondial

Le forum social mondial réunit depuis 2001 l'ensemble des acteurs qui se définissent comme altermondialistes.

1 Présentez ce document

2 D'après vous, pourquoi « un autre monde » est-il « nécessaire » selon les organisateurs du forum social mondial ?

Je prépare une synthèse orale

En vous appuyant sur des exemples précis, présentez à vos camarades des arguments qui peuvent remettre en cause la mondialisation actuelle.

Regards croisés

Géographie
Histoire
Français

Le contexte

Noël est une fête chrétienne célébrant la naissance de Jésus. Dès le IVe siècle, la date du 25 décembre a été choisie, quelques jours après le solstice d'hiver. Coupée de plus en plus de son fondement religieux, cette fête se diffuse dans le monde entier, y compris dans des pays qui n'ont pas de traditions chrétiennes.

Mes ressources numériques

Écoutez ce podcast sur l'histoire du père Noël, France Culture.
liennathan.fr/eme739

La mondialisation culturelle, l'exemple de Noël

LE REGARD D'UN PHILOSOPHE

1 Stéphane Floccari, *Survivre à Noël*, 2018

Cet essai retrace l'histoire du rite de Noël, pour en éclairer les enjeux sociologiques.

New York est incontestablement la capitale mondiale de la célébration de Noël, avec ses illuminations gigantesques, ses attractions commerciales hors normes, ses galeries marchandes surabondantes et ses vitrines sans fin, devant lesquelles on vient se faire tirer le portrait avec *Santa Claus*. Après le passage des soldats de l'Oncle Sam en Europe pendant la Seconde Guerre mondiale, puis l'implantation du plan Marshall, sous la présidence Truman, à partir de 1947, ce ne sont pas seulement les films hollywoodiens, les chewing-gums, les bas nylon, les cigarettes blondes, le Coca-Cola et le jazz, mais aussi une certaine façon de « faire » Noël. L'*american way of life*, mélange de mièvrerie sentimentale, de boulimie consumériste, de matraquage publicitaire, d'idéologie familialiste et d'humanisme caritatif, s'installe durablement en France et dans les autres pays européens, imposant avec lui le modèle du Noël réussi. Ses ingrédients n'ont pas changé d'un iota depuis : course aux cadeaux, repli grégaire[1] dans le *home sweet home*, table garnie des mets les plus goûteux et les plus élaborés de chaque pays, région ou terroir, sapin richement décoré, illuminations en tous genres, ribambelles de bougies, guirlandes, couronnes et plantes.

1. Conformiste.

LE REGARD D'UN PHOTOGRAPHE

2 Célébration de Noël dans une école Thaïlandaise, 2021

LE REGARD D'UN GÉOGRAPHE-CARTOGRAPHE

3 Noël, une fête mondialisée

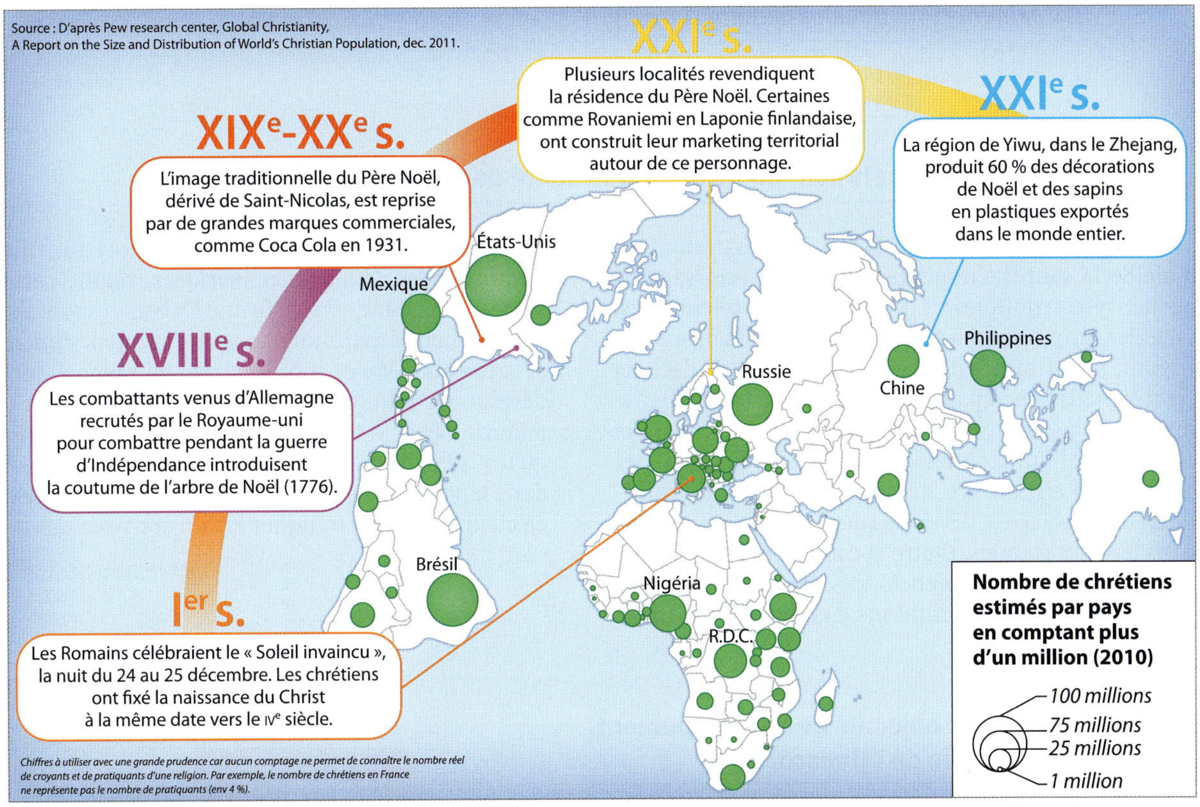

Regards croisés

Croiser les regards

1 Quand et où la fête de Noël est-elle née ?

2 Quand et où le père Noël est-il né ?

3 Quels acteurs ont contribué à faire de Noël une fête mondialisée ?

4 Pourquoi peut-on dire qu'en Thaïlande cette fête mélange plusieurs traditions ?

Débattre

5 Choisissez un pays qui ne soit pas de culture chrétienne et cherchez de quelles manières Noël y est célébré. Vous en ferez une présentation orale à vos camarades et échangerez ensemble.

Faire le bilan

6 En un paragraphe d'une dizaine de lignes, montrez que Noël est un produit culturel mondialisé.

FOCUS

2. La mondialisation et les défis du développement durable

● Comment concilier mondialisation et développement durable ?

De nombreux débats interrogent aujourd'hui l'avenir de la mondialisation et les initiatives se multiplient pour rendre la mondialisation compatible avec les exigences du développement durable.

Document 1 Les e-déchets sont un fléau pour la santé de millions d'enfants

Dans un rapport inédit, l'OMS [Organisation mondiale de la santé] s'inquiète du nombre croissant de déchets électroniques. [...] Ordinateurs, téléphones, tablettes, imprimantes, téléviseurs, batteries ou encore frigos... Des dizaines de milliers de tonnes de déchets électroniques se répandent un peu partout dans le monde chaque année. Or, seule une fraction d'entre eux sont aujourd'hui recyclés, le reste terminant dans des décharges à ciel ouvert. Résultat : une industrie informelle de recyclage se développe depuis plusieurs années dans les pays pauvres. Outre la catastrophe écologique que représentent ces déchets, ces derniers menacent également la santé de millions d'enfants à travers le monde, dévoile l'OMS dans un rapport intitulé *Les Enfants et les décharges numériques*, publié cette semaine. Pour Marie-Noël Bruné Drisse, responsable du département Environnement, changement climatique et santé à l'OMS et coordinatrice du rapport, les pays développés jouent un rôle prépondérant dans cette pollution [...] : « Nous sommes arrivés à la conclusion qu'il y a environ 18 millions d'enfants qui travaillent dans le secteur industriel, dont le recyclage de déchets électriques et électroniques est un sous-secteur. »

Libération, 18 juin 2021.

Document 2 Les 17 objectifs de développement durable de l'Unesco, 2015

L'Unesco a fixé 17 objectifs pour mettre en œuvre le développement durable. Ces objectifs concernent les trois piliers du développement durable : le social, l'économique et l'environnemental.

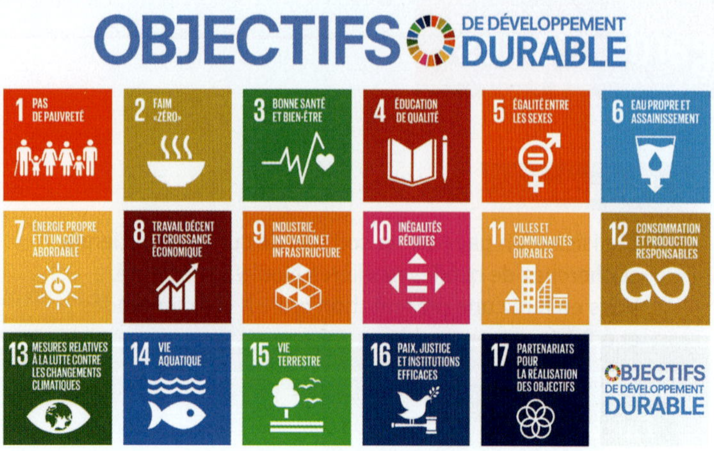

CAPACITÉ

Connaître et comprendre les objectifs du développement durable définis par l'Unesco

Vous allez préparer une présentation orale de 5 minutes sur un des 17 objectifs du développement durable.

1. Donnez une définition précise du développement durable.
2. Rappelez ce que sont l'ONU et l'Unesco.
3. Rendez-vous sur le site de l'Unesco et consultez les informations sur les 17 objectifs du développement durable.

   Consultez le site. liennathan.fr/84m3bt

4. Préparez votre présentation.

Document 3 Les jeunes marchent pour le climat en 2019

Ces manifestations de jeunes en faveur de l'avenir de la planète se multiplient à travers le monde depuis plusieurs années.

Manifestation de jeunes pour le climat à Poitiers en 2019.

Document 4 L'urgence climatique

Le Royaume-Uni, qui accueillera en novembre la 26e conférence climat de l'ONU (COP26) à Glasgow (Écosse), a estimé lundi 9 août que le rapport du groupe d'experts intergouvernemental sur l'évolution du climat (GIEC) constituait un « *avertissement sévère* » quant à l'impact de l'activité humaine sur la planète. Ce rapport – rédigé par 234 scientifiques de 66 pays, à partir de l'analyse de plus de 14 000 études – affirme notamment que le seuil de + 1,5 °C de réchauffement par rapport à l'ère préindustrielle sera atteint autour de 2040, soit plus tôt que ne l'estimaient les précédentes projections. Il juge aussi que les humains sont « indiscutablement » responsables des dérèglements climatiques et qu'ils n'ont d'autre choix que de réduire drastiquement les émissions de gaz à effet de serre s'ils veulent en limiter les dégâts. Selon le Premier ministre britannique, Boris Johnson, « la prochaine décennie sera déterminante pour l'avenir de notre planète « Nous savons ce qu'il faut faire pour limiter le réchauffement de la planète : reléguer aux oubliettes le charbon et passer à des sources d'énergies renouvelables, protéger la nature et financer le climat », a-t-il ajouté. [...] Le secrétaire général des Nations unies, Antonio Guterres, a estimé dans un communiqué que le rapport du GIEC « doit sonner le glas[1] du charbon et des énergies fossiles [...] Il a appelé les dirigeants du monde à s'assurer que la COP26 soit un “ succès ” : « Si nous unissons nos forces maintenant, nous pouvons éviter la catastrophe climatique. Mais comme le rapport d'aujourd'hui le dit clairement, il n'y a pas le temps d'attendre et pas de place pour les excuses. »

Le Monde avec l'AFP, 17 septembre 2021.

1. Annoncer la fin

Étudier des documents

1 Citez une conséquence environnementale et sociale liée à la mondialisation des échanges (**doc.1**).

2 Quelles sont les mesures prises pour favoriser un développement durable (**docs 2 et 4**) ?

3 Pourquoi peut-on parler d'urgence climatique (**doc. 4**) ?

4 Relevez les slogans qui montrent la prise de conscience de l'urgence climatique (**doc. 3**).

Rédiger une synthèse

5 Vous allez vous interroger sur les liens entre la mondialisation et les objectifs du développement durable.

a. Montrez l'effet environnemental et social de la mondialisation.

b. Montrez comment les différents acteurs entreprennent de concilier la mondialisation et les 17 objectifs fixés par l'Unesco.

BILAN

Capacités

LES OUTILS DU GÉOGRAPHE

Exercice 1

Je sais mémoriser et m'approprier les notions

Faites correspondre chaque notion à sa définition.

Développement durable •	• Ville qui exerce une forte influence sur un territoire régional, national ou même mondial.
Façade maritime •	• Développement qui répond aux besoins du présent sans compromettre la capacité des générations futures à répondre aux leurs.
Métropole •	• Courant de protestation revendiquant d'autres formes d'organisation du monde que celle d'aujourd'hui.
Altermondialisme •	• Espace littoral constitué d'un réseau de grands ports qui entretiennent d'importantes relations entre eux.

Exercice 2

Je sais identifier les notions

Citez les trois grandes aires de puissances mondiales.

Exercice 3

Je sais situer un acteur majeur dans un contexte pour préciser son rôle

Montrez l'implication de citoyens en faveur du développement durable. Vous choisirez des exemples précis pour développer vos arguments.

Exercice 4

Je sais mémoriser et m'approprier les notions

Dites si chacune des affirmations suivantes est vraie ou fausse.

	Vrai	Faux
a La mondialisation peut conduire à une certaine uniformisation culturelle.	❑	❑
b Les métropoles sont des territoires moteurs de la mondialisation.	❑	❑
c L'ensemble des sociétés du monde est bien connecté au réseau Internet.	❑	❑
d La mondialisation a des conséquences environnementales.	❑	❑
e Les altermondialistes s'opposent aux objectifs du développement durable fixés par l'Unesco.	❑	❑

Regards croisés

- **À voir : Mélanie Laurent et Cyril Dion, *Demain*, 2015.** Ce documentaire propose des solutions et envisage de nouvelles manières d'habiter.
- **À lire : Jean-Christophe Rufin, *Globalia*, 2005.** Ce roman d'anticipation présente l'État mondial, *Globalia*, qui contrôle la vie de tous les citoyens.

Inès Leraud et Pierre Von Hove, *Algues vertes*, 2015. Cette bande dessinée enquête sur la pollution des plages bretonnes par les algues vertes.

Un film

Un roman

Une bande dessinée

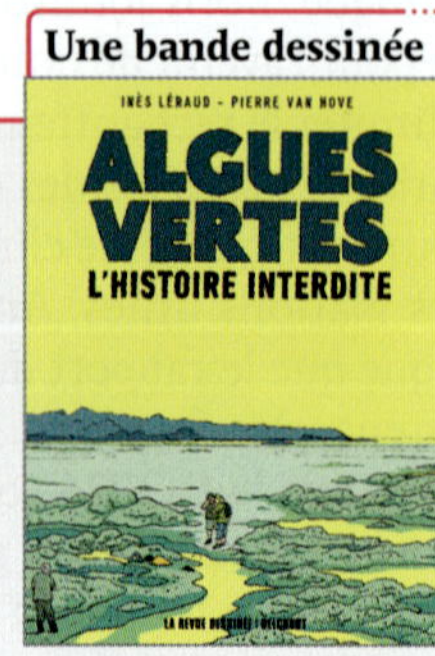

Chapitre 3

Un monde de mobilités

Depuis quarante ans les individus se déplacent de plus en plus pour diverses raisons (tourisme, études, travail, conflits, etc.) et à différentes échelles (régionale, nationale, internationale). Ces mobilités sont facilitées par l'amélioration des transports et ont des conséquences sur les territoires et leurs habitants.

Ceuta, une porte d'entrée vers l'Europe.
Ceuta est une enclave espagnole au Maroc. Chaque année, des centaines de Marocains ou de migrants ayant traversé le continent africain tentent de pénétrer à Ceuta.

Les mots du chapitre

- Selon vous, que recouvre le mot *mobilités* ? Que pouvez-vous en déduire sur ce qui sera abordé dans le chapitre ?

Pour se lancer !

1. Décrivez la frontière.
2. D'après vous, qu'est-ce qui pousse ces populations à vouloir migrer en Europe ?

COURS

1. Les mobilités dans le monde

● À quelles échelles les mobilités ont-elles lieu et quelles sont leurs conséquences ?

1 La diversité des mobilités

La **mobilité** est le déplacement d'un individu d'un lieu à un autre, pour des motifs divers. Elle peut être temporaire — on parle de **circulation** — ou de longue durée dans le cas des **migrations**. La mobilité peut s'effectuer à différentes échelles, mais la majorité se fait aux échelles locale ou régionale : on parle alors de **mobilité de proximité** (document 3). Une faible part des mobilités a lieu à l'échelle internationale.

La circulation correspond au **tourisme** et aux **mobilités du quotidien** pour faire ses courses, aller travailler, se rendre à l'école, etc. La migration relève d'un **changement de lieu de résidence** pour une longue durée.

2 Des mobilités croissantes

La forte croissance des mobilités depuis quarante ans est liée à l'**amélioration des réseaux de transports** (document 1) qui a diminué les temps de trajet et augmenté le nombre de passagers. Elle est aussi due à de **nouvelles formes de transports** qui ont permis de baisser les coûts, comme les vols aériens ou les trains *low cost* (à faible prix). Le nombre de touristes internationaux est passé de 940 millions en 2010 à 1 400 millions en 2019.

Près de **258 millions de personnes** participent chaque année à des **migrations internationales**, soit 3,4 % de la population mondiale, contre 1,5 % dans les années 1960 (document 2). Aux migrations traditionnelles entre pays du Nord et pays du Sud, s'ajoutent des migrations entre pays du Nord (concernant des migrants qualifiés majoritairement) et entre pays du Sud, à l'intérieur des continents eux-mêmes.

Depuis 2020, la crise de la Covid-19 a freiné les mobilités interrégionales et internationales.

3 Des mobilités aux conséquences variées

Dans les espaces d'arrivée, les **migrants** représentent une **main-d'œuvre utile**, un **apport culturel**, et permettent de **rajeunir la population** (car les migrants sont jeunes). Cependant, parfois, les populations locales les rejettent et l'immigration devient source de **tensions sociales** et **politiques**.

Dans les espaces de départ, les **transferts d'argent des migrants**, nommés également **remises**, servent à améliorer les logements, à financer des études ou des dépenses de santé, à investir dans de petits commerces et à améliorer le quotidien des familles. Mais tous ces jeunes une fois partis manquent comme main-d'œuvre dans leur pays d'origine.

À toutes les échelles, les mobilités façonnent l'organisation des espaces par les réseaux de transports mis en place. Elle conduisent les États à s'interroger sur la perméabilité de leurs **frontières**.

J'ai compris le cours

1. Je peux donnez deux causes de la croissance des mobilités humaines.
2. Je suis capable d'expliquez les conséquences des migrations sur les pays de départ.

Mes ressources numériques

Consultez un dossier sur les déplacements quotidiens en France.
liennathan.fr/e5px57

Regardez cette vidéo sur les déplacements des Français en 2019.
liennathan.fr/2p57zm

Vocabulaire et notions

Circulation : déplacement des individus pour diverses raisons de façon temporaire.

Frontière : limite administrative et politique d'un État.

Migrations : déplacement de population passant d'un pays à l'autre pour une longue durée.

Mobilité : déplacement d'un individu d'un lieu à un autre.

Remises : sommes d'argent envoyées par les migrants à leurs proches restés au pays.

Document 1 Les principaux réseaux de transports dans le monde

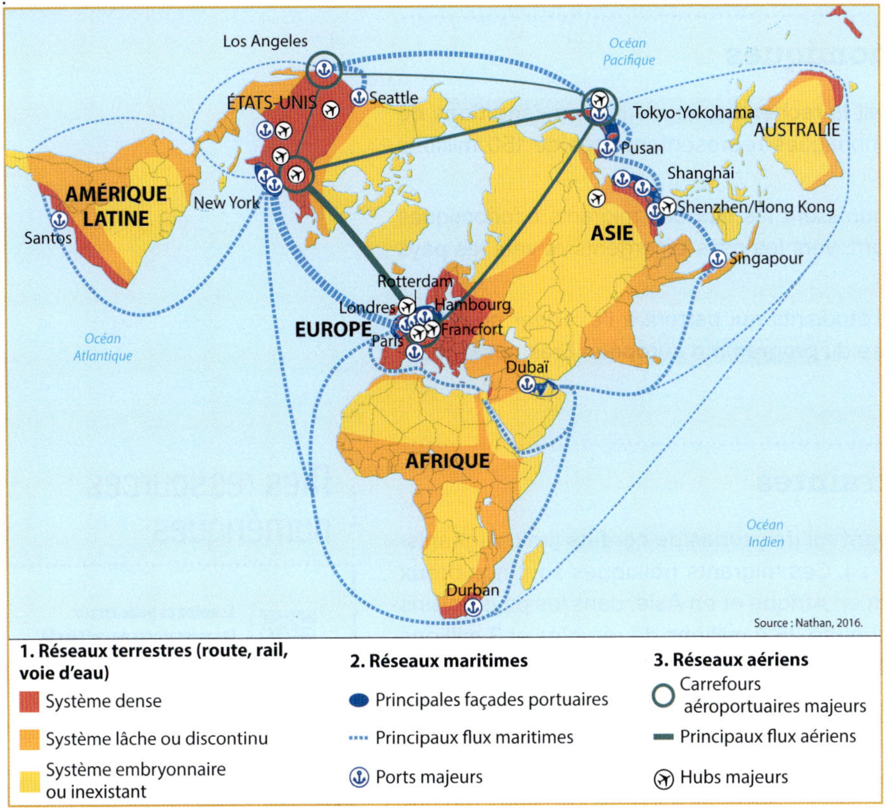

1. Dans quelles régions du monde les réseaux de transports sont-ils les plus denses ? Dans quelles régions le sont-ils le moins ?
2. Quel lien peut-on établir entre ce constat et la notion de développement ?
3. Citez les principaux carrefours aéroportuaires mondiaux.

Document 2 Des migrations en augmentation

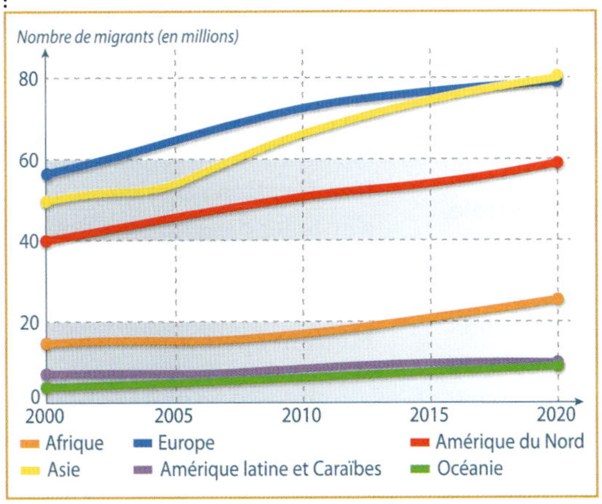

ONU, janvier 2020.

1. Justifiez l'affirmation suivante : les migrations sont en augmentation dans le monde au début du XXIe siècle.
2. Indiquez les trois régions du monde où la croissance est la plus forte.

Document 3 Transports et mobilités urbaines

Pendant des siècles, alors que la marche à pied était le mode dominant, les formes urbaines sont restées denses et compactes. À partir de 1850, les lignes de tramway et de chemin de fer urbain ont permis une urbanisation linéaire [...]. En étendant considérablement les espaces accessibles sans allonger les coûts et les temps de transport, la voiture individuelle permet la diffusion des hommes et des activités. Elle contribue à la séparation et à la spécialisation des espaces : centres commerciaux et de loisirs, complexes de bureaux, entrepôts logistiques, etc.

Les mobilités urbaines offrent désormais des expressions plurielles : les distances s'allongent, les destinations et les motifs de déplacement se diversifient. Plus des trois quarts des salariés quittent leur commune de résidence pour aller travailler, la distance domicile-travail moyenne est d'environ 28 km.

D'après Yves Colombel et Daniel Oster (dir.), *La France. Territoires et aménagement face à la mondialisation*, éditions Nathan, 2014.

Je fais ma synthèse à l'oral

Présentez à vos camarades en deux minutes les différentes échelles auxquelles les mobilités s'effectuent.

COURS

2. Les migrations internationales

• Comment expliquer l'augmentation des migrations internationales ?

1 Les migrations économiques

Le principal motif de déplacements est la **recherche de meilleures conditions de vie** (document 3). Les **migrants** économiques représentent près de 150 millions de travailleurs, soit 75 % des migrants.

Les contrastes de développement nourrissent les flux des migrants économiques des pays du Sud vers les pays du Nord, vers les pays émergents et vers les pays pétroliers du golfe Persique.

On peut ajouter près de 5 millions d'étudiants qui partent à l'étranger pour faire leurs études, par exemple dans le cadre du **programme européen Erasmus+** (document 2).

2 Les migrations contraintes

Les réfugiés sont des personnes ayant fui des zones de conflits (Irak, Afghanistan ou Syrie par exemple, document 1). Ces migrants politiques sont nombreux dans les pays pauvres, principalement en Afrique et en Asie, dans les pays voisins des pays en crise ou en guerre. On compte 25,4 millions de réfugiés et 3 millions de **demandeurs d'asile** dans 154 pays.

Selon l'ONU, 500 millions de personnes pourraient être forcées de migrer d'ici à 2050 pour des **raisons climatiques**. Les réfugiés climatiques seront surtout issus d'îles et de pays des espaces tropicaux. Certains pays sont même menacés de disparition, comme Kiribati dans le Pacifique. La désertification de certaines régions (comme le Sahel) pousse aussi des populations au départ.

3 Pays d'émigration et pays d'immigration

Les **pays d'émigration** sont principalement des pays **d'Asie du Sud et de l'Est** (Chine, Inde, Bangladesh, Pakistan et Philippines), d'Amérique latine (Mexique, Cuba, Haïti), **d'Afrique du Nord, du Proche et du Moyen Orient** (Maroc, Turquie, Yémen). L'Afrique subsaharienne a été récemment gagnée par ce phénomène. Les pays du Sud ne sont pas les seuls à connaître des départs : depuis la fin des régimes communistes, l'émigration a nettement repris à partir de **l'Europe centrale et orientale** (Russie, Ukraine). Enfin, les flux de migrants qualifiés se développent entre les pays développés.

Les **pays d'immigration ou d'accueil** sont variés. Les anciens foyers d'attraction demeurent les plus importants pôles de convergence de la planète : **l'Amérique du Nord et l'Europe de l'Ouest**. Des pôles secondaires existent : l'Australie ou l'Arabie saoudite, qui connaissent des dynamiques migratoires particulières (appel à la main-d'œuvre étrangère masculine pour un emploi précis avec un contrat de travail à durée déterminée). Enfin, les **pays émergents** deviennent de **nouveaux pays d'accueil** : Russie, Afrique du Sud et Inde en tête.

J'ai compris le cours

1. Citez trois motifs de migrations.
2. Je suis capable de décrire et d'expliquez les flux migratoires du Sud au Nord.

Mes ressources numériques

Écoutez ce podcast sur les migrations au XXIe siècle, *Le Dessous des cartes*.
liennathan.fr/6hjb66

Vocabulaire et notions

Demandeur d'asile : personne réfugiée qui a demandé asile (protection) dans le pays qui l'accueille.

Émigration : acte de quitter un pays pour s'installer ailleurs.

Immigration : acte de s'installer dans un pays pour une personne originaire d'un autre pays.

Migrant : personne qui a changé de pays pour des motifs variés. On distingue l'émigrant qui quitte définitivement son pays d'origine, de l'immigrant qui arrive pour s'installer définitivement dans un pays autre que son pays d'origine.

Réfugié : individu qui a quitté son pays pour fuir un danger (guerre, guerre civile, rébellion, etc.).

Document 1 Un camp de réfugiés en Syrie, 2019

À cause de la guerre en Syrie et en Irak, de nombreux habitants ont fui leurs maisons et s'entassent dans des camps.

1. Décrivez le camp de réfugiés.
2. Expliquez pourquoi les conditions de vie y sont difficiles.
3. D'après vous, qu'attendent ces réfugiés ?

Document 2 Le programme Erasmus+ : un exemple de mobilités étudiantes

Lancés en 2017, les Erasmus Days ont pour but de promouvoir le programme Erasmus+ auprès des étudiants grâce à des événements organisés dans toute l'Europe.

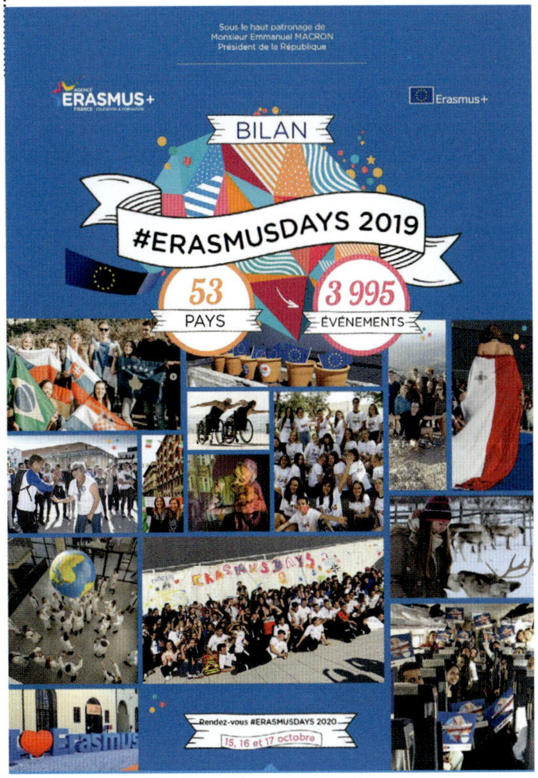

1. Présentez l'affiche.
2. Quels éléments sont mis en avant pour attirer les étudiants ?

Document 3 La Tunisie : un pays de départ

Une de *Libération*, 5 juin 2018.

2,00 € Première édition. N° 11514 — MARDI 5 JUIN 2018 — www.liberation.fr

Libération

TUNISIE

«MOI AUSSI, UN JOUR, JE PARTIRAI»

WAEL, 27 ANS, HABITANT DE METLAOUI

Au moins 50 migrants ont péri au large des côtes tunisiennes ce week-end. Depuis le début de l'année, ils sont près de 3000 chômeurs à avoir pris la route de Lampedusa. D'ouest en est, «Libération» a suivi leur itinéraire à travers le pays. REPORTAGE, PAGES 2-7

The New York Times
Chaque mardi, retrouvez un supplément spécial de 4 pages avec les meilleurs articles et éditoriaux du «New York Times», en anglais.

Les Ramadan, un clan face aux juges
Avant la première audition, aujourd'hui, du théologien suisse, visé par trois plaintes pour viol en France, *Libération* a rencontré sa fille, très investie dans la campagne de soutien à son père sur les réseaux sociaux. PAGES 12-13

Roland-Garros Jeunes, sets et match
Le quart de finale, aujourd'hui, entre l'Autrichien Dominic Thiem, 24 ans, et l'Allemand Alexander Zverev, 21 ans, marque le début d'une série de confrontations de la nouvelle génération du tennis. PAGES 18-19

IMPRIMÉ EN FRANCE / PRINTED IN FRANCE Allemagne 2,80 €, Andorre 2,50 €, Autriche 3,00 €, Belgique 2,00 €, Canada 5,00 $, Danemark 29 Kr, DOM 2,60 €, Espagne 2,50 €, Etats-Unis 5,00 $, Finlande 2,90 €, Grande-Bretagne 2,00 £, Grèce 2,90 €, Irlande 2,60 €, Israël 23 ILS, Italie 2,50 €, Luxembourg 2,00 €, Maroc 20 Dh, Norvège 30 Kr, Pays-Bas 2,50 €, Portugal (cont.) 2,70 €, Slovénie 2,90 €, Suède 27 Kr, Suisse 3,40 FS, TOM 450 CFP, Tunisie 3,00 DT, Zone CFA 2 300 CFA

1. Décrivez la Une de ce quotidien.
2. Expliquez pourquoi traverser la mer Méditerranée est l'objectif des migrants tunisiens.
3. Quels dangers attendent les migrants tunisiens ?

Je fais ma synthèse à l'oral

Présentez à vos camarades en deux minutes les différentes migrations à l'échelle internationale.

FOCUS

1. Un monde de flux et de frontières

● Quel lien peut-on établir entre les flux migratoires et les frontières ?

Au cours des quarante dernières années, la forte croissance des mobilités humaines, aux échelles régionales et intracontinentales, a modifié le rôle des frontières. Ces dernières se ferment de plus en plus aux hommes, et notamment aux migrants internationaux.

Document 1 Le rôle multiple des frontières

Dans sa dimension commerce, la frontière est souvent considérée comme une entrave[1] aux échanges et un obstacle à la libre circulation de la main-d'œuvre et des capitaux. On parle d'« effet frontière » pour désigner le fait que le commerce à l'intérieur d'une unité géographique donnée est supérieur à celui observé avec un partenaire extérieur. L'importance de ces effets tend toutefois à s'atténuer. Du fait du développement des accords commerciaux, les droits de douane ont progressivement diminué, laissant la place à de nombreuses règles et normes propres aux États, visant principalement à protéger le consommateur et l'environnement.

La frontière est aussi au cœur des débats à travers la question très médiatisée des migrations. Si l'on considère l'Europe, la part de sa population dans la population totale ne cesse de décliner depuis les années 1970. Le moteur de l'accroissement total de la population européenne est aujourd'hui le solde migratoire. La tendance depuis trois ans est à la hausse des migrations, en lien avec les crises géopolitiques touchant le Moyen-Orient.

D'après la tribune de Valérie Mignon, *Les Echos*, 29 juin 2016.

1. Un frein.

Document 2 La frontière entre les États-Unis et le Mexique

Un officier américain le long de la frontière en Californie, juillet 2020.

Étudier les documents

1 Expliquez ce qu'est un « mur-frontière » (**doc. 2**).

2 Pourquoi certains pays construisent-ils des murs à leurs frontières (**docs 1 et 2**) ?

3 Pourquoi l'ouverture des frontières facilite-t-elle les échanges et les mobilités (**docs 1 et 3**) ?

Mener une recherche

4 Recherchez dans l'actualité des informations sur les murs-frontières.

Écrire

5 À l'aide des documents, rédigez un paragraphe expliquant que la frontière est à la fois un lieu de passage et un lieu de contrôle des migrations internationales.

Document 3 Les espaces et les flux migratoires internationaux

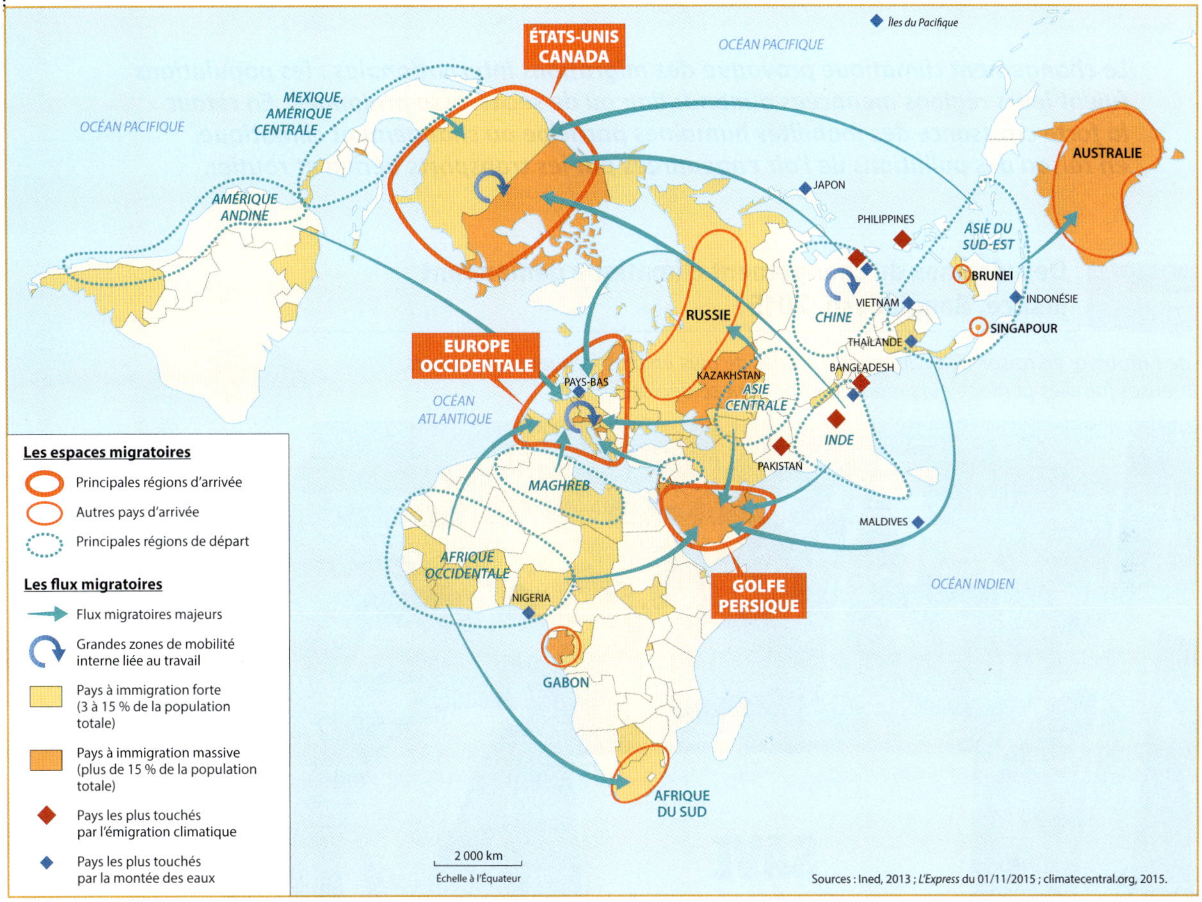

Sources : Ined, 2013 ; *L'Express* du 01/11/2015 ; climatecentral.org, 2015.

CAPACITÉ

Situer et distinguer les principaux mouvements migratoires internationaux

Vous allez recopier et compléter ce tableau afin de situer et distinguer les grands mouvement migratoires internationaux. Vous placerez des croix dans les deux premières colonnes et écrirez dans la troisième.

Continents	Lieux de départ des migrants	Lieux d'arrivée des migrants	Motifs des migrations
Afrique	X		
Amérique du Nord			
Amérique latine			
Asie			
Europe		X	
Océanie			Émigration économique ou climatique

FOCUS

2. Changement climatique et mobilités humaines

● Comment expliquer les migrations climatiques ?

Le changement climatique provoque des migrations internationales : les populations fuient leurs régions menacées d'inondation ou de sécheresse prolongée. En retour la forte croissance des mobilités humaines participe au changement climatique, en raison des pollutions de l'air engendrées par les transports aérien et routier.

Document 1 — Des victimes du changement climatique demandant justice, Bangladesh, 2015

Sur l'île de Kutubdia, en raison de cyclones et d'orages de plus en plus fréquents et violents, de nombreuses familles perdent leurs maisons et doivent se déplacer.

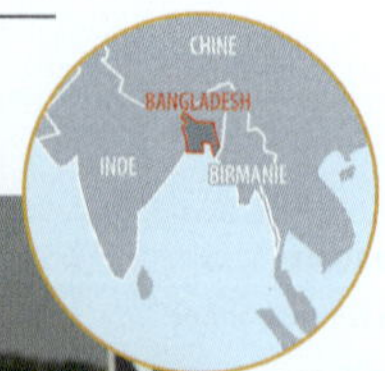

Document 2 — Les migrations climatiques, un phénomène en augmentation

Il y a cet adolescent marocain qui a abandonné la ferme familiale pour travailler dans le bâtiment près de Rabat, car les pénuries d'eau ont rendu les revenus de l'agriculture incertains. Ou cette famille qui a quitté sa région rurale du sud du Kirghizistan parce que sa source d'eau s'est tarie et ne lui permettait plus de vivre du pastoralisme. Ces parcours sont relatés dans le dernier rapport de la Banque mondiale publié lundi 13 septembre. Il avertit que le changement climatique constitue un facteur de migration de plus en plus puissant qui pourrait contraindre, d'ici à 2050, jusqu'à 216 millions de personnes à migrer à l'intérieur de leur pays à la recherche de meilleures conditions de vie. [...] En Asie, l'élévation du niveau de la mer, accentuée par les ondes de tempête, devrait créer des foyers d'émigration dans certaines plaines côtières densément peuplées, comme le delta du Mékong (Vietnam), car elle mettra en péril les principaux moyens de subsistance que sont la production de riz, l'aquaculture et la pêche. [...] La Banque mondiale appelle donc à limiter les émissions de gaz à effet de serre mais aussi à se préparer au déplacement possible de millions de personnes pour éviter une crise migratoire à grande échelle.

Le Monde, 14 septembre 2021.

Document 3 Les espaces des migrants climatiques

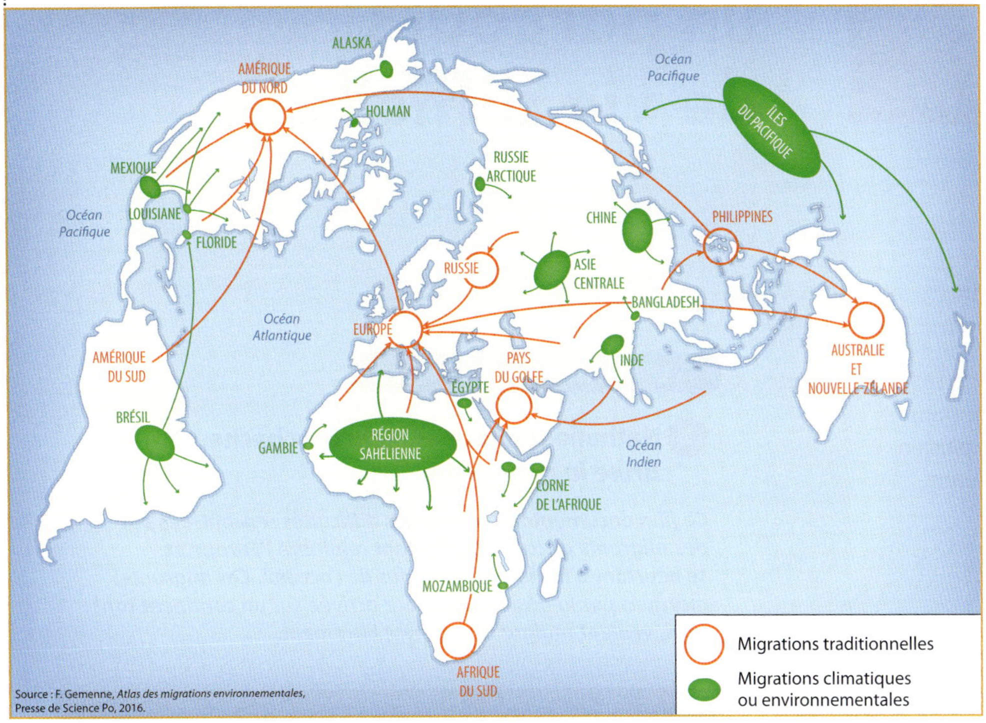

Source : F. Gemenne, *Atlas des migrations environnementales*, Presse de Science Po, 2016.

Mes ressources numériques

Visionnez ce court film sur les migrants climatiques proposé par la Banque mondiale.
liennathan.fr/n3es82

Document 4 Adapter les mobilités au changement climatique

En France, le secteur des transports représente la première source d'émissions de gaz à effet de serre. Ces émissions sont reparties à la hausse depuis 2015. Plus de la moitié d'entre elles sont rejetées par les voitures. Le reste est réparti entre l'avion, les deux-roues motorisées, et dans une moindre mesure par le transport fluvial, ferroviaire et maritime. […] Pour des raisons d'aménagement du territoire et d'étalement des villes, les distances parcourues par les biens et les personnes se sont allongées et la consommation du carburant a augmenté. […]

Les solutions passent notamment par la transition énergétique : réorganiser l'espace pour limiter l'étalement urbain et les besoins en déplacements en rapprochant les logements des lieux de services, d'activités professionnelles et de loisirs. Cela passe aussi par des modes de déplacements alternatifs à la voiture (tramway, vélo, voiture électrique, etc.). Il s'agit de faire évoluer les pratiques et les comportements de mobilités vers les modes de transports les plus écologiques. Or la moitié des déplacements effectués en voiture fait moins de trois km, distance aisément réalisable en vélo, à pied ou en transports en commun.

D'après Réseau Action Climat France, 2019.

CAPACITÉ

Comprendre le lien entre transport et changement climatique

Vous allez rédiger un paragraphe d'une dizaine de lignes qui explique le lien entre changement climatique et mobilités.

1. À partir des documents 1 et 2, expliquez ce que l'on appelle des migrants climatiques.
2. Repérez sur la carte le Bangladesh et les autres espaces concernés par le changement climatique : quel est le point commun à toutes ces régions du point de vue du développement économique (**doc. 3**) ?
3. Précisez où sont situés les espaces d'accueil de ces migrants (**doc. 3**).
4. En quoi les mobilités en France ou dans les autres pays développés peuvent-elles contribuer à résoudre le problème des migrations climatiques (**doc. 4**) ?
5. Rédigez votre paragraphe.

Regards croisés

Géographie
Français

Le contexte

Il existe d'importantes migrations des pays du Maghreb et, de plus en plus, de l'Afrique subsaharienne, vers l'Europe. Les migrants espèrent y trouver une vie meilleure. Mais la réalité est souvent bien différente.

Mes ressources numériques

Écoutez ce podcast sur le film *Brûle la mer*, France Culture.
liennathan.fr/74gzd2

Migrants d'Afrique, un parcours de vie difficile

LE REGARD DE CINÉASTES

1 Nathalie Nambot et Maki Berchache, *Brûle la mer*, 2014

Ce film documentaire retrace les difficultés rencontrées par des migrants africains souhaitant rejoindre l'Europe et se heurtant à la violence du refus de l'accueil. Ces migrants, marqués par la désillusion à leur arrivée sur un continent tant rêvé, veulent malgré tout y vivre librement.

LE REGARD D'UNE ÉCRIVAINE

2 Fatou Diome, *Le Ventre de l'Atlantique*, 2003

Dans ce roman, l'autrice raconte l'histoire de Salie qui a quitté son village sénégalais pour venir vivre en France. Quand son frère décide de venir la rejoindre, espérant la réussite sociale, elle ne sait comment lui expliquer que l'intégration est difficile.

Chez moi ? Chez l'Autre ? Être hybride, l'Afrique et l'Europe se demandent, perplexes, quel bout de moi leur appartient. Je suis l'enfant présenté au sabre de Salomon pour le juste partage. Exilée en permanence, je passe mes nuits à souder les rails qui mènent à l'identité. L'écriture est la cire chaude que je coule entre les sillons creusés par les bâtisseurs de cloisons des deux bords. Je suis cette chéloïde[1] qui pousse là où les hommes, en traçant leurs frontières, ont blessé la terre de Dieu. Lorsque, lasses d'être plongées dans l'opaque repos nocturne, les pupilles désirent enfin les nuances du jour, le soleil se lève, inlassablement, sur des couleurs volées à la douceur de l'art pour borner le monde. Le premier qui a dit : « Celles-ci sont mes couleurs » a transformé l'arc-en-ciel en bombe atomique, et rangé les peuples en armées. Vert, jaune, rouge ? Bleu, blanc, rouge ? Des barbelés ? Évidemment ! Je préfère le mauve, cette couleur tempérée, mélange de la rouge chaleur africaine et du froid bleu européen. [...]

Je cherche mon pays là où s'estompe la fragmentation identitaire. Je cherche mon territoire sur une page blanche ; un carnet, ça tient dans un sac de voyage. Alors, partout où je pose mes valises, je suis chez moi. Aucun filet ne saura empêcher les algues de l'Atlantique de voguer et de tirer leur saveur des eaux qu'elles traversent. [...] Le départ est le seul horizon offert à ceux qui cherchent les mille écrins où le destin cache les solutions de ses mille erreurs.

Dans le rugissement des pagaies, j'entends la mer déclamer son ode aux enfants tombés du bastingage. Partir, vivre libre et mourir, comme une algue de l'Atlantique.

1. Tumeur ou cicatrice apparaissant en relief sur la peau.

LE REGARD D'UNE GÉOGRAPHE

3 Catherine Withol de Wenden, « Un monde de migrants », *Documentation photographique*, 2019

L'Europe est devenue la première destination migratoire au monde en termes d'entrées et les flux du regroupement familial, de réfugiés et d'étudiants dépassent aujourd'hui de loin les entrées de travailleurs. [...] La crise des réfugiés de 2015, à la suite des révolutions arabes en Libye, Tunisie ou Syrie, a été une crise de l'accueil des réfugiés dans la plupart des pays européens. L'Europe de l'Ouest a été peu concernée par cette crise contrairement aux pays méditerranéens comme l'Italie et la Grèce. [...] Outre ces réfugiés, de nouveaux profils apparaissent en provenance d'Afrique, cherchant du travail, mais qui se fondent aussi parfois sur les demandes d'asile quand ils viennent de pays en crise comme les pays d'Afrique de l'Ouest (Mali, Mauritanie, Sénégal) mais aussi d'Afrique centrale (Congo, Cameroun). [...]

On compte environ 30 000 morts en Méditerranée aux portes de l'Union européenne de 2000 à 2017 selon l'Organisation internationale des migrations. Dans le sud de la Méditerranée, les candidats au passage sont souvent des hommes seuls et fuyant la situation économique et politique de leur pays. Faute de visas, ils empruntent les voies de la migration irrégulière transsaharienne puis méditerranéenne.

Regards croisés

Croiser les regards

1. Pour quelles raisons les migrants partent-ils de leur pays pour rejoindre l'Europe ?
2. À quels dangers sont-ils confrontés ?
3. Une fois arrivés en Europe, quelles difficultés rencontrent-ils ?

Écrire une lettre

4. Vous êtes un(e) migrant(e) et vous écrivez à un(e) de vos ami(e)s pour lui faire part de vos impressions, de vos sentiments et de vos doutes sur votre identité.

Faire le bilan

5. À l'oral, expliquez en deux minutes pourquoi les migrants africains ont un parcours de vie difficile.

Capacités

LES OUTILS DU GÉOGRAPHE

Exercice 1

Je sais localiser des repères

Sur le schéma ci-contre, entourez en bleu les trois principaux espaces mondiaux de départ des migrants et en vert les trois principales régions d'arrivée. Vous indiquerez ensuite par un trait rouge un exemple de frontière contrôlée et surveillée.

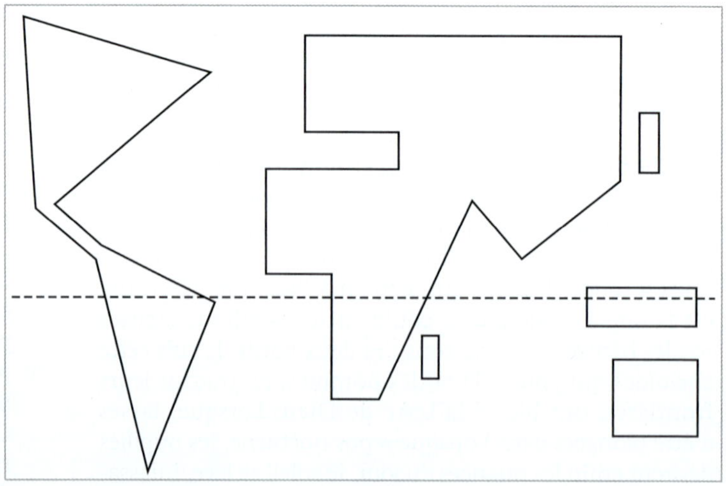

Exercice 2

Je sais décrire une situation géographique

Expliquez à l'oral la diversité des mobilités à l'échelle d'un pays de votre choix, en précisant les causes et les échelles des mobilités.

Exercice 3

Je sais mémoriser et m'approprier les notions

Indiquez la définition des notions suivantes : *mobilité* et *migration*.

Exercice 4

Je situe un événement dans son contexte

Donnez les raisons qui poussent certains migrants à fuir leur pays. Vous rédigerez un paragraphe d'une quinzaine de lignes en vous appuyant sur des exemples précis.

Regards croisés

- **À voir :** ce film documentaire de **Sara Creta, Libye, *les centres de la honte*** **(Arte, 2021)** montre des milliers de migrants venus de toute l'Afrique parqués dans des centres de détention aux conditions inhumaines, en attendant que l'Europe et l'ONU statuent sur leur sort.
- **À lire :** cette bande dessinée de **Fabien Toulmé, *L'Odyssée d'Hakim*** **(édition Delcourt, 2018)** raconte l'histoire vraie d'Hakim, un jeune Syrien qui a dû fuir son pays avec sa famille pour devenir réfugié en France.

Un film

Une bande dessinée

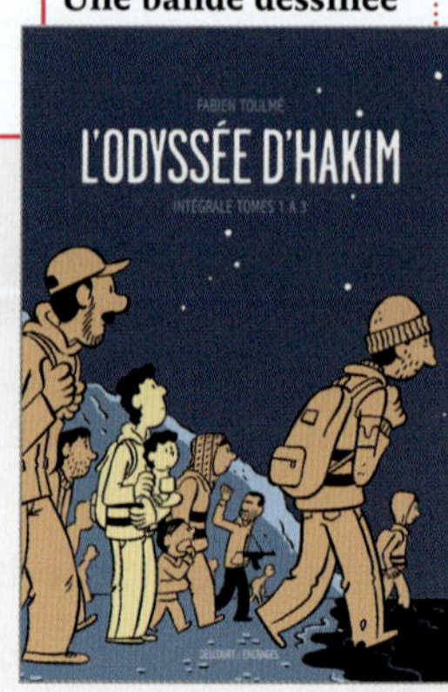

Chapitre 4

Le tourisme international

Le tourisme est lié à des activités de loisirs. Il est en croissance, aux échelles nationale et internationale, mais peut être freiné en cas de crise sanitaire (pandémie), économique ou sécuritaire (attentat).

Koh Phi Phi, haut lieu du tourisme en Thaïlande.

Les mots du chapitre

- Pourriez-vous donner une définition de *tourisme* ?

Pour se lancer !

1. Qu'est-ce qui attire les touristes vers cette destination ?
2. Pouvez-vous citer un lieu du tourisme national ou international dans votre région ?

COURS

1. Le tourisme, une pratique de loisirs croissante

- Pourquoi le tourisme international est-il une activité au poids économique grandissant ?

1 Le tourisme, une circulation de loisirs

Avec près de 1,4 milliard de touristes internationaux en 2019 et entre 4 et 5 milliards de **touristes** nationaux, les flux touristiques sont la **mobilité la plus massive** dans le monde (document 2). Le **tourisme**, né en Europe à la fin du XVIIIe siècle, est en extension dans les pays émergents depuis les années 1990. Aujourd'hui il est devenu une **activité économique d'importance** pour nombre de pays développés et en développement. Le tourisme a surtout pour but **la détente et les loisirs**. Mais il peut aussi être l'objet d'une visite familiale ou d'un pèlerinage. On peut également se déplacer pour avoir accès à certains soins.

2 Un tourisme international en croissance

La croissance du tourisme international a été favorisée par **l'essor des congés payés** et **des classes moyennes** qui disposent de temps libre et de moyens financiers pour pratiquer cette activité. La démocratisation des transports aériens (baisse du prix des vols avec l'apparition des compagnies d'aviation ***low cost***, document 1), l'amélioration des niveaux de vie et la révolution numérique (qui permet un accès rapide et direct aux informations touristiques) ont encore accentué le phénomène.

3 L'économie touristique

Le tourisme représentait en 2019 près de **11 % du PIB mondial** et occupait directement 10 % de la population active mondiale. Ces emplois sont très divers, allant du cadre supérieur (manager, marketing) à l'emploi précaire, mal payé et saisonnier (serveur, agent d'entretien), sans oublier les emplois indirects liés, notamment ceux du BTP (construction et entretien des infrastructures hôtelières, transports, etc.).

L'intérêt économique est tel que près d'une cinquantaine de pays en développement fondent leur croissance de manière quasi exclusive sur le tourisme comme l'île Maurice, le Kenya ou encore l'Égypte.

Le tourisme donne aussi naissance à de **grands groupes internationaux**, tels Accor ou TUI. Le secteur est très concentré : sept firmes regroupent près de la moitié du parc hôtelier mondial. Ces groupes internationaux sont majoritairement américains (Marriott, Hilton, Wyndham, Choice Hotels) ou chinois (Jin Jiang, Huazhu).

J'ai compris le cours

1. Je peux expliquer les causes de l'essor du tourisme international depuis cinquante ans.
2. Je sais expliquer le poids important du tourisme dans l'économie.

Chiffres

Un secteur porteur

Les villes les plus visitées dans le monde en millions de touristes/an (2019)

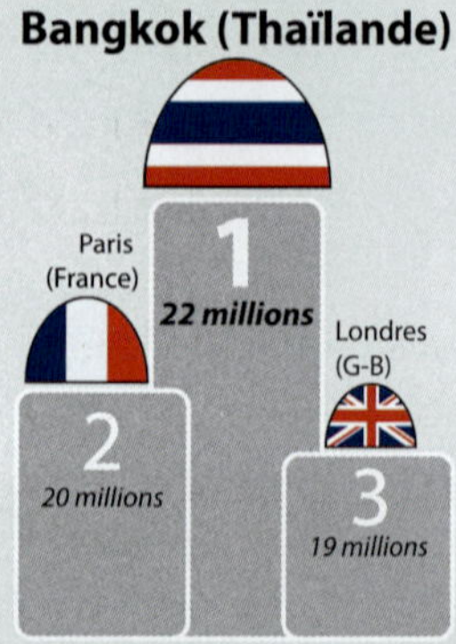

Vocabulaire et notions

***Low cost* :** service à prix bas.

Tourisme : activité économique fondée sur le déplacement des individus pour des motifs de repos et de détente et se caractérisant par des pratiques spécifiques (transport, hébergement, restauration, loisirs).

Touriste : personne qui quitte son domicile habituel pour des raisons personnelles et pour une durée supérieure à 24 heures.

Document 1 Plage de Maho Beach, île de Saint-Martin (Antilles)

Plus de 2,5 millions de touristes par an pour une population locale de 35 000 habitants se rendent à l'île de Saint-Martin dans les Antilles.

1 Quels sont les attraits de Saint-Martin pour un touriste ?

2 Par quel moyen de transport les touristes arrivent-ils à Saint-Martin ?

3 Expliquez de quelle façon l'avion peut avoir un effet négatif sur le tourisme de cette plage.

Document 2 La croissance du tourisme international, 1950-2030

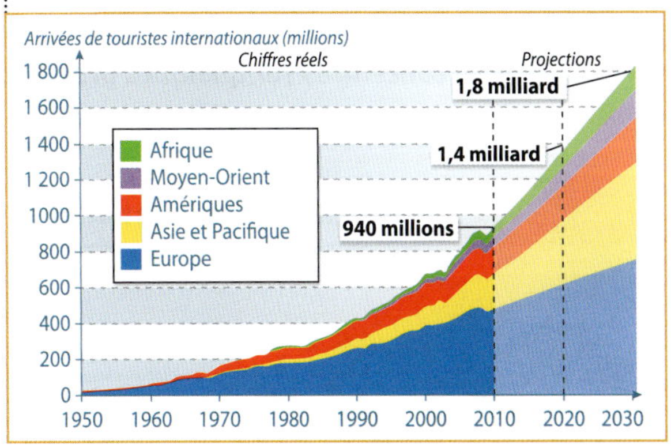

Organisation mondiale du tourisme, 2016.

1 Combien y a-t-il de touristes internationaux en 1950, en 1980, en 2010 ? Combien y aura-t-il en 2030 ?

2 Nommez les deux continents étant les principales destinations des touristes internationaux en 1980 et aujourd'hui.

3 Quel événement mondial intervenu à partir de 2020 a faussé ces projections datant de 2016 ?

Document 3 Le Bénin mise sur le tourisme

Le ministère de la culture a dévoilé, le 17 février, un plan pour l'édification de quatre nouvelles institutions aux enjeux à la fois identitaire et économique. [...]

Le plus attendu est sans doute le Musée de l'épopée des Amazones et des rois du Dahomey, qui doit ouvrir fin 2024 à Abomey, au cœur du site palatial classé au patrimoine mondial de l'Unesco. Futur écrin des 26 œuvres restituées par la France mais aussi d'une collection de quelque 350 objets, le bâtiment dessiné par la Franco-Camerounaise Françoise N'Thépé entend raviver la grandeur passée en racontant la naissance d'une nation pluriethnique. Dès la fin de l'année 2022, le pays, parmi les plus affectés par la traite négrière transatlantique, inaugurera également un Musée de l'histoire de l'esclavage dans la ville côtière de Ouidah, où un million d'hommes, de femmes et d'enfants furent vendus aux enchères. Puis, parce que le vaudou est né au Bénin avant de franchir l'Atlantique dans les navires des esclaves, un musée international dédié à ce culte animiste doit voir le jour en 2023 à Porto Novo. [...] Enfin, comme le pays regorge de talents, un musée d'art contemporain, aux contours encore flous, est à l'étude, à l'emplacement du village artisanal de Cotonou.

Le Monde, 21 février 2022.

1 Où se situe le Bénin et quels liens ce pays a-t-il entretenu avec la France par le passé ?

2 Identifiez les quatre musées qui doivent ouvrir leurs portes dans les années à venir.

Je rédige ma synthèse

Expliquez en une dizaine de lignes pourquoi le tourisme international est en plein essor et quelles sont les conséquences de ce phénomène.

FOCUS

1. Les bassins touristiques dans le monde

● Quels sont les principaux bassins touristiques dans le monde ?

L'extension du tourisme à l'échelle planétaire génère des flux de plus en plus massifs alors que les territoires concernés restent limités et concentrés sur quelques grands bassins touristiques mondiaux.

Document 1 Le tourisme international

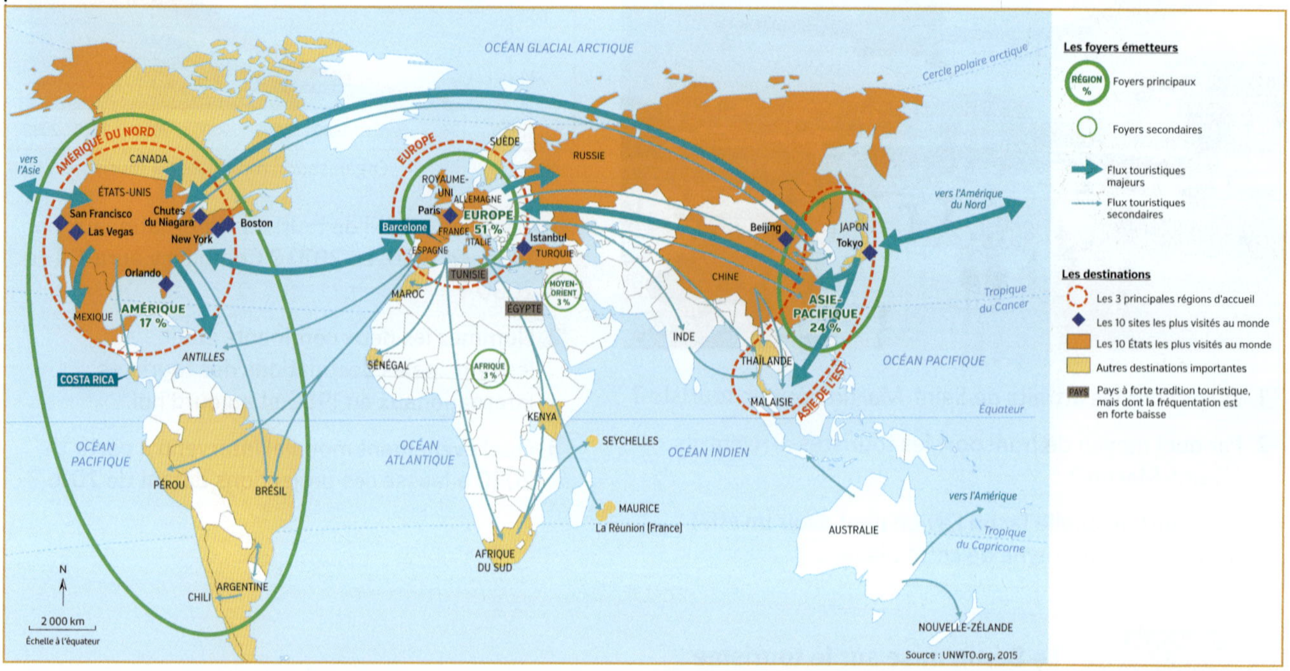

CAPACITÉ

Situer et nommer les principaux bassins touristiques

Vous allez nommer les principaux bassins touristiques et les situer sur un croquis.

1. Notez les trois principaux foyers de départ des touristes (doc. 1).
2. Notez les trois principales régions d'arrivée des touristes (doc. 1).
3. Dans quels pays se situent les lieux les plus visités au monde (doc. 1) ?

À l'aide des documents et des réponses aux questions, complétez le schéma et sa légende sur votre iManuel ou recopiez-le.

Les principaux bassins du tourisme international

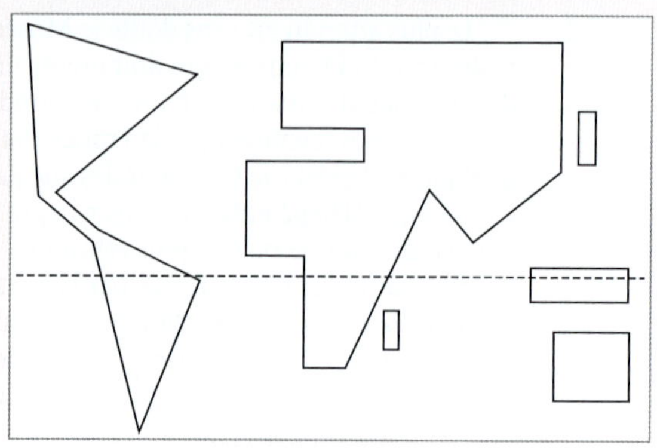

☐ Les principales régions du tourisme international.

☐ Le pays les plus visités au monde.

2. Un aménagement touristique

- Quels aménagements favorisent le tourisme à Bora Bora en Polynésie française ?

Bora Bora est l'une des destinations favorites des 300 000 personnes qui se rendent chaque année en Polynésie française pour des raisons touristiques. Moteur de l'économie locale, le tourisme rend nécessaires d'importants aménagements.

Document 1 **Bora Bora (Polynésie française)**

CAPACITÉ

Réaliser le croquis d'un aménagement touristique

Vous allez concevoir un croquis à partir de l'image proposée.
Pour mener à bien cette capacité, suivez les étapes suivantes.

1. Tracez un cadre aux dimensions de la photographie.
2. Listez les aménagements touristiques visibles sur la photographie.
3. Délimitez les différents éléments du paysage : plages, hôtels, bungalows sur pilotis, espace montagnard, lagon, récif corallien, village, océan Pacifique.
4. Classez ces éléments pour constituer la légende.

Éléments naturels	Aménagements touristiques
....	....

5. À l'aide des informations classées dans le tableau, établissez la légende en choisissant les figurés.

COURS

2. Les effets territoriaux du tourisme

• Comment le tourisme transforme-t-il les territoires à différentes échelles ?

1 Géographie du tourisme international

Les principaux **foyers émetteurs** de touristes sont les continents nord-américain et européen ainsi que l'Asie-Pacifique. Les **trois principales régions d'accueil de touristes**, les **bassins touristiques**, sont l'Amérique du Nord, l'Europe et l'Asie de l'Est (document 1). Les grandes villes, les littoraux et les montagnes sont les espaces touristiques les plus recherchés.

Les flux touristiques s'orientent majoritairement du **Nord vers le Sud**, depuis des zones tempérées vers des zones tropicales (de l'Europe vers la Méditerranée, de l'Amérique du Nord vers les Caraïbes, de l'Asie vers les îles du Pacifique). Mais de **nouveaux flux sont en essor** : entre pays émergents du Sud ou du Sud vers le Nord (par exemple des pays du golfe Persique vers l'Europe).

2 Les conséquences territoriales de l'essor du tourisme

Le tourisme favorise le **développement économique** et **l'emploi** ; il permet aussi l'ouverture à d'autres cultures et le maintien des jeunes actifs dans leurs régions d'origine. Mais dans les espaces où les touristes sont très nombreux, des conflits peuvent apparaître entre eux et les habitants pour le partage des ressources (eau) ou à cause des nuisances générées (bruit, pollutions, etc.).

Pour répondre au **tourisme de masse, des aménagements spécifiques** sont réalisés : construction de stations balnéaires ou de ski, de grands hôtels, de parcs de loisirs, de routes et de voies de chemin de fer, etc. L'environnement des espaces d'accueil est artificialisé, les cultures locales ou régionales sont parfois transformées en folklore pour répondre aux images que les touristes se font du lieu. Un rejet de ces dérives par les habitants peut aussi conduire à des tensions sociales.

3 Un tourisme qui peut être freiné

L'activité touristique est fragile. Elle peut être freinée ou arrêtée par un **conflit armé** (comme en Syrie), par une **pandémie** (comme dans le cas de la Covid-19, document 2), par des **attentats terroristes** (par exemple en Tunisie en 2015). Le contexte géopolitique ou sanitaire joue ainsi un rôle dans le nombre de touristes. Le tourisme de masse est aussi de plus en plus dénoncé par les habitants des régions d'accueil, qui demandent sa limitation pour préserver leur environnement (document 3).

J'ai compris le cours

1. Je sais citer les principales régions d'accueil des touristes dans le monde.
2. Je peux expliquer pourquoi des tensions peuvent apparaître entre les touristes et les sociétés des zones d'accueil.

Chiffres

Les effets de la pandémie sur le tourisme en France en 2020

Mes ressources numériques

Regardez cette vidéo « Où voyagerons-nous dans le monde d'après ? », Arte.
liennathan.fr/8iu3g3

Regardez cette vidéo « Venise se révolte face au tourisme de masse », France Info.
liennathan.fr/2j9f8b

Vocabulaire et notions

Aménagement touristique : organisation de l'espace par des constructions afin de permettre l'activité touristique.

Bassin touristique : région offrant de nombreux équipements et aménagements touristiques dans laquelle les touristes sont présents en très grand nombre.

Document 1 Les principaux espaces touristiques mondiaux, 2019

Rang	Premières destinations touristiques		Principaux pays de dépenses touristiques		Principaux pays de recettes touristiques	
	Pays	En millions d'arrivées	Pays	En milliards de dollars	Pays	En milliards de dollars
1	France	89	Chine	277	États-Unis	214
2	Espagne	83	États-Unis	144	Espagne	74
3	États-Unis	80	Allemagne	94	France	67
4	Chine	63	Royaume-Uni	76	Thaïlande	63
5	Italie	62	France	48	Royaume-Uni	52

Organisation mondiale du tourisme, 2020.

1. À quelles régions du monde appartiennent ces pays ?
2. Précisez si ce sont des pays développés, émergents ou en développement.
3. Décrivez la situation de la France et celle de la Chine.

Document 2 Les effets de la pandémie de la Covid-19 sur le tourisme international

Le secteur touristique mondial a perdu 1 300 milliards de dollars en 2020 sous l'effet des restrictions de déplacements provoquées par la pandémie de Covid-19. Ce chiffre représente plus de 11 fois la perte enregistrée pendant la crise économique mondiale de 2009, et correspond à une chute de 74 % des arrivées de touristes dans le monde par rapport à 2019. Selon l'OMT[1], les experts du secteur ne s'attendent pas à retrouver l'affluence habituelle avant 2023, « *voire plus tard* », les principaux obstacles étant les restrictions sur les voyages (quarantaines ou vaccinations obligatoires), la lenteur de l'endiguement du virus, la faible confiance des voyageurs et un environnement économique défavorable.

Les régions les plus touchées sont l'Asie du Nord-Est, l'Asie du Sud-Est, l'Océanie, l'Afrique du Nord et l'Asie du Sud. Les moins touchées sont l'Amérique du Nord, l'Europe occidentale et les Caraïbes. « Aujourd'hui, le tourisme international ressemble à celui d'il y a 30 ans. C'est comme-ci nous étions dans les années 1980 en termes de flux », a décrit l'OMT, qui estime que 100 à 120 millions d'emplois directs liés au tourisme sont menacés.

Le Figaro avec AFP, 30 juin 2021.

1. Organisation mondiale du tourisme.

1. D'après l'OMT, quels sont les freins au tourisme dans le cadre de la pandémie de la Covid-19 ?
2. Montrez que les grands bassins touristiques mondiaux sont moins touchés.
3. Quelles sont les conséquences du recul du tourisme ?

Document 3 Le tourisme de masse à Venise (Italie)

Depuis 1990, le nombre de touristes a plus que doublé à Venise. Les navires de croisière pénétraient au cœur de la ville jusqu'à ce qu'une loi d'août 2021 leur interdise l'accès au Grand Canal.

1. Décrivez cette photographie
2. En quoi cette foule de touristes et ce paquebot peuvent-ils représenter une menace pour Venise ?

Je fais ma synthèse à l'oral

En deux minutes, présentez les manifestations du tourisme international sur les territoires.

FOCUS

3. Le tourisme international en mer Méditerranée

● Quelles sont les manifestations et les conséquences du tourisme international en Méditerranée ?

C'est sur les rives de la Méditerranée que sont nées au XIXe siècle les pratiques touristiques. Aujourd'hui, le bassin méditerranéen est le principal bassin touristique mondial, à la fois comme émetteur et récepteur de touristes. Victime de son succès, le bassin méditerrannéen est saturé.

Document 1 Le tourisme dans le bassin méditerranéen

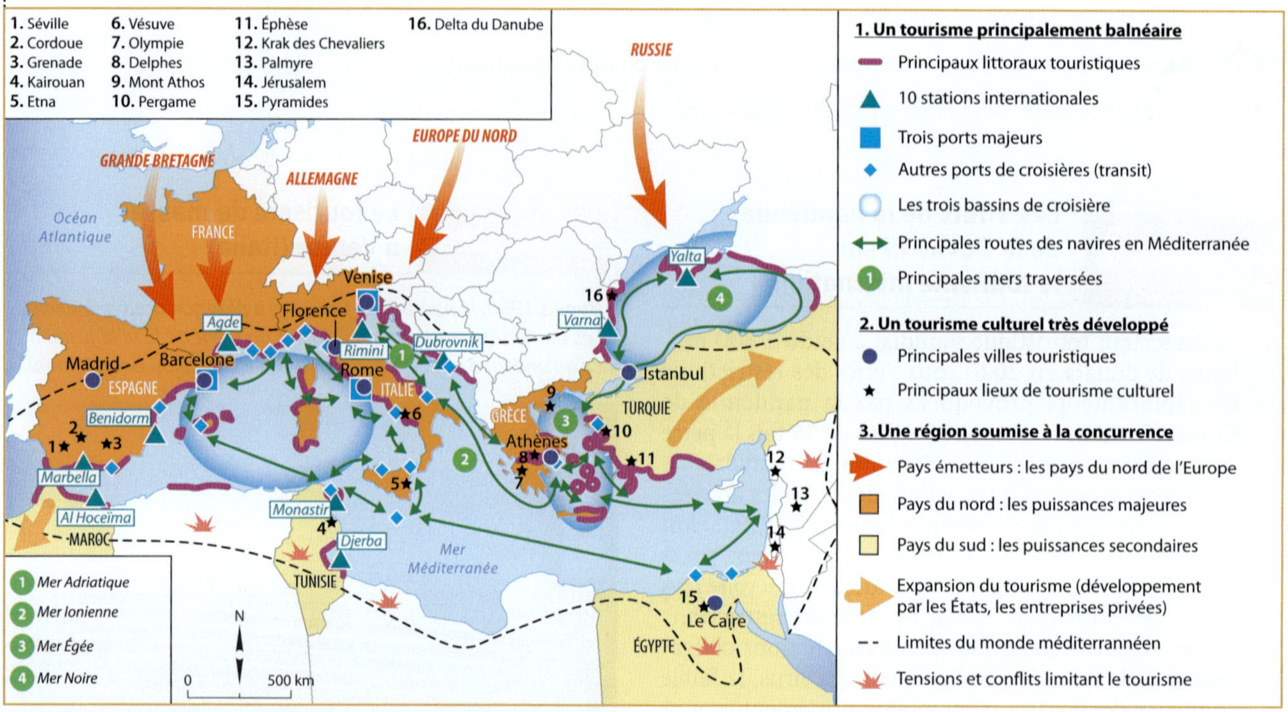

Document 2 Un bassin touristique saturé

Le tourisme [...] a été l'un des moteurs de l'investissement des côtes basses, largement désertes jusqu'au lendemain de la Seconde Guerre mondiale. Aujourd'hui, 750 ports de plaisance sont recensés dans le bassin méditerranéen. [...]

L'activité touristique vient se surimposer à des régions côtières déjà très anthropisées[1], ajoutant consommations et déchets dans un environnement trop souvent défaillant en matière de gestion. Les mobilités pèsent sur la qualité de l'air. Du point de vue de l'eau, le touriste consomme entre 200 et 400 litres d'eau par jour, ce qui, dans un bassin méditerranéen où l'eau est une ressource chèrement gardée pour faire face à l'été, n'est pas sans poser des problèmes. [...]

La mise en tourisme massive de certains espaces peut aussi aboutir à des formes de rejet. Rejet de la part des touristes lassés du trop de monde. Mais le rejet peut aussi être le fait des autochtones[2]. Ce rejet est d'autant plus fort que le tourisme de masse se double de comportements peu civiques et de folklorisation des cultures locales.

D'après Philippe Dugot, « Le développement touristique et son revers. Le cas du bassin méditerranéen », *Les Espaces du tourisme et des loisirs*, Armand Colin, 2017.

1. Façonnées par l'homme.
2. Ceux qui vivent toute l'année sur place.

Document 3 Le surtourisme sur l'île de Santorin en Grèce, août 2021

Tous les soirs, la foule des touristes présents sur l'île de Santorin se concentre dans les ruelles et sur les toits de la ville pour admirer le coucher du soleil et espérer prendre la plus belle photographie.

Vocabulaire et notions

Surtourisme : concentration d'un grand nombre de touristes qui entraîne la saturation de l'espace d'accueil et provoque parfois des dégradations des lieux et des bâtiments.

CAPACITÉ

Décrire une forme de mobilité internationale dont l'élève a une expérience personnelle ou rapportée

Vous allez rédiger un paragraphe d'une dizaine de lignes qui décrit le tourisme international et ses effets sur le bassin méditerranéen.

1. Listez les types de tourismes présents dans le bassin méditerranéen (docs 1 et 2).
2. Indiquez quels sont les espaces qui reçoivent le plus de touristes (docs 1 et 3).
3. Précisez d'où viennent les touristes internationaux (doc. 1).
4. Recopiez le tableau et classez les attraits touristiques du bassin méditerranéen et les problèmes liés au tourisme de masse.

Les attraits du bassin méditerranéen	Les problèmes liés au tourisme de masse
....	....

5. À partir des documents et de vos réponses aux questions, rédigez votre paragraphe.

Regards croisés

Géographie
EMC

Le tourisme international, une vision fantasmée du monde ?

Le contexte

Les touristes internationaux choisissent souvent leurs lieux de vacances à l'étranger en fonction d'images qu'ils ont vues ou de représentations qu'ils se sont faites de certains territoires. Les espaces touristiques peuvent alors être aménagés pour répondre à cet imaginaire.

Vocabulaire

Fantasme : représentation imaginaire suggérée par l'inconscient.
Idyllique : qui évoque quelque chose de parfait, de merveilleux.

Mes ressources numériques

Regardez cette vidéo « Où voyagerons-nous dans le monde d'après ? », Arte.
liennathan.fr/74cq3t

Écoutez ce podcast sur l'imaginaire touristique, France Culture.
liennathan.fr/85d7qp

LE REGARD D'UNE GÉOGRAPHE

1 Clotilde Luquiau, « Dans la jungle de Bornéo, des visiteurs en quête d'authenticité », *Le Monde diplomatique*, juillet 2012

« Loin de la modernité, Bornéo reste fidèle à sa vraie nature. » « Un voyage à tendance aventure douce pour rencontrer les communautés ethniques de la jungle et la faune incroyable de Bornéo, île sauvage où se lit l'évolution de notre planète ». C'est par ces slogans, accompagnés d'images d'animaux au regard paisible sur fond de jungle luxuriante, que le voyagiste Asia présente à ses clients français la partie malaisienne de l'île de Bornéo. Qu'ils acceptent l'invitation, et ils découvriront rapidement la contradiction propre au « tourisme de l'authentique ».

Les cahutes en rotin et en feuilles de palmier ont fait place à des maisons couvertes de zinc, aux murs de bois ou – pis ! – de parpaing. L'argent des visiteurs venus admirer forêt vierge et paysages immaculés contribue à moderniser les lieux ; or, quand les habitants gagnent en confort et en sécurité, les touristes perdent en pittoresque. C'est l'un des paradoxes de l'écotourisme, censé fournir un revenu aux populations, limiter l'impact sur l'environnement et contribuer à la prise de conscience écologique de tous les acteurs. Et, les voyageurs ciblés par le marketing malaisien étant généralement très dépensiers, la modernisation qu'engendre leur passage est appelée à augmenter. [...] L'argent du tourisme doit par ailleurs permettre de conserver les espaces naturels visités ; or la simple présence de visiteurs et d'hôtels contribue à augmenter la pression sur l'environnement.

LE REGARD D'UN ARTISTE

2 Monk Hf, *cartes postales*

Monk Hf réalise de fausses cartes postales pour faire réfléchir sur les conséquences du tourisme international.

LE REGARD D'UNE GÉOGRAPHE

3 Emmanuelle Peyvel, « Mui Ne (Vietnam) : deux approches différenciées de la plage par les touristes occidentaux et domestiques », *Géographie et cultures*, 2008.

Aussi préservée qu'elle puisse paraître, la plage a bien été aménagée à des fins touristiques, en respectant des codes esthétiques occidentaux. Mui Ne (Vietnam) a su en effet créer un cadre qui ménage les repères des touristes occidentaux tout en les faisant vivre quelques jours dans un paysage vécu comme dépaysant. Si l'exotisme est bien là, avec le sable blanc, les cocotiers, l'architecture restituant une ambiance considérée comme asiatique (bois sombre et toits de palme...), les aménagements ont été considérables pour rendre Mui Ne accueillant aux yeux des touristes occidentaux. L'électricité, l'eau courante, des sanitaires à l'occidentale et Internet ont été installés. La nature a été apprivoisée : des cocotiers ont été abattus et les cocoteraies productives ont cédé la place à des cocotiers ne faisant plus office que de décor sur la plage ; les liserons de sable ont été arrachés pour éloigner les puces de mer ; le sable a été égalisé et la piste est devenue une route goudronnée équipée de feux tricolores.

Regards croisés

Croiser les regards

1. Quelles sont les images idylliques véhiculées sur l'Asie du Sud-Est (docs 1 et 3) ?
2. Que dénonce Monk Hf sur chacune de ces cartes postales ?
3. Comment le document 1 et la carte postale sur Bornéo se complètent-ils ?
4. Qui sont les touristes internationaux en Asie du Sud-Est ?

Rédiger un paragraphe argumenté

5. Quand vous partez en voyage dans un pays lointain, quels paysages et quels aménagements touristiques espérez-vous trouver ? Répondez en argumentant, en une dizaine de lignes.

Faire le bilan

6. D'après les documents, dans quelle mesure le touriste international façonne-t-il les territoires qu'il visite pour les mettre en conformité avec ses représentations et ses fantasmes ?

BILAN Capacités

LES OUTILS DU GÉOGRAPHE

Exercice 1

Je sais me repérer

Listez les trois principaux bassins touristiques mondiaux.

Exercice 2

Je sais mémoriser et m'approprier les notions

Dites si chacune des affirmations suivantes est vraie ou fausse.

	Vrai	Faux
a Le surtourisme permet d'améliorer la vie des habitants.	☐	☐
b La pandémie de la covid-19 a entraîné un fort recul du tourisme dans le monde.	☐	☐
c Le tourisme permet le développement économique.	☐	☐
d Les aménagements touristiques ne concernent que les transports.	☐	☐
e Les principaux groupes hôteliers mondiaux sont Ibis et Mercure.	☐	☐

Exercice 3

Je sais situer un acteur majeur dans un contexte pour préciser son rôle

Présentez et expliquez, pour un lieu de votre choix, le rôle du touriste sur le territoire qu'il fréquente. Vous préciserez le lieu d'où vient le touriste, les espaces touristiques qu'il visite, les activités touristiques qu'il pratique et les aménagements qui sont réalisés pour répondre à ses besoins.

Exercice 4

Je questionne un document pour conduire une analyse géographique

1. Décrivez le dessin.
2. Que veut montrer la caricature ?
3. Expliquez quels sont les effets négatifs du tourisme de masse.

Phil Umbdenstock, *DNA*, 20 juin 2019.

Regards croisés

- **À voir :** ce film documentaire de **Jill Coulon**, *Voyage en Occident* **(2015)** propose de suivre la visite de six pays européens en dix jours par un groupe de touristes chinois.
- **À consulter :** ***L'Atlas mondial du tourisme et des loisirs*** **de Maria Gravari-Barbas et Sébastien Jacquot (éditions Autrement, 2018)** propose des cartes et des infographies pour comprendre comment le tourisme transforme les espaces et les sociétés.

Un film

Un atlas

EMC Liberté et démocra

Dans une démocratie comme la République française, les libertés s'exercent en prenant appui sur la loi. Elles peuvent entrer en conflit entre elles et même être restreintes pour garantir un fonctionnement apaisé de la société.

Eugène Delacroix, *La Liberté guidant le peuple*, 1830. Musée du Louvre, Paris.

Les mots du chapitre

- Selon vous, quels liens entretiennent les mots *liberté* et *démocratie* ? Émettez des hypothèses.

Pour se lancer !

1. Que symbolise la femme représentée sur le tableau ?
2. Expliquez le titre du tableau.

...é et la démocratie

...té et **démocratie** sont-elles deux notions ...?

...que

... philosophes des Lumières, se diffuse l'idée selon ...damentales pour chaque citoyen (**document 1**). ...ise, la **Déclaration des droits de l'homme et du** ...ain nombre de **lois viennent définir et garantir des** ...t-à-dire des libertés que l'on ne peut pas supprimer (document ...) ... dispose alors de **droits fondamentaux** (liberté de pensée et d'express... ...rté de circulation...) et de devoirs (obéir à la loi, payer ses impôts...).

Au XIXe siècle, les citoyens français se battent pour obtenir des **droits sociaux** comme la liberté de manifester ou le droit de faire grève (obtenu en 1864). Ce n'est qu'à la fin du XIXe siècle que la liberté de la presse est reconnue en France (1881).

Aujourd'hui, hommes et femmes continuent de lutter pour la liberté. La République française leur offre l'asile s'il sont en danger (préambule de la Constitution de 1946, article 4). L'adoption en 1948 d'une **Déclaration universelle des droits de l'homme** signée par quarante-huit États nous rappelle que le combat pour la démocratie et la liberté sont des enjeux internationaux.

2 Libertés individuelles, libertés collectives

Chaque citoyen dispose de libertés qui peuvent être **individuelles ou collectives**. Les libertés individuelles sont des libertés que l'on exerce pour soi-même : liberté de pensée, liberté d'expression, liberté de circulation, etc. Les libertés collectives sont des libertés qui ne peuvent s'exercer qu'à plusieurs, comme le droit de grève ou de manifestation. Ces deux catégories de libertés constituent les **droits fondamentaux** sur lesquels repose la **démocratie française**. Ces droits fondamentaux sont définis et protégés par des lois, faisant de la France un **État de droit**. Les libertés individuelles et collectives peuvent rentrer en conflit. Dans ce cas, la justice décide quel droit il faut privilégier afin de garantir l'intérêt général.

3 L'essor du numérique et des réseaux sociaux : de nouveaux enjeux

Les nouvelles technologies numériques interrogent les libertés fondamentales (**document 3**). Par exemple, l'anonymat sur les réseaux sociaux provoque souvent des débordements et vient questionner les limites de la liberté d'expression. Les *fake news*, les influenceurs, les trolls interrogent sur le respect de notre liberté individuelle et de notre libre arbitre. Enfin, la question des données personnelles pose le problème du respect de la vie privée. Depuis le 20 juin 2018, la loi encadre l'usage de ces données, mais Internet n'est pas encore un espace bien régulé.

J'ai compris le cours

1. Je peux citer le texte dans lequel les libertés fondamentales ont été définies dès le 26 août 1789.
2. Je comprends la différence entre libertés individuelles et libertés collectives.
3. Je sais expliquer pourquoi le développement du numérique questionne mes libertés.

Mes ressources numériques

Consultez le site du Défenseur des droits.
liennathan.fr/y7x9b2

Lisez les textes fondateurs de la République.
liennathan.fr/th682d

Vocabulaire et notions

État de droit : État dans lequel le droit et la loi s'imposent à tous, y compris au pouvoir politique.

Démocratie : système politique fondé sur la souveraineté populaire s'exerçant par l'intermédiaire de représentants élus. Par extension, la démocratie désigne une société où les droits individuels et collectifs sont garantis par la loi.

Droits fondamentaux ou libertés fondamentales : droits les plus importants d'un individu. Ce sont ceux définis dans la Déclaration des droits de l'homme et du citoyen et dans la Déclaration universelle des droits de l'homme de 1948.

Document 1 Le philosophe Jean-Jacques Rousseau définit la liberté

Je ne connais pas de volonté vraiment libre que celle à laquelle nul n'a droit d'opposer de la résistance ; dans la liberté commune, nul n'a droit de faire ce que la liberté d'un autre lui interdit, et la vraie liberté n'est jamais destructive d'elle-même. Ainsi la liberté sans la justice est une véritable contradiction...

Il n'y a donc point de liberté sans Lois. Un peuple libre obéit, mais il ne sert pas ; il a des chefs, et non pas des maîtres ; il obéit aux Lois, mais il n'obéit qu'aux Lois.

Lettres écrites de la montagne, lettre VIII, 1763-1764.

1. Comment Rousseau définit-il la liberté ?
2. Quelle différence fait-il entre « obéir » et « servir » ?

Document 3 Internet et libertés

Plantu, *Le Monde*, mars 2018.

1. Décrivez ce dessin.
2. Selon vous, qu'a voulu montrer Plantu ?
3. Pouvez-vous citer des exemples dans lesquels les libertés sont menacées ?

Document 2 Les principaux textes affirmant l'existence des libertés fondamentales

1789. Déclaration des droits de l'homme et du citoyen. Pour la première fois, en droit français, les libertés individuelles sont inscrites dans la loi et deviennent des principes indépassables.

1946. Préambule de la Constitution. Ce texte étend la notion de droits et de libertés fondamentales.

1948. Déclaration universelle des droits de l'homme. L'ONU pose comme principe fondamental et universel le respect des libertés individuelles.

1950. Convention européenne de sauvegarde des droits de l'homme. Ce texte fait des droits de l'Homme la référence absolue au niveau du droit, en Europe.

1989. Convention internationale des droits de l'enfant (CIDE). Ce traité élargit aux enfants le concept de droits de l'Homme.

2000. Charte des droits fondamentaux de l'Union européenne : ce texte résume l'ensemble des droits civiques et sociaux des citoyens européens ainsi que de toute personne vivant sur le territoire de l'UE.

2004. Loi sur l'égalité réelle entre les femmes et les hommes.

Accédez à la CIDE sur le site de l'UNICEF.
liennathan.fr/4e73cj

1. Repérez dans cette liste les textes qui ne concernent pas uniquement la France.
2. D'après vous, pourquoi y a-t-il trois textes majeurs adoptés juste après la Seconde Guerre mondiale (1946, 1948, 1950) ?
3. Selon vous, pourquoi le texte de 2004 est-il nécessaire ?

Je rédige ma synthèse

Expliquez pourquoi les libertés sont liées à l'idée de démocratie. Vous montrerez que les premières lois définissant les libertés apparaissent en même temps que se développe l'idée de démocratie. Puis vous montrerez que l'extension des libertés renforce la démocratie.

DOSSIER

1. Libertés individuelles et collectives

● Comment exercer les libertés individuelles et collectives au quotidien ?

En tant que citoyen, nous disposons d'un ensemble de libertés. Dans certaines circonstances de la vie quotidienne, ces libertés peuvent entrer en contradiction.

Document 1 Les lycéens et les droits sociaux

Le 13 janvier 2022, les élèves du lycée Jacques Prévert (Pont-Audemer, Normandie) manifestent pour exprimer leur mécontentement face aux mesures sanitaires et leur point de vue par rapport aux épreuves du bac.

Vocabulaire et notions

Intérêt général : conception de ce qui est bénéfique à l'ensemble des citoyens (et non aux citoyens pris individuellement).

Libertés collectives : libertés qui ne peuvent exister que si elles sont exercées à plusieurs. Il s'agit par exemple du droit de manifester ou du droit de grève.

Libertés individuelles : libertés essentielles de chaque personne, reconnues par la loi : liberté de parole, de croyance, de pensée, de circulation, etc.

Document 2 Les libertés des lycéens

Charte des droits des lycéens

Droit à la publication

Chaque élève peut créer un journal, rédiger un texte d'information et le diffuser librement à l'intérieur du lycée. Cette liberté s'exerce sans autorisation ni contrôle préalable et dans le respect du pluralisme. Elle doit cependant obéir à des règles de déontologie.

Droit d'affichage et de réunion

Des panneaux d'affichage, et si possible des locaux sont mis à disposition des représentants des élèves (délégués de classe, élus CVL et associations d'élèves). Toutes les associations ou groupes de lycéens, ont la liberté d'organiser des réunions d'information.

Droit d'association

Les élèves peuvent créer (à condition d'avoir 16 ans révolus) ou adhérer (quel que soit leur âge) à des associations constituées au sein du lycée, intégrant ou non des adultes de l'établissement. En particulier, la Maison des lycéens, gérée directement par les élèves de 16 ans ou plus, participe au développement de la vie sociale, culturelle et sportive dans l'établissement.

Droit à la représentation

Chaque lycéen a le droit de voter et peut se présenter pour être élu au sein des instances de la vie lycéenne (délégué de classe, élu CVL). Tout doit être mis en place pour faciliter et valoriser l'exercice du mandat des élus lycéens. Des fonds de vie lycéenne permettent de financer les projets lycéens, aux niveaux académique et de l'établissement.

Document 3 La justice est garante du respect des libertés

Le tribunal de Lorient a ordonné le déblocage de la Fonderie de Bretagne à Caudan dans le Morbihan. Le site est occupé depuis fin avril par une partie des salariés, qui s'opposent à la vente de leur usine par le groupe automobile Renault. Jugement exécutoire sous 48 heures.

Le tribunal de Lorient, saisi par la direction, a ordonné ce jeudi la « levée des entraves à la libre circulation » sur le site de la Fonderie de Bretagne. La justice interdit à la CGT et à tout gréviste de gêner l'accès au site « sous peine d'expulsion immédiate avec le concours de la force publique autant que de besoin », selon ce jugement, exécutoire sous 48 heures.

France Info, France 3 Régions, Bretagne, juin 2021.

Document 4 Libertés individuelles et libertés collectives en conflit

Plantu, *Le Monde*, 19 décembre 2011.

Étudier des documents

1 Quelles sont les **libertés individuelles** et **collectives** des lycéens (docs 1 et 2) ?

2 Dans le document 3, quelles sont les deux libertés qui entrent en conflit ? Quelle liberté la justice privilégie-t-elle ?

Étudier un dessin de presse

3 Décrivez le dessin de Plantu puis expliquez quelles sont les deux libertés qui s'opposent (doc. 4).

Activité

Organiser une campagne d'information pour faire connaître aux élèves de votre lycée les libertés collectives dont ils disposent.

Capacités

- Effectuer une recherche documentaire en faisant preuve d'esprit critique
- S'impliquer dans un travail et coopérer
- Savoir écouter, apprendre à débattre et respecter la pluralité des points de vue

Étape 1 Se documenter

a. Établissez la liste des libertés collectives à partir de votre cours, des ouvrages disponibles au CDI et d'Internet.

b. Établissez la liste des libertés collectives qui concernent les lycéens en prenant soin de trouver un exemple concret pour chacune d'elles.

Étape 2 Préparer une campagne d'affichage

Pour chaque liberté collective, préparez une affiche expliquant en quoi consiste cette liberté et la manière dont elle peut s'appliquer au lycée.

Étape 3 Communiquer

a. Demandez à la direction de votre établissement l'autorisation de diffuser vos affiches.

b. Discutez avec la vie scolaire et le CVL des meilleurs emplacements pour afficher votre travail.

2. Ma liberté dans un monde de plus en plus numérique

- Quels risques les nouvelles technologies font-elles peser sur nos libertés fondamentales ?

Les libertés fondamentales ont été pensées à une époque où le numérique n'existait pas. Les nouvelles technologies offrent de nouvelles occasions d'exercer nos libertés, mais elles peuvent également les menacer.

Document 1 Des citoyens contestent la toute-puissance des GAFAM

L'association Quadrature du Net a lancé cette campagne de sensibilisation en 2018.

Document 2 Le cyberharcèlement, une menace majeure liée aux réseaux sociaux

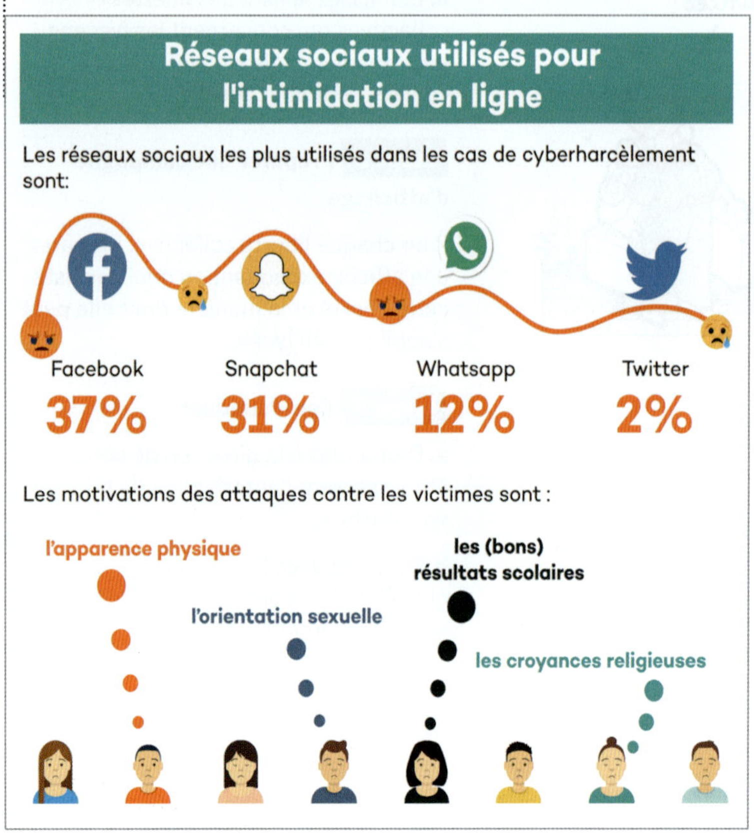

Étudier des images

1. D'après l'affiche, quelles libertés sont menacées par les GAFAM (doc.1) ?
2. Quels sont les principaux motifs de cyberharcèlement (doc. 2) ?
3. Quels réseaux sociaux favorisent le cyberharcèlement (doc. 2) ? Pourquoi, selon vous ?

Vocabulaire et notions

Cyberharcèlement : harcèlement mené à partir d'outils numériques et plus particulièrement à partir des réseaux sociaux. Le cyberharcèlement est facilité par l'anonymat.

***Fake news* :** fausses informations qui circulent sur Internet.

GAFAM : initiales qui désignent les grands groupes du numérique (Google, Amazon, Facebook, Apple, Microsoft).

Document 3 La loi contre les *fake news* à l'épreuve de la présidentielle

Ces dernières années, il n'est plus un seul fait d'actualité – du Covid-19 aux élections en passant par l'actualité internationale ou sportive – à être épargné par la désinformation et la diffusion massive de fausses nouvelles sur les réseaux sociaux. À l'approche de l'élection présidentielle de 2022, la question n'est donc pas de savoir si elle sera la cible de *Fake-news*, mais de savoir si des moyens de limiter leur propagation existent. Le président de la République doit d'ailleurs installer, ce mercredi, une commission indépendante « chargée de réfléchir aux impacts de la révolution numérique sur notre société et notre démocratie », indique l'Élysée. […]

La loi permet notamment à tout citoyen de saisir un juge qui, en quarante-huit heures, statuera sur la nécessité de faire cesser la diffusion d'une fausse nouvelle de nature à altérer la « sincérité » d'un vote. La loi oblige les plateformes numériques – en particulier les réseaux sociaux – à mettre en place un dispositif de signalement des fausses informations. […]

Selon certains spécialistes, cette loi a le double défaut de mettre en péril la liberté d'opinion et d'être difficilement applicable.

20 Minutes, 29 septembre, 2021.

Document 4 Que dit la loi face aux menaces numériques ?

Loi du 22 décembre 2018, art. 11 - Les opérateurs de plateforme en ligne mettent en œuvre des mesures en vue de lutter contre la diffusion de fausses informations susceptibles de troubler l'ordre public ou d'altérer la sincérité des élections. Ils mettent en place un dispositif facilement accessible et visible permettant à leurs utilisateurs de signaler de telles informations.

Loi du 20 juin 2018, art.19 et 20 - Pour les mineurs de moins de quinze ans, le consentement des titulaires de l'autorité parentale sera nécessaire pour le traitement des données personnelles sur les réseaux sociaux. C'est à partir de l'âge de quinze ans qu'un mineur pourra s'inscrire sur des réseaux sociaux sans autorisation parentale.

Étudier des textes de loi

4 Pourquoi les *fake news* peuvent-elles modifier le bon fonctionnement de la démocratie (doc. 3) ?

5 D'après la loi, qui est responsable de la protection des mineurs face aux menaces numériques (doc. 4) ?

Activité

Participer au concours « Non au harcèlement »

Capacités

- S'impliquer dans un travail et coopérer
- Mettre à distance ses opinions personnelles pour construire son jugement
- Effectuer une recherche documentaire en faisant preuve d'esprit critique
- Savoir écouter, apprendre à débattre et respecter la pluralité des points de vue

Étape 1 Se documenter sur le concours

Informez-vous sur les modalités du concours, le règlement et les travaux des lauréats des années précédentes.

Étape 2 S'organiser

Choisissez une action ou un projet pour sensibiliser et lutter contre le cyberharcèlement et répartissez-vous le travail.

Étape 3 Présenter votre travail

Présentez votre travail au sein de votre établissement (direction, CVL, …) et envoyez votre projet au jury du concours.

Mes ressources numériques

Consultez le site de la CNIL consacré aux libertés dans un monde numérique. liennathan.fr/7b5i3a

Consultez le site du concours « Non au harcèlement ». liennathan.fr/4v8cf6

COURS

2. La laïcité et la République

● En quoi consiste le principe de laïcité ?

1 La laïcité, un principe républicain ancien

La Constitution de la Ve République, datant de 1958, pose la **laïcité comme un principe majeur**, dont l'histoire remonte à la Révolution française. En effet, l'article 10 de la Déclaration des droits de l'homme et du citoyen du 26 août 1789 posait déjà le principe de la **liberté de conscience** : les citoyens français sont libres de croire ou de ne pas croire en Dieu, de suivre telle ou telle religion ou bien aucune. Si le principe de laïcité s'impose à l'école à la fin du XIXe siècle, il faut attendre la loi de **séparation des Églises et de l'État,** en 1905, pour que la France devienne pleinement une **République laïque**, séparée de l'Église catholique. Aujourd'hui, en France, chacun est libre de pratiquer ou non une religion et l'État a un devoir de neutralité, tout en garantissant le libre exercice des cultes : c'est cela que garantit le principe de laïcité (documents 1 et 2).

2 L'école de la République est laïque depuis 140 ans

Pendant des siècles, l'école a été assurée quasi-exclusivement par des membres de l'Église catholique. Mais depuis 1882, l'école de la République est laïque. Pour permettre à chaque enfant de devenir un adulte libre et responsable de ses choix, **l'école a un devoir de neutralité** en matière religieuse, politique et philosophique. Donc, la laïcité vise à protéger les élèves de toute pression religieuse et à garantir leur liberté d'expression. Récemment, des lois sont venues préciser les conditions d'application de la laïcité à l'école : par la loi du 15 mars 2004, les signes religieux ostensibles sont interdits dans les écoles. La laïcité est une **valeur essentielle de l'école de la République** qui permet à l'ensemble des élèves de **vivre ensemble** et de **laisser les questions religieuses et les tensions à l'extérieur des établissements scolaires**.

3 La laïcité dans le monde du travail

L'État a un devoir de neutralité en matière religieuse. Ses agents, les fonctionnaires, doivent ainsi respecter le principe de laïcité. Dans le cadre de son activité, un fonctionnaire ne peut donc pas afficher ses préférences en matière religieuse. Sa vie religieuse doit rester en dehors de son travail.

Dans les entreprises privées, il n'y a pas d'obligation de neutralité en matière religieuse. Néanmoins, des dispositions peuvent être prises dans le règlement intérieur de l'entreprise ; celles-ci doivent répondre à des contraintes liées à l'exercice du métier.

Repères

1789
La Déclaration des droits de l'homme et du citoyen
▼
1882
Loi sur l'enseignement. L'école primaire devient obligatoire et laïque.
▼
1905
Loi de séparation des Églises et de l'État
▼
1958
La Constitution de la Ve République : dans son article 1, elle proclame que la République est indivisible, laïque, démocratique et sociale.
▼
2004
Loi interdisant le port ostensible (c'est-à-dire trop voyant) de signes exprimant une appartenance religieuse à l'école

Vocabulaire et notions

Laïcité : principe qui garantit la liberté des cultes et la neutralité de l'État en matière religieuse.

Liberté de conscience : liberté dont dispose chaque individu de choisir ses idées philosophiques ou religieuses.

J'ai compris le cours

1. Je peux citer les grandes étapes qui ont amené à la construction du principe de laïcité, dans la société et à l'école.
2. Je sais expliquer comment le principe de laïcité s'applique au travail.

Document 1 Définir la laïcité

QU'EST CE QUE LA LAÏCITÉ ?

Ce n'est pas une opinion parmi d'autres mais la liberté d'en avoir une. Elle n'est pas une conviction mais le principe qui les autorise toutes, sous réserve du respect de l'ordre public.

Ses trois principes et valeurs :

- **La liberté de conscience** et celle de manifester ses convictions dans les limites du respect de l'ordre public
- **La séparation des institutions publiques et des organisations religieuses.** L'Etat ne reconnaît, ni ne salarie aucun culte.
- **L'égalité de tous devant la loi**, quelles que soient leurs croyances ou leurs convictions

Elle garantit aux croyants et aux non-croyants le même droit à la liberté d'expression de leurs convictions. Elle assure aussi bien le droit d'avoir ou de ne pas avoir de religion, d'en changer ou de ne plus en avoir.

Elle garantit le libre exercice des cultes et la liberté de religion, mais aussi la liberté vis-à-vis de la religion : personne ne peut être contraint au respect de dogmes ou prescriptions religieuses.

De la séparation se déduit la neutralité de l'Etat, des collectivités territoriales et des services publics, non de ses usagers. La République laïque assure ainsi l'égalité des citoyens face à l'administration et au service public, quelles que soient leurs convictions ou croyances.

Pour en savoir plus : www.laicite.gouv.fr

Observatoire de la laïcité

1. Qui a émis cette affiche et à qui s'adresse-t-elle ?
2. La laïcité est-elle une loi contraire aux libertés ? Formulez une réponse argumentée.
3. Que signifie l'expression « neutralité de l'État vis-à-vis des religions » ?

Document 2 Laïcité et liberté de conscience

1. Qui est la femme représentée sur le dessin ? Que symbolise-t-elle ?
2. À qui s'adresse-t-elle ?
3. Quelle définition de la laïcité transparaît dans ce dessin ?

Mes ressources numériques

Consultez le site sur la laïcité.
liennathan.fr/4ndm38

Je rédige ma synthèse

Expliquez ce qu'est le principe de laïcité. Vous en donnerez votre propre définition, puis vous montrerez qu'il s'est construit progressivement, qu'il s'applique à l'école comme au travail. Vous montrerez que ce principe permet aux citoyens de mieux vivre ensemble.

DOSSIER

3. La laïcité au quotidien

● Comment se manifeste la laïcité au quotidien ?

La laïcité n'est pas qu'un principe théorique, c'est une règle qui encadre nos comportements individuels et collectifs, à l'école et dans les entreprises.

Document 1 — Présentation de la Charte de la laïcité à l'école par le ministère de l'Éducation nationale, 2014

La Charte de la laïcité à l'École a été élaborée à l'intention des personnels, des élèves et de l'ensemble des membres de la communauté éducative. Elle explicite, dans un langage accessible à tous, les sens et enjeux du principe de laïcité à l'École.

La Charte de la laïcité à l'École vise à réaffirmer l'importance de ce principe indissociable des valeurs de liberté, d'égalité et de fraternité exprimées par la devise de la République française. La Laïcité n'est jamais dirigée contre des individus ou des religions, mais elle garantit l'égal traitement de tous les élèves et l'égale dignité de tous les citoyens. Elle est l'une des conditions essentielles du respect mutuel et de la fraternité.

Dans les écoles et établissements d'enseignement du second degré publics, la Charte de la laïcité à l'École est affichée de manière à être visible de tous. Les lieux d'accueil et de passage sont à privilégier.

Site de l'Éducation nationale.

Document 2 — Journée nationale de la laïcité à l'école de la République, 2015

Dans le cadre de la Journée nationale de la laïcité (9 décembre), de nombreux établissements organisent des événements et des actions de sensibilisation.

- Au **lycée agricole des Vaseix** à Limoges (Haute-Vienne), de nombreux temps d'actions et de réflexion auront lieu : ateliers débats, conférence de sensibilisation à la laïcité, plantation de l'arbre de la laïcité dans la cour intérieure, signature de la charte de la laïcité…
- À Lomme (Nord), des élèves de **l'établissement public local d'enseignement et de formation professionnelle agricoles (EPLEFPA) des Flandres** vont créer un podcast-interview auprès des apprenants de l'établissement sur la question de la laïcité. Une conférence d'une heure est également prévue sur ce sujet.
- Le **lycée Rabelais de Saint-Chély-d'Apcher** (Lozère) organisera une séance de ciné-débat sur le thème de la laïcité avec les 130 élèves internes. Cette journée s'inscrit dans le cadre d'une série d'événements qui se déroulent de novembre 2021 à janvier 2022.

Agriculture.gouv.fr

Document 3 — Les atteintes à la laïcité à l'école

L'éducation nationale a repris son travail de recensement des « atteintes » à la laïcité et communiqué de nouveaux chiffres, ce jeudi 9 décembre. De la rentrée de septembre à la fin du mois de novembre, 614 faits ont été recensés. Comparativement aux derniers chiffres (517 atteintes, entre janvier et avril), une légère hausse est enregistrée. Entre-temps, le monde scolaire s'est réuni, en octobre, pour rendre hommage à Samuel Paty, un an après son assassinat ; à cette occasion, ce sont 219 incidents (un tiers du total trimestriel) qui ont été signalés. Le ministère de l'éducation leur prête une attention particulière : parmi eux, 45 % ont donné lieu à une sanction disciplinaire (dont 40 exclusions d'établissement) ; 19 enquêtes judiciaires sont en cours, deux condamnations ont, à ce stade, été prononcées. Que recouvrent les autres atteintes signalées ? Un quart relève d'invectives et de menaces, une sur dix renvoie à des contestations d'enseignement, autant à des refus d'activité scolaire, des suspicions de prosélytisme et des revendications communautaires. […]

Au-delà du bilan statistique, dans tous les rectorats, des équipes « valeurs de la République » traitent désormais chacun des signalements que leur adressent les établissements, pour faire la part entre ce qui relève de la provocation adolescente et de « faits beaucoup plus graves », explique-t-on au ministère de l'éducation.

Le Monde, 10 décembre 2021.

Mes ressources numériques

Lisez la Charte de la laïcité sur le site de l'Éducation nationale.
liennathan.fr/66ec8r

Document 4 La Laïcité et le code du travail

Dans certains cas, et pour des motifs bien définis, l'employeur peut apporter des restrictions aux libertés individuelles afin de garantir la protection des individus et la bonne marche de l'entreprise.

La protection des individus

Respect des règles de sécurité et d'hygiène

Ex. : Un maçon ne peut refuser le port du casque au motif que ses convictions lui interdisent de couper ses cheveux, un salarié ne peut refuser une visite médicale au motif que sa religion lui interdit de se dévêtir devant une personne du sexe opposé.

Les libertés ne doivent pas relever du prosélytisme (un salarié ne peut tenter d'imposer ses idées et ses convictions à autrui).

Ex. : un animateur ne peut pas lire la Bible aux enfants, un formateur ne peut pas profiter des ses fonctions pour faire du prosélytisme.

La bonne marche de l'entreprise

Respect de l'organisation du travail (horaires, lieux, stratégie commerciale...)

Ex. : L'employeur peut spécifier dans le contrat de travail le caractère impératif du port de l'uniforme dans le cadre d'une mission le nécessitant.

Bon déroulement de la mission

Ex. : L'employeur peut intervenir si un salarié du rayon boucherie refuse d'être en contact avec la viande de porc ou si un salarié refuse d'être sous l'autorité d'une femme au nom de ses convictions.

Impératifs commerciaux

Ex. : La Cour de cassation a rappelé qu'un employeur peut, en raison des « intérêts de l'entreprise » prévoir dans son règlement une « clause de neutralité ». Cela suppose une évaluation au cas par cas.

Observatoire de la laïcité, 2019.

Activité

Participer au Prix de la laïcité de la République française

Capacités

- S'impliquer dans un travail et coopérer
- Mettre à distance ses opinions personnelles pour construire son jugement
- Effectuer une recherche documentaire en faisant preuve d'esprit critique
- Savoir écouter, apprendre à débattre et respecter la pluralité des points de vue

Étape 1 Se documenter sur le concours

Consultez le règlement du concours et remplissez le formulaire d'inscription. Vous regarderez les travaux des lauréats des années précédentes et relèverez les idées qui vous plaisent.

Consultez le site du concours sur le Prix de la laïcité.
liennathan.fr/35n4wr

Étape 2 S'organiser

Choisissez une action ou un projet pour protéger ou promouvoir le principe de laïcité, puis répartissez-vous le travail.

Étape 3 Présenter votre travail

Présentez votre travail au sein de votre établissement (direction, CVL, ...) et envoyez votre travail au jury du concours.

Étudier des documents

1. Quel est l'objectif de la Charte de la laïcité à l'école (doc.1) ?
2. Quelle phrase montre que la laïcité n'est pas hostile aux croyances religieuses ?
3. Laquelle des actions présentées dans le document 2 vous semble la plus utile pour sensibiliser les élèves au principe de laïcité ? Justifiez votre réponse.
4. Quelles sont les différentes atteintes à la laïcité recensées par l'Éducation nationale ? Quel passage de l'article prouve que ces atteintes peuvent avoir des conséquences hors de l'école (doc. 3) ?
5. D'après le document 4, dans quels cas peut-on restreindre les libertés individuelles dans une entreprise ?

Regards croisés

Histoire
Arts
EMC

Marianne, d'hier à aujourd'hui

Le contexte

Depuis la Révolution française, Marianne s'est imposée comme la grande figure allégorique de la République. Présente dans l'espace public grâce aux statues, dans les maries où son buste est exposé ou encore sur les timbres, Marianne reste un symbole fort de la République, sans cesse réinventé.

LE REGARD D'UN HISTORIEN

1 Maurice Agulhon, *L'Histoire*, 1979

À l'époque de la Révolution française, le mot de « Marianne », qui est déjà attesté, l'est seulement comme un sobriquet de dérision, et seulement dans le Midi ; il semble avoir été utilisé par les ennemis de la République pour stigmatiser son caractère à la fois féminin et populaire, le prénom de Marie-Anne ou Marianne étant fort répandu dans les campagnes. Affubler la République du nom de Marianne, c'était une façon de dire : voilà, maintenant, c'est une « bonne femme », pour ne pas dire une paysanne, qui gouverne, cela étant dit avec un ton de mépris. [...] Puis par un retournement dont l'histoire offre d'autres exemples, le mot passe dans le langage des partisans populaires de la IIe République. [...] Il semble que le terme de Marianne, connu comme un terme de dérision employé par les ennemis de la République, ait été l'objet d'une adoption, en bonne part, par des néophytes[1] républicains de niveau populaire. Et c'est alors que l'idée serait venue de l'employer comme désignation de la République et du parti républicain.

[...] Au début de la IIIe République, entre 1870 et 1880, ce sont les républicains les plus avancés, qu'on peut déjà appeler radicaux, qui ont trouvé naturel de mettre les effigies[2] de la République à la place des effigies des souverains, dans leurs clubs, dans leurs cercles, dans leurs cabarets, et chaque fois qu'ils le pouvaient, dans les mairies.

1. Personne qui vient d'adhérer à une cause, une idée (ici la République).
2. Représentations.

Mes ressources numériques

Écoutez un podcast sur l'histoire de Marianne.
liennathan.fr/j32jg4

Découvrez le site des artistes d'Obvious, « Nous sommes tous Marianne. ».
liennathan.fr/ksh749

Vocabulaire

Allégorie : forme ou personne qui représente et incarne une idée. Marianne est une allégorie car c'est une femme qui incarne l'idée de République.

LE REGARD D'UN ARTISTE

2 InkOj, *Marianne masquée*, Rouen, février 2021

LE REGARD D'UNE JOURNALISTE

3 Marion Simon-Rainaud, « Nous sommes Marianne », *Les Echos*, 30 juin 2021

Tous les cinq ans, fraîchement élu, le nouveau président de la République a (entre autres) pour mission de choisir le visage de Marianne qui sera représentée sur les timbres postaux. Avec un an d'anticipation, le collectif d'artistes technophiles Obvious propose à toutes « les personnes qui s'identifient comme femme, âgées de plus de 18 ans et de nationalité française de se rendre sur le site noussommesmarianne.fr » et se prendre en photo pour fabriquer une version 2.0 de la future Marianne. La manip' est simple. Une fois sur le site, cliquez sur le bouton et mettez votre tête dans le rond (comme dans un photomaton), souriez, et hop, votre visage est enregistré. Dernière étape : donner son mail pour être tenue courant de l'avancée du projet. Il est ensuite possible de télécharger votre cliché, agrémenté d'un filtre bleu, blanc, rouge à l'effigie de la République. Seul prérequis : avoir une webcam fonctionnelle et un fond blanc. Au total, 1.730 contributions ont été comptabilisées jusqu'à présent. Ce projet participatif porté par trois hommes a pour objectif de « créer la femme française, grâce à l'intelligence artificielle (IA) représentative de toutes ces femmes, dans leur diversité », expliquent le trio composé de Gauthier Vernier, Hugo Caselles-Dupré et Pierre Fautrel.

Regards croisés

Croiser les regards

1. Qu'incarne Marianne et depuis quand (docs 1 et 2) ?
2. Montrez que représenter Marianne reste un sujet très actuel (docs 2 et 3).
3. En quoi la Marianne de 2022 sera-t-elle différente de toutes les précédentes (doc. 3) ?

Comprendre une démarche artistique

4. Rendez-vous sur le site des artistes Obvious « Nous sommes Marianne » à l'aide du QR code p. 144. Lisez la présentation du projet et faites-en un compte rendu à vos camarades.

Faire le bilan

5. Comment Marianne est-elle réinventée pour rester un symbole fort de la République ? Vous répondrez à cette question en vous appuyant sur les documents de la double page.

LES OUTILS D'EMC

Exercice 1

Développer un discours construit, argumenté et nourri de connaissances

À l'écrit ou à l'oral, réfléchissez au sujet suivant : « Libertés individuelles, libertés collectives : sont-elles complémentaires ou contraires ? ». Vous pouvez suivre les étapes proposées pour mener votre réflexion.

1. Définissez les libertés individuelles et libertés collectives.
2. Dressez une liste de libertés individuelles et une autre de libertés collectives. Montrez que ces libertés sont complémentaires : elles assurent l'existence d'un État de droit et le bon fonctionnement de la démocratie.
3. Expliquez que, parfois, les libertés individuelles et les libertés collectives peuvent entrer en conflit en vous appuyant sur un exemple précis.
4. Montrez qu'il revient à l'État, qui légifère, de trancher lorsque libertés individuelles et libertés collectives entrent en contradiction. C'est le souci de l'intérêt général qui motive ses décisions.

Exercice 2

Construire une argumentation ; Mettre à distance ses opinions personnelles pour construire son jugement

Une œuvre condamnée pour atteinte au principe de laïcité

La justice vient d'ordonner au maire de Ploërmel, dans le Morbihan, de procéder au retrait de la croix surplombant la statue du pape. Le monument, qui fait près de huit mètres de haut, avait été érigé en 2006 sur une place publique de Ploërmel. Elle avait été offerte par le sculpteur russe Zurab Tsereteli au maire de l'époque, Paul Anselin.

Selon la décision du tribunal, la croix « constitue un signe ou emblème religieux dont l'installation est contraire à l'article 28 de la loi du 9 décembre 1905 », relative à la séparation des Églises et de l'État.

20 Minutes, octobre 2017.

1. **Identifier les enjeux de la situation présentée.**
   a. Présentez le document.
   b. Pourquoi le principe de laïcité n'est-il pas respecté ?
   c. Quelle décision de justice a été rendue ?
2. **Exposer son point de vue**
   Comprenez-vous la décision de justice ? Défendez votre point de vue en vous appuyant sur des arguments et des exemples.

Exercice 3

Connaître les principales notions, les acteurs majeurs Exercer son esprit critique

1. Présentez ce document et définissez la notion de laïcité.
2. Décrivez ce dessin.
3. Sur quel phénomène ce dessinateur attire-t-il notre attention ?
4. D'après vos connaissances, comment la laïcité s'applique-t-elle à l'école ?

Regards croisés

Des sites Internet

Le réseau Canopé propose des ressources sur la notion de liberté.

L'Association e-enfance propose une réflexion sur les dangers liés à Internet, notamment le cyberharcèlement.

Consultez le site Canopé. liennathan.fr/g8t29c

Consultez le site e-enfance. liennathan.fr/d83sh9

Un film

François Hanss, *La Séparation*, 2005

Ce film revient sur les enjeux de la loi de séparation des Églises et de l'État en 1905 et mène une réflexion sur la laïcité.

Un film

Sébastien Bailly, *Où je mets ma pudeur*, 2013

Ce film raconte l'histoire d'Hafsia, étudiante en histoire de l'art, qui doit enlever son hijab pour passer un examen.

Une vidéo

La laïcité en trois minutes (ou presque)

Une vidéo de l'association Coexister, lauréat d'une mention spéciale du Prix de la laïcité de la République française en 2016.

Une websérie

Fabrice de Boni, *Et tout le monde s'en fout #28 La religion*, 2018

Un regard décalé et humoristique sur la la place des religions dans la société.

Fabrice de Boni, *Et tout le monde s'en fout #Special Les droits de l'homme*, 2019

Fabrice de Boni pose une fois encore un regard décalé et humoristique sur les droits de l'homme.

FRANÇAIS

LES RESSOURCES

Objets d'étude et langue

ÉCOUTER

Des textes enregistrés

Des podcasts

À VOIR

Films et spectacles

Reportages

Musées et expositions virtuelles

À LIRE

Lire des articles et des témoignages

À PARCOURIR

Des sites Internet

- **Des PDF téléchargeables et imprimables** proposant des exercices de grammaire et d'orthographe supplémentaires pour chaque leçon.

Objet d'étude 1

Devenir soi : écritures autobiographiques

Kourtney Roy, *Autoportraits*.

Les mots du chapitre

- Selon vous, que signifient les mots : *devenir, soi, autobiographique* ? Formulez une définition avant de vérifier leur sens dans le dictionnaire.

Pour se lancer !

1. Qu'est-ce qui vous interpelle le plus, en observant ces autoportraits ? Pourquoi ?
2. Selon vous, qu'a voulu montrer l'artiste en assemblant ces autoportraits ?

Retour à Reims

Document 1

Didier Éribon, *Retour à Reims*, 2009 (extrait 1)

Issu d'un milieu ouvrier, Didier Éribon est le seul de sa fratrie à suivre des études après l'âge obligatoire, en intégrant le lycée Clemenceau à Reims.

L'entrée au lycée de la ville me mit au contact direct des enfants de la bourgeoisie (et surtout des fils de la bourgeoisie, puisque les établissements scolaires commençaient à peine d'être mixtes). La manière de parler, les vêtements portés et surtout la familiarité des autres garçons de ma classe avec la culture – je veux dire : avec la culture légitime –, tout me rappelait que j'étais une sorte d'intrus, quelqu'un qui n'est pas à sa place. Le cours de musique constituait peut-être le test le plus insidieux[1], mais le plus brutal de la maîtrise ou non de ce qu'on entend par « la culture », de la relation d'évidence ou d'extranéité[2] que l'on entretient avec elle : le professeur arrivait avec des disques, nous faisait écouter interminablement des extraits d'œuvres, et si les élèves issus de la bourgeoisie mimaient alors la rêverie inspirée, ceux issus des classes populaires échangeaient en sourdine des plaisanteries idiotes ou ne pouvaient se retenir de parler à voix haute ou de pouffer de rire. Tout conspire donc à installer un sentiment de non-appartenance et d'extériorité dans la conscience de ceux qui rencontrent des difficultés pour se plier à cette injonction[3] sociale que le système scolaire, à travers chacun de ses rouages, adresse à ses usagers. En réalité, deux voies se présentaient à moi : poursuivre cette résistance spontanée, non thématisée comme telle[4], qui s'exprimait dans tout un ensemble d'attitudes rétives[5], d'inadaptations, d'inadéquations, de dégoûts et de ricanements, de refus obstinés, et finir par me retrouver expulsé sans bruit de ce système, comme tant d'autres, par la force des choses, mais, en apparence, comme une simple conséquence de mon comportement individuel, ou bien me plier peu à peu aux exigences de l'école, m'adapter à elle, accepter ce qu'elle demande, et parvenir ainsi à me maintenir à l'intérieur de ses murs. Résister, c'était me perdre. Me soumettre, me sauver.

Didier Éribon (né en 1953)
Philosophe et sociologue français, il s'impose comme un intellectuel engagé qui dénonce les systèmes de domination des plus faibles.

Écoutez l'extrait 1.
liennathan.fr/6g7yj3

1. Sournois, dissimulé sous des apparences anodines.
2. Étrangeté.
3. Ordre, impératif.
4. Non intentionnelle, qui n'a pas conscience d'elle-même.
5. Attitudes d'opposition.

Lire une autobiographie

1. Notez dans un tableau ce qui dans le texte renvoie à l'attitude scolaire de la bourgeoisie, d'une part, et à celle des classes défavorisées, d'autre part. Comment résumeriez-vous chacune de ces attitudes ?
2. Comment expliquez-vous le comportement rétif de Didier Éribon à l'égard de l'école ?
3. Comment comprenez-vous la conclusion de ce passage : « Résister, c'était me perdre. Me soumettre, me sauver. » (l. 25) ?

Mes ressources numériques

Écoutez une émission de *France inter* sur Didier Éribon.
liennathan.fr/w6t9z8

Visionnez une présentation du spectacle de Thomas Ostermeier.
liennathan.fr/23j5uu

Document 2 **Thomas Ostermeier, *Retour à Reims*, 2019**

Dans cette adaptation théâtrale, Thomas Ostermeier transpose l'autobiographie de Didier Éribon sous la forme d'un documentaire qui serait enregistré sur scène avec la voix d'une comédienne (interprétée par Irène Jacob). L'écran qui la surplombe diffuse des images : ici, Didier Éribon et sa mère commentant des photos de famille.

Thomas Ostermeier (né en 1968)
Ce metteur en scène allemand fait partie des grandes figures du théâtre contemporain, choisissant d'adapter des œuvres classiques ou modernes par des axes et dispositifs innovants.

Étudier une mise en scène

4 Quel est l'intérêt, selon vous, de transposer l'autobiographie de Didier Éribon sous la forme d'un documentaire ?

5 Pourquoi proposer une voix *off* qui ne s'apparente pas à celle de Didier Éribon ?

6 Que permet, d'après vous, cet échange entre la mère et le fils autour de photographies de famille ?

Imaginer une mise en scène

7 Recherchez une image qui pourrait s'intégrer à la mise en scène de Thomas Ostermeier pour illustrer l'extrait de l'autobiographie de Didier Éribon proposé page 152.

Avant de vous lancer

- Précisez l'aspect du document 1 que vous souhaitez illustrer (perception de l'école, comportements scolaires, rapports aux apprentissages ou à l'autorité, déterminismes sociaux…) et choisissez une image qui vous semble coïncider avec ce que l'auteur veut exprimer.

PARCOURS DE LECTURE

Retour à Reims

Document 1 Didier Éribon, *Retour à Reims*, 2009 (extrait 2)

Didier Éribon poursuit des études universitaires à Paris.

Dans les premiers temps de mon installation à Paris, quand je continuais de voir mes parents, qui habitaient toujours à Reims, dans la cité HLM où j'avais vécu toute mon adolescence — ils n'allaient la quitter pour s'installer à Muizon que bien des années après —, ou quand je déjeunais avec eux le dimanche, chez ma grand-mère qui habitait Paris et à qui ils venaient rendre visite de temps à autre, une gêne difficile à cerner et à décrire s'emparait de moi devant des façons de parler et des manières d'être si différentes de celles des milieux dans lesquels j'évoluais désormais, devant des préoccupations si éloignées des miennes, devant des propos où un racisme primaire et obsessionnel se donnait libre cours dans chaque conservation, sans que l'on sache très bien pourquoi ou comment tout sujet abordé, quel qu'il soit, y ramenait inéluctablement, etc. Cela s'apparentait pour moi à une corvée, de plus en plus pénible à mesure que je me changeais en quelqu'un d'autre. J'ai reconnu très précisément ce que j'ai vécu à ce moment-là en lisant les livres qu'Annie Ernaux a consacrés à ses parents et à la « distance de classe » qui la séparait d'eux. Elle y évoque à merveille ce malaise que l'on ressent lorsqu'on revient chez ses parents après avoir quitté non seulement le domicile familial mais aussi la famille et le monde auxquels, malgré tout, on continue d'appartenir, et ce sentiment déroutant d'être à la fois chez soi et dans un univers étranger.

Écoutez l'extrait 2.
liennathan.fr/q7d2i9

Lire une autobiographie

1 Relevez trois expressions qui traduisent ce que ressent Didier Éribon lorsqu'il est en contact avec ses parents. Qu'est-ce qui explique ce sentiment ?

2 « Je me changeais en quelqu'un d'autre » (l. 14) : comment comprenez-vous cette formule ?

Document 2 Annie Ernaux, *La Place*, 1983

Ce roman dédié à son père rappelle les origines modestes d'Annie Ernaux avant de devenir professeure.

La politesse entre parents et enfants m'est demeurée longtemps un mystère. J'ai mis aussi des années à « comprendre » l'extrême gentillesse que des personnes bien éduquées manifestent dans leur simple bonjour. J'avais honte, je ne méritais pas tant d'égards, j'allais jusqu'à imaginer une sympathie particulière à mon endroit. Puis je me suis aperçue que ces questions posées avec l'air d'un intérêt pressant, ces sourires, n'avaient pas plus de sens que de manger bouche fermée ou de se moucher discrètement.

Le déchiffrement de ces détails s'impose à moi maintenant, avec d'autant plus de nécessité que je les ai refoulés, sûre de leur insignifiance. Seule une mémoire humiliée avait pu me les faire conserver. Je me suis pliée au désir du monde où je vis, qui s'efforce de vous faire oublier les souvenirs du monde d'en bas comme si c'était quelque chose de mauvais goût.

Annie Ernaux
(née en 1940)
Cette femme de lettres écrit des œuvres essentiellement autobiographiques, qui s'apparentent à des études sociologiques, à partir de sa trajectoire personnelle de transfuge sociale.

Écoutez le texte.
liennathan.fr/y26ky4

Lire une autobiographie

3 Pourquoi l'autrice, plus jeune, était-elle troublée par la gentillesse des « personnes bien éduquées » à son égard ?

4 Comment s'explique, selon elle, l'oubli de ce souvenir ?

Document 3 **David Hockney, *My Parents and Myself*, 1977**

David Hockney
(né en 1937)
Ce peintre, décorateur et photographe britannique, figure du pop art et de l'hyperréalisme, fait partie des artistes les plus influents du XXe siècle.

Étudier un tableau

5 Comment percevez-vous la relation entre le peintre et ses parents, d'après ce tableau ? Émettez des hypothèses.

Comparer des documents

6 Quels liens pouvez-vous établir entre les trois documents ?

Écrire une lettre

7 Imaginez une lettre, entre vingt et trente lignes, que Didier Éribon adresserait à ses parents pour leur expliquer le déchirement qu'il ressent à leur contact.

Avant de vous lancer

Posez-vous les questions suivantes :

a. Pourquoi Didier Éribon a-t-il le sentiment de les trahir ?

b. Pourquoi devait-il devenir quelqu'un d'autre ?

c. Qu'est-ce qui les sépare ?

Retour à Reims

Document 1 — Didier Éribon, *Retour à Reims*, 2009 (extrait 3)

Didier Éribon évoque l'homophobie dont il a été victime à travers l'insulte.

Ainsi, avant même que je ne découvre que c'était de moi qu'elle parlait, l'insulte m'était familière. Je l'ai moi-même employée plus d'une fois et, pour être franc, j'ai continué de l'adresser à d'autres, quand j'avais 14 ou 15 ans, après avoir compris que c'était de moi qu'elle parlait, afin de la détourner de moi, de m'en protéger : avec deux ou trois élèves de ma classe, nous nous moquions d'un garçon du lycée que nous jugions efféminé et que nous traitions de « tapette ». En l'insultant, je m'insultais moi-même, par ricochet, et le plus triste, c'est que je le savais confusément. Mais j'y étais poussé par l'irrépressible désir d'affirmer mon appartenance au monde des « normaux », d'éviter le risque d'être exclu de celui-ci. C'était sans doute aussi une manière de me mentir à moi-même autant que de mentir aux autres : un exorcisme.

Bientôt, pourtant, je devins le destinataire direct de l'insulte, puisque c'est à moi personnellement qu'elle s'adressa. Je fus environné par elle. Et plus encore : défini par elle. Elle m'accompagnait partout, pour me rappeler sans cesse que je contrevenais à la règle, à la norme, à la normalité. Dans la cour du lycée, dans le quartier où j'habitais... elle se tenait là, tapie[1], prête à surgir, et elle surgissait presque inévitablement.

1. Cachée, d'une manière plus ou moins menaçante.

Écoutez l'extrait 3.
liennathan.fr/ht637y

Lire une autobiographie

1. Pourquoi Didier Éribon éprouve-t-il le besoin de se livrer à l'insulte homophobe ? Repérez les éléments justifiant votre réponse.
2. Expliquez ce qu'il ressent lorsqu'il est victime de l'insulte. Appuyez-vous sur les éléments du texte pour justifier votre réponse.

Document 2 — Édouard Louis, *Changer : méthode*, 2021

L'auteur s'adresse à son père pour lui rappeler combien très tôt il a souffert de sa différence.

Pédé. J'ai compris à cinq ou six ans que ce mot allait me définir et qu'il allait m'accompagner pour le reste de mon existence.

Ce que tu ne sais pas, parce que je te le cachais, c'est que ce mot me suivait partout, pas seulement à la maison mais aussi dans les rues du village, au collège, partout, que tu n'étais pas seul à t'inquiéter.

(Ou est-ce que tu l'avais compris, et que tu ne le disais pas pour te protéger de la vérité ?)

Ce que tu ne sais pas non plus, c'est que l'insulte me rendait insupportable tout le reste, la pauvreté, notre mode de vie, le racisme permanent du village, comme si l'exclusion me forçait à inventer mon propre système de valeurs — un système dans lequel j'aurais eu ma place.

Quand ma mère le soir nous disait qu'il n'y avait plus rien à manger, faute d'argent, la faim était encore plus dure à cause de l'insulte. Quand il n'y avait plus assez de bois pour chauffer la maison, je souffrais plus violemment du froid que les autres à cause de l'Insulte. Quand j'entendais les femmes sur la place de la mairie ou à la boulangerie s'exclamer Il y a trop d'étrangers en France, on ne voit plus que des Noirs partout, je les méprisais et je me sentais spontanément du côté de ceux qu'elles voulaient opprimer et détruire.

Édouard Louis
(né en 1992)
Écrivain spécialisé dans les sciences sociales, cet ami de Didier Éribon évoque dans ses écrits autobiographiques sa transformation sociale loin de la dureté du milieu ouvrier dont il est issu.

Écoutez le texte.
liennathan.fr/kwg963

Comparer des documents

3. Quel liens pouvez-vous établir entre l'expérience d'Édouard Louis et celle de Didier Éribon ?

Document 3 **Zanele Muholi, *MaID I*, 2015**

Le titre de cette photographie désigne à la fois les papiers d'identité ("My ID") et le terme anglais « maid » (servante).

Zanele Muholi (née en 1972)
Cette photographe sud-africaine milite contre la xénophobie et la LGBTphobie dans sa série d'autoportraits *Somnyama Ngonyama* (« Salut à toi, Lionne noire ! »).

Étudier un autoportrait

4 Comment comprenez-vous la posture dans laquelle l'artiste s'est représentée ? Que veut-elle nous dire ?

Formuler un bilan

5 Dans *Retour à Reims*, Didier Éribon écrit : « Pour m'inventer, il me fallait avant tout me dissocier. » Comment votre connaissance de son récit autobiographique peut-elle éclairer cette affirmation ?

Conseil

Relisez les trois extraits de l'œuvre et notez les idées en lien avec cette citation.

Regards croisés

Français
Histoire
Géographie

La vie des immigrés en France

Le contexte

La France accueille de nombreux immigrés depuis la fin du XIXᵉ siècle, soit des réfugiés politiques (comme les Russes arrivés après la révolution bolchévique de 1917), soit des travailleurs. La période des « Trente Glorieuses » (forte croissance économique de 1945 à 1975) a conduit à un appel à l'immigration pour pallier le manque de main-d'œuvre en France. Mais, depuis la crise économique des années 1970, les frontières se ferment de plus en plus.

Mes ressources numériques

Découvrez l'évolution de la ségrégation résidentielle en France.
liennathan.fr/97kg9r

LE REGARD D'UN SOCIOLOGUE

1 Didier Éribon, *Retour à Reims*, 2009

L'auteur tente de comprendre comment le milieu ouvrier dont il est issu, traditionnellement à gauche, s'est laissé séduire par le vote d'extrême droite.

[L'hostilité envers les travailleurs immigrés] redoubla tout au long des années 1960 et 1970. Le mépris des Français à leur égard s'exprimait notamment dans le tutoiement systématique qui leur était réservé. Quand il était question d'eux, on ne les appelait jamais autrement que les « bicots », les « ratons » ou autres termes analogues. À l'époque, les « immigrés » étaient principalement des hommes seuls qui logeaient dans des foyers collectifs et des hôtels insalubres, où des marchands de sommeil[1] gagnaient de l'argent en leur imposant des conditions de vie dégradantes. L'arrivée massive d'une nouvelle génération d'immigrés, mais aussi la constitution de familles et la naissance d'enfants changèrent la donne : toute une population d'origine étrangère s'installa dans les cités HLM construites peu de temps auparavant et qui n'avaient quasiment été habitées jusque-là que par des Français ou des immigrés venus de pays européens.

Quand mes parents obtinrent, au milieu des années 1960, un appartement dans une cité HLM située aux confins de la ville, où j'allais vivre de 13 à 20 ans, l'immeuble n'était occupé que par des Blancs. C'est vers la fin des années 1970 — j'étais parti depuis longtemps déjà — que s'installèrent les familles maghrébines, qui devinrent rapidement majoritaires dans tout le quartier. Ces transformations provoquèrent une exacerbation spectaculaire des pulsions racistes qui s'exprimaient depuis toujours dans les conversations de la vie quotidienne.

1. Propriétaires qui louent des logements insalubres à des prix indécents.

LE REGARD DE DÉMOGRAPHES

2 Jean-Louis Pan Ké Shon, Claire Scodellaro, « L'habitat des immigrés et des descendants : ségrégation et discriminations perçues », *Trajectoires et origines. Enquête sur la diversité des populations en France*, 2016

Le logement social est fréquemment associé à un environnement où les immigrés sont surreprésentés par rapport à leur part sur le territoire national. Cette surreprésentation s'explique d'abord par leur position sociale : il est cohérent de les retrouver davantage dans le logement social dont la fonction initiale est bien d'héberger des populations modestes. Au cours des 40 dernières années, la part des immigrés en HLM a fortement progressé pour devenir la source principale d'hébergement des immigrés du Maghreb et d'Afrique subsaharienne. [...] Ce parc [HLM] « sacrifié » est éloigné des centres urbains, des lieux d'activité, mal desservi par les transports publics, et réservé aux Africains, aux Maghrébins et aux Turcs.

LE REGARD D'UNE MUNICIPALITÉ

3 Affiche pour la fête des travailleurs immigrés (Annemasse, Haute-Savoie), 1977

Regards croisés

Croiser les regards

1. Quelles sont les conditions de vie des immigrés en France, d'après les textes ? Indiquez les éléments qui vous ont permis de répondre.
2. D'après vous, quel était l'objectif de cette « fête des travailleurs immigrés » ? Justifiez votre réponse.

Faire le bilan

3. Quel accueil est réservé aux immigrés en France ? Vous répondrez à cette question dans un paragraphe d'une quinzaine de lignes, à l'aide des documents.

CINÉMA *Poesía sin fin*

Alejandro Jodorowsky
(né en 1929)
Homme de théâtre, créateur de bandes dessinées, cinéaste, écrivain et performeur, cet artiste franco-chilien érudit consacre sa vie et son œuvre à explorer les pouvoirs de l'esprit et de l'imaginaire.

RÉSUMÉ DU FILM

Dans ce film autobiographique (2016), le jeune Alejandro rompt avec sa famille, qui veut faire de lui un médecin, et se cherche dans la fréquentation des milieux artistiques du Chili des années 1940-1950, où il peut expérimenter la poésie sous toutes ses formes.

Étudier une scène

Alejandro Jodorowsky s'immisce dans son film pour s'adresser à la version plus jeune de lui-même.

ALEJANDRO VIEUX. Je suis celui que tu seras. Ou tu fus celui que je suis. Tu t'es donné à la poésie et je ne le regrette pas.

ALEJANDRO JEUNE. Qu'obtiendrai-je ?

ALEJANDRO VIEUX. Tu apprendras à mourir heureux.

ALEJANDRO JEUNE. J'ai peur de mourir.

ALEJANDRO VIEUX. Tu as peur de vivre.

ALEJANDRO JEUNE. J'ai peur de décevoir les autres.

ALEJANDRO VIEUX. Tu n'es pas coupable de vivre tel que tu es. Tu serais coupable de vivre comme les autres veulent que tu vives.

ALEJANDRO JEUNE. Quel est sens de la vie ?

ALEJANDRO VIEUX. La vie ! Le cerveau pose des questions, le cœur donne des réponses. La vie n'a pas de sens, il faut la vivre ! Vis ! Vis ! Vis !

1 Sur quoi portent les préoccupations du jeune Alejandro ?

2 Quel est l'intérêt, selon vous, de faire intervenir ici le vieil Alejandro ?

3 Quelle attitude adopte le vieil Alejandro vis-à-vis de la version jeune de lui-même, d'après les images ?

Étudier une scène

Alors qu'il quitte le Chili pour la France, Alejandro reproche à son père, Jaime, son manque d'affection.

Jaime. Je ne savais pas... J'ai toujours eu de bonnes intentions... Ne t'en va pas sans me serrer la main. Ne t'en va pas. Je t'en prie.

Alejandro vieux. Non. Pas comme ça ! Comme ça. (*Il les rapproche. À Alejandro jeune :*) Tu es parti en France et ne l'as plus revu. Quand il est mort, tu n'as pas versé la moindre larme, mais sous ton indifférence, ton cœur lui disait...

Alejandro jeune. Mon père, ne me donnant rien, tu m'as tout donné. En ne m'aimant pas, tu m'as appris l'absolue nécessité de l'amour. En niant Dieu, tu m'as appris à valoriser la vie.

Alejandro vieux (*à son père*). Je te pardonne, Jaime. Tu lui as donné la force de supporter ce monde où la poésie n'existe plus.

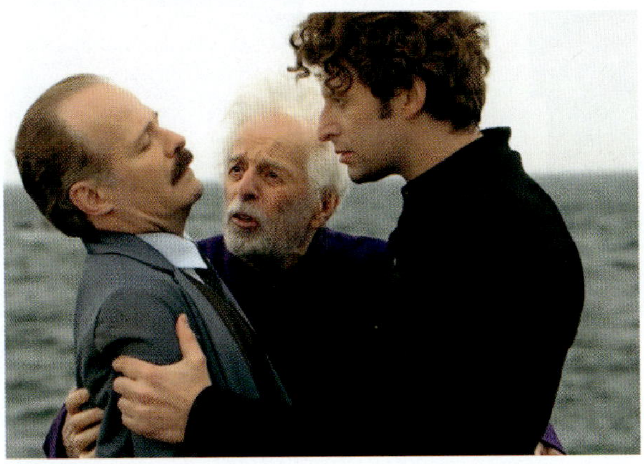

4. Selon vous, pourquoi le cinéaste a-t-il créé ce passage ?
5. Que ressentez-vous devant cette scène ? Pourquoi ?

Étudier un thème

La fantaisie libératrice

6. Selon vous, en quoi ces images illustrent-elles le titre du film ?
7. D'après ces images, quel rôle l'art et la fantaisie ont-ils pu jouer pour le jeune Alejandro ?

Écrire une interview

8. Imaginez une interview dans laquelle Alejandro Jodorowsky expliquera pourquoi il a fait ce film. Votre texte comportera une vingtaine de lignes.

SPECTACLE Chotto Desh

Akram Khan (né en 1974)
Ce danseur et chorégraphe anglais est issu d'une famille originaire du Bangladesh. Il mêle dans son travail la danse contemporaine et une danse traditionnelle indienne, le kathak.

PRÉSENTATION DU SPECTACLE

Chotto Desh (qui signifie « petite patrie » en bengali) est la version remaniée pour enfants du solo qu'Akram Khan a créé en 2011, *Desh*. Le chorégraphe nous livre un autoportrait, se fondant sur ses souvenirs d'enfant, interprété par un autre danseur (Dennis Alamanos ou Nico Ricchini).

Document 1

Document 2

Document 3

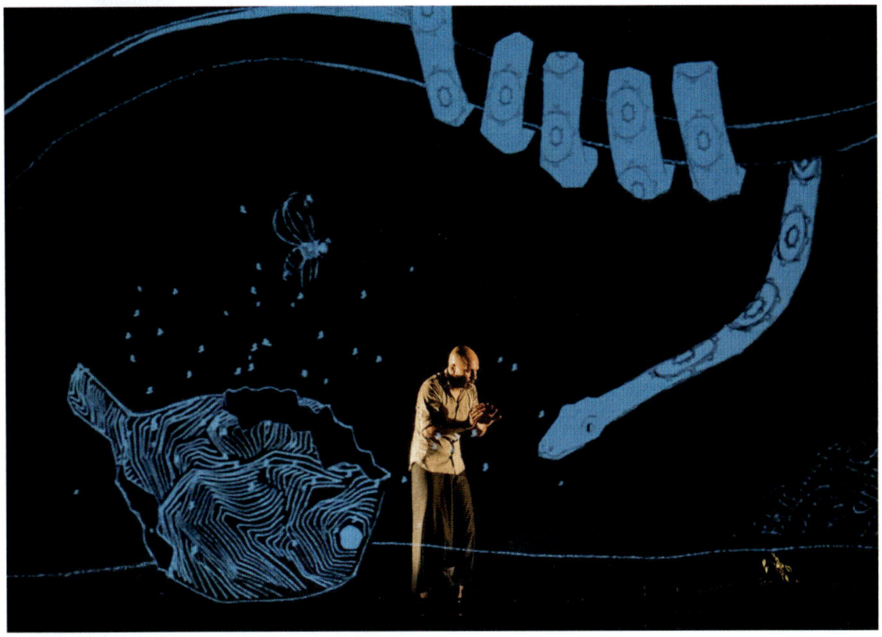

Document 4

Étudier un spectacle de danse

1 *Chotto Desh* est un solo mais le danseur incarne plusieurs personnages : lesquels ? Pour répondre, visionnez le spectacle à l'aide du QR code et aidez-vous du document 1.

2 Que suggère selon vous le jeu scénographique avec les chaises (document 2) ?

3 Quels effets produisent les projections des dessins mobiles sur scène (documents 3 et 4) ?

Inventer une chorégraphie

4 À la manière d'Akram Khan, inventez une chorégraphie de deux minutes environ, qui racontera un épisode de votre vie.

Formuler un bilan

5 Selon vous, en quoi la danse permet-elle une exploration personnelle ?

MES RESSOURCES NUMÉRIQUES

Regardez le spectacle en ligne.
liennathan.fr/f99ua3

Regardez un documentaire sur le Bangladesh réalisé par Akram Khan.
liennathan.fr/yb922r

Regardez un documentaire sur Akram Khan.
liennathan.fr/vmy762

Document 1 Stendhal, *Vie de Henry Brulard*, 1890

Dans* Vie de Henry Brulard, *Stendhal (dont le nom véritable est Henri Beyle) raconte un souvenir brûlant écrit « à la hâte, de nuit », par lequel « commencent (s)es malheurs ». C'est un des deux ou trois souvenirs qui lui feront peut-être « jeter ces mémoires au feu ».

Ma mère, madame Henriette Gagnon, était une femme charmante et j'étais amoureux de ma mère.

Je me hâte d'ajouter que je la perdis quand j'avais sept ans.

En l'aimant à six ans peut-être (1789), j'avais absolument le même caractère que, en 1828, en aimant à la fureur Alberthe de Rubempré[1]. Ma manière d'aller à la chasse du bonheur n'avait au fond nullement changé, il n'y a que cette seule exception : j'étais, pour ce qui constitue le physique de l'amour, comme César serait, s'il revenait au monde, pour l'usage du canon et des petites armes. Je l'eusse bien vite appris et cela n'eût rien changé au fond de ma tactique.

Je voulais couvrir ma mère de baisers et qu'il n'y eût pas de vêtements. Elle m'aimait à la passion et m'embrassait souvent, je lui rendais ses baisers avec un tel feu[2] qu'elle était souvent obligée de s'en aller. J'abhorrais[3] mon père quand il venait interrompre nos baisers. Je voulais toujours les lui donner à la gorge[4]. Qu'on daigne se rappeler que je la perdis, par une couche, quand à peine j'avais sept ans.

Elle avait de l'embonpoint[5], une fraîcheur parfaite, elle était fort jolie, et je crois que seulement elle n'était pas assez grande. Elle avait une noblesse et une sérénité parfaite dans les traits ; très vive, aimant mieux courir et faire elle-même que de commander à ses trois servantes et enfin lisant souvent dans l'original *La Divine Comédie* de Dante, dont j'ai trouvé bien plus tard cinq à six exemplaires d'éditions différentes dans son appartement resté fermé depuis sa mort.

Elle périt à la fleur de la jeunesse et de la beauté, en 1790, elle pouvait avoir vingt-huit ou trente ans.

Là commence ma vie morale.

Ma tante Séraphie osa me reprocher de ne pas pleurer assez. Qu'on juge de ma douleur et de ce que je sentis ! Mais il me semblait que je la reverrais le lendemain : je ne comprenais pas la mort.

Ainsi, il y a quarante-cinq ans que j'ai perdu ce que j'aimais le plus au monde.

Elle ne peut pas s'offenser de la liberté que je prends avec elle en révélant que je l'aimais ; si je la retrouve jamais, je le lui dirais encore. D'ailleurs, elle n'a participé en rien à cet amour. Elle n'en agit pas à la Vénitienne, comme Madame Benzoni avec l'auteur de *Nella*[6]. Quant à moi, j'étais aussi criminel que possible, j'aimais ses charmes avec fureur.

Un soir, comme par quelque hasard on m'avait mis coucher dans sa chambre par terre, sur un matelas, cette femme vive et légère comme une biche sauta par-dessus mon matelas pour atteindre plus vite à son lit.

Sa chambre est restée fermée dix ans après sa mort.

Chapitre 3.

Stendhal (1783-1842)
Cet écrivain français est l'auteur des romans *Le Rouge et le Noir* et *La Chartreuse de Parme*, ainsi que du traité *De l'amour*, où il explique sa théorie de la cristallisation (ou comment l'on pare l'être aimé de toutes les qualités quand on tombe amoureux).

Écoutez le texte. liennathan.fr/9zy7m8

1. Femme artiste aimée par Stendhal.
2. Avec une telle passion.
3. Je détestais.
4. La poitrine.
5. Des rondeurs.
6. Allusion probable à une liaison incestueuse entre mère et fils.

Document 2

Stendhal, croquis pour le chapitre 3 de *Vie de Henry Brulard*, 1890

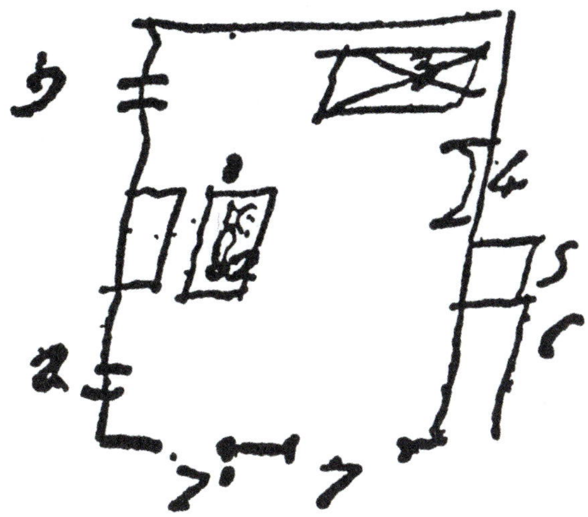

1. Mon matelas. — 2. Moi. — 3. Lit d'Henriette. — 4. Cheminée. — 5. Cabinet noir des robes. — 6. Cabinet de toilette. — 7. Grande fenêtre sur la rue des Vieux-Jésuites. — 7'. Petite fenêtre. — 8. Porte du salon. — 9. Porte de dégagement.

Lire une autobiographie

1. Selon vous, quelles phrases résument le mieux les révélations de ce texte ? Comparez les phrases que vous avez identifiées avec celles choisies par vos camarades et justifiez oralement vos choix.
2. Cherchez la signification et l'origine de l'expression « complexe d'Œdipe ». Quels éléments du texte peuvent y faire penser ?
3. D'après vous, Stendhal est-il, comme il l'écrit lui-même, « aussi criminel que possible » ?
4. À quel animal Stendhal compare-t-il sa mère ? Pourquoi ?

Comparer les documents

5. À quel souvenir évoqué dans le texte correspond ce croquis de la chambre de la mère de Stendhal ?
6. Selon vous, pourquoi Stendhal a-t-il ajouté ce croquis à son texte ?

Écrire un souvenir d'enfance

7. À vous de raconter un souvenir d'enfance qui vous tient à cœur. Vous y associerez un dessin ou un croquis de votre main.

Avant de vous lancer

- Cherchez un souvenir important de votre enfance. Si vous ne souhaitez pas le partager, libre à vous d'en inventer un. Ce souvenir doit paraître fondateur pour votre personnalité. Vous pouvez commencer par « *Ce jour-là...* »

Se construire par l'art et l'imaginaire

Document 1 — Frida Kahlo, *Le Journal de Frida Kahlo*, « Confidences », 1942-1954

Pensées, poèmes, rêves et soixante-dix aquarelles inédites constituent le journal intime de la peintre mexicaine Frida Kahlo.

Souvenirs : Je devais avoir six ans lorsque je vécus intensément une amitié imaginaire avec une petite fille à peu près de mon âge. Sur la verrière de celle qui était alors ma chambre, qui donnait sur la rue d'Allende, sur un des premiers carreaux. Je faisais de la « buée ». Et d'un doigt, je dessinais une porte… Par cette « porte », je m'échappais en rêve, avec une grande joie et urgence, je traversais toute l'étendue visible qui me séparait d'une laiterie qui s'appelait « Pinzon »… Par le « O » de Pinzon j'entrais et descendais intempestivement à l'intérieur de la terre, où mon amie imaginaire m'attendait toujours. Je n'ai gardé en mémoire ni son image ni sa couleur. Mais je sais qu'elle était gaie, elle riait beaucoup. Sans sons. Elle était souple et elle dansait comme si elle avait été en état d'apesanteur. Je la suivais dans tous ses mouvements et lui racontais, tandis qu'elle dansait, mes problèmes secrets. Lesquels ? Je ne m'en souviens pas. Mais ma voix l'instruisait de toutes mes affaires… De retour à la fenêtre, je franchissais la même porte dessinée sur le carreau. Quand ? Combien de temps étais-je restée avec « elle » ? Je ne sais pas. Une seconde ou des milliers d'années… J'étais heureuse. J'effaçais la « porte » avec la main et elle « disparaissait ». Je courais avec mon secret et ma joie jusqu'au fin fond du patio de ma maison, et dans un coin, toujours le même, au pied d'un grand cèdre, je criais et riais. Dans l'étonnement de me trouver seule avec mon grand bonheur et le souvenir si vivant de la petite fille. Trente-quatre ans se sont écoulés depuis que j'ai vécu cette amitié magique et chaque fois que je me la remémore, elle se ranime et son écho résonne toujours plus fort au cœur de mon monde.

Traduit de l'espagnol (Mexique) par Rauda Jamis, Martine Laroche, Olivier Meyer, 1995.

Frida Kahlo (1907-1954)

Cette peintre mexicaine a souffert de la poliomyélite puis des séquelles d'un grave accident de tramway. Elle a transformé sa souffrance en œuvres jusqu'au dernier souffle, où elle peignait couchée dans son lit grâce à un système de poulies.

Écoutez le texte.
liennathan.fr/bj986y

Lire une autobiographie

1. Quelles sont les caractéristiques imaginaires et fantastiques de ce souvenir et de la petite fille décrite ?
2. Quels éléments du texte reconnaissez-vous dans l'aquarelle (document 2) ?

Document 2 — Frida Kahlo, *Le Journal de Frida Kahlo*, « Confidences », 1942-1954

Mes ressources numériques

Visionnez la bande annonce d'un biopic sur Frida Kahlo, interprétée par Salma Hayek.
liennathan.fr/se7a23

Visionnez la bande annonce du documentaire *Frida, viva la vida* de Giovanni Troilo présenté par Asia Argento.
liennathan.fr/qe84x7

Document 3 **Frida Kahlo, *Les Deux Fridas*, 1939**

Étudier un autoportrait

3 Comment comprenez-vous le tableau intitulé *Les Deux Fridas* (document 3) ? Confrontez vos hypothèses avec celles de vos camarades.

4 Cherchez sur Internet des éléments d'analyse du tableau. Quel élément de la vie de l'artiste vous aide à comprendre ce tableau ?

Visionner un documentaire

5 Visionnez la vidéo sur la vie de Frida Kahlo accessible par le QR code (➤ p. 166) et notez les événements marquants de son existence.

Écrire un dialogue

6 Imaginez en une vingtaine de lignes le dialogue entre les deux Fridas du tableau en intégrant ce que vous avez compris de l'âme torturée de la peintre et de son œuvre.

Avant de vous lancer

- Vous pouvez commencer votre texte par : *Qu'as-tu Frida ? Pourquoi ce sang sur ta robe ?*

CORPUS L'autobiographie et l'Histoire

Document 1 Aharon Appelfeld, *Histoire d'une vie*, 2004

Dans la préface de son autobiographie intitulée* Histoire d'une vie*, Aharon Appelfeld raconte ce que sa mémoire a occulté de son histoire douloureuse.

J'avais sept ans lorsqu'éclata la Seconde Guerre mondiale. L'ordre temporel s'en trouva bouleversé, il n'y eut plus d'été ni d'hiver, plus de longs séjours chez les grands-parents à la campagne. Notre vie fut comprimée dans une chambre étroite. Nous restâmes un temps dans le ghetto et à la fin de l'automne nous fûmes déportés. Nous passâmes des semaines sur les routes, pour arriver finalement au camp. De l'évasion, je parlerai en temps voulu.

Durant la guerre je ne fus pas moi. Je ressemblais à un petit animal qui possède un terrier ou, plus exactement, plusieurs terriers. Les pensées et les sentiments avaient rétréci. En vérité, une interrogation douloureuse s'élevait parfois en moi — pourquoi et à quelle fin étais-je resté seul ? —, mais ces questions s'évanouissent dans les brumes de la forêt, et l'animal qui était en moi revenait m'envelopper de sa fourrure.

Je me souviens très peu de ces années de guerre, comme si ces années-là n'avaient pas été consécutives[1]. Il est exact que parfois, des profondeurs du brouillard épais, émergent un corps sombre, une main noircie, une chaussure dont il ne reste que des lambeaux. Ces images, parfois aussi violentes qu'un coup de feu, disparaissent aussitôt, comme si elles refusaient d'être révélées, et c'est de nouveau le tunnel noir qu'on appelle la guerre. Ceci concerne le domaine du conscient, mais les paumes des mains, le dos et les genoux se souviennent plus que la mémoire. Si je savais y puiser, je serais submergé de visions.

Traduit de l'hébreu par Valérie Zenatti, 2004.

1. Ne s'étaient pas suivies dans le temps.

Aharon Appelfeld (1932-2018)

Cet écrivain né en Bucovine roumaine a été déporté dans un camp nazi d'où il s'est évadé à huit ans pour survivre dans les forêts ukrainiennes pendant trois ans.

Écoutez le texte.
liennathan.fr/nw9v66

Lire une autobiographie

1 À votre avis, que peut vouloir dire la phrase « Durant la guerre je ne fus pas moi. » (l. 8). Pourquoi ?

2 Relevez dans le deuxième paragraphe les termes comparant le narrateur-personnage à un animal. Comment comprenez-vous ce rapprochement ?

3 Quel souvenir l'auteur garde-t-il de la guerre ? Sa mémoire est-elle complète ? Pourquoi ?

Comparer des documents

4 De quelles phrases du texte d'Aharon Appelfeld pouvez-vous rapprocher cet autoportrait de Zoran Music ?

5 Lisez l'article du *Monde* accessible par le QR code (➤ p. 169). Quelles expériences rapprochent Zoran Music d'Aharon Appelfeld ?

Document 2 **Zoran Music, *Autoportrait*, 1988**

Écrire un paragraphe argumenté

6 Selon vous, lire des récits autobiographiques est-il un bon moyen pour comprendre l'Histoire ? Vous répondrez à cette question en une vingtaine de lignes.

Avant de vous lancer

- Listez vos arguments ainsi que vos exemples.

Mes ressources numériques

Visionnez une interview de la traductrice d'Aharon Appelfeld.
liennathan.fr/4g87xx

Accédez à l'article du *Monde* pour répondre à la question 5.
liennathan.fr/i3g6c3

CORPUS Explorer son histoire

Document 1 Léon-Gontran Damas, « Hoquet », dans *Pigments*, 1937 (extrait)

Dans ce poème, Léon-Gontran Damas fait une critique acerbe de l'éducation qu'il a reçue.

Et j'ai beau avaler sept gorgées d'eau
trois à quatre fois par vingt-quatre heures
me revient mon enfance
dans un hoquet secouant
mon instinct
tel le flic le voyou

Désastre
parlez-moi du désastre
parlez m'en

Ma mère voulant d'un fils très bonnes manières à table

Les mains sur la table
le pain ne se coupe pas
le pain se rompt
le pain ne se gaspille pas
le pain de Dieu
le pain de la sueur du front de votre Père
le pain du pain
Un os se mange avec mesure et discrétion
un estomac doit être sociable
et tout estomac sociable se passe de rots
une fourchette n'est pas un cure-dents
défense de se moucher
au su
au vu de tout le monde
et puis tenez-vous droit
un nez bien élevé
ne balaye pas l'assiette

Et puis et puis
et puis au nom du Père
                    du Fils
                    du Saint-Esprit

    à la fin de chaque repas

    Et puis et puis
    et puis désastre
parlez-moi du désastre
parlez-m'en

Léon-Gontran Damas (1912-1978)
Ce poète et homme politique français, d'origine guyanaise et martiniquaise, a fondé avec Aimé Césaire et Léopold Sédar Senghor le mouvement de la négritude.

Écoutez le poème. liennathan.fr/x47z2r

Lire un poème autobiographique

1 Quelle vision le poète donne-t-il de son enfance ? Relevez dans le texte les éléments justifiant votre réponse.

2 Identifiez dans le poème les paroles de la mère. Comment pouvez-vous qualifier ce discours ?

3 Quelle image le poète utilise-t-il pour parler de ses souvenirs d'enfance ? Que suggère pour vous cette image sur la force des souvenirs d'enfance ?

Écrire sur soi

4 À votre tour, parlez de votre enfance. Vous commencerez votre texte par la formule suivante.
Mon/ma... (mère/père/oncle/grand-mère/professeur, etc.) voulant d'un enfant très...
Puis, vous noterez les ordres injonctions qui ont marqué votre enfance.

Conseil

- Si vous ne souhaitez pas parler de vous, vous pouvez inventer un souvenir.

Document 2 Omar Victor Diop, *Diaspora*, 2014

Dans la série d'autoportraits Diaspora, *Omar Victor Diop incarne des personnages oubliés de la diaspora africaine.*

● **Albert Badin**

● **Jean-Baptiste Belley**

Omar Victor Diop (né en 1980)
Ce photographe sénégalais est spécialisé dans l'art du portrait et de l'autoportrait.

Étudier des autoportraits

5 Faites des recherches sur les personnages représentés : qui étaient-ils ? Pourquoi, d'après vous, le photographe les a-t-il choisis ?

6 Que remarquez-vous dans ces deux photographies ?

7 Selon vous, qu'a voulu dire l'artiste à propos de son identité dans ces deux autoportraits ?

Mes ressources numériques

Écoutez un poème de Léon-Gontran Damas déclamé par une ministre à l'Assemblée nationale.
liennathan.fr/73fre8

Découvrez le travail du photographe Omar Victor Diop.
liennathan.fr/7nex55

CORPUS Explorer sa personnalité

Document 1 Édouard Levé, *Autoportrait*, 2002

Cet extrait est la dernière page du livre.

Ma mémoire est structurée comme une boule disco. Je me demande s'il se trouve encore des parents pour effrayer leurs enfants avec un martinet[1]. La voix, les textes et la tête de Daniel Darc[2] m'ont rendu audible le rock français. Mes plus belles conversations remontent à mon adolescence, avec un ami chez qui nous buvions des cocktails que nous concevions en mélangeant au hasard les alcools de sa mère, nous parlions jusqu'au lever du soleil dans le salon de cette grande maison qu'avait fréquentée Mallarmé[3], au cours de ces nuits, j'ai formulé des discours sur l'amour, la politique, Dieu et la mort dont je ne retire aucun mot, même si je les ai parfois conçus en me roulant à terre, des années plus tard, cet ami a dit à sa femme qu'il avait oublié quelque chose dans la maison au moment où ils partaient jouer au tennis, il est descendu à la cave et s'est tiré une balle dans la tête avec le fusil qu'il avait soigneusement préparé. J'ai des souvenirs de comètes aux faisceaux poudroyants. Je lis le dictionnaire. Je suis entré dans un labyrinthe de verre nommé le Palais des Glaces. Je me demande où partent les rêves dont je ne me souviens pas. Je ne sais pas quoi faire de mes mains lorsqu'elles n'ont rien à faire. Bien que ce ne soit jamais pour moi, je me retourne lorsque quelqu'un siffle dans la rue. Les animaux dangereux ne m'effraient pas. J'ai vu la foudre. Je regrette qu'il n'y ait pas de toboggans pour adultes. J'ai lu plus de tomes I que de tomes II. La date de naissance qu'indique ma carte d'identité est fausse. Je ne sais pas sur qui j'ai de l'influence. Je parle à mes objets lorsqu'ils sont tristes. Je ne sais pas pourquoi j'écris. Je préfère la ruine au monument. Je suis calme dans les retrouvailles. Je n'ai rien contre le réveillon. Quinze ans est le milieu de ma vie, quelle que soit la date de ma mort. Je crois qu'il y a une vie après la vie, mais pas une mort après la mort. Je ne demande pas si on m'aime. Je ne pourrai dire qu'une fois sans mentir : « Je meurs. » Le plus beau jour de ma vie est peut-être passé.

1. Petit fouet.
2. Chanteur de rock français, de la fin du XXe siècle.
3. Poète français du XIXe siècle.

Édouard Levé (1965-2007)

Photographe, plasticien et écrivain français, il travaille notamment sur la question du double et explore sa personnalité dans *Autoportrait*.

Écoutez le texte.
liennathan.fr/x8as92

Lire une autobiographie

1. Que remarquez-vous dans la structure de ce texte ? Comment interprètez-vous ce choix de l'auteur ?
2. Quelle figure de style identifiez-vous dans la première phrase ? En quoi cette image éclaire la composition du texte ?
3. Quel thème apparaît important dans cet extrait ? Justifiez votre réponse en relevant un champ lexical.

Écrire sur soi

4. À la manière d'Édouard Levé, faites votre autoportrait.
Ex. : *Je me demande/Je ne me demande pas... ; J'ai vu/Je n'ai pas vu... ; Je lis... ; Je préfère... ; Je crois/Je ne crois pas...*

Document 2 **Annette Messager, *Mes vœux*, 1989**

Comparer les documents

5 Quel lien pouvez-vous faire entre le texte d'Édouard Levé et l'œuvre d'Annette Messager (document 2) ?

Mes ressources numériques

Écoutez un podcast de la Maison européenne de la photographie sur le travail photographique d'Édouard Levé.
liennathan.fr/4a54ur

Découvrez le travail de lycéens autour d'*Autoportrait* d'Édouard Levé.
liennathan.fr/z799ig

Écoutez une émission de France Culture sur divers artistes, dont Édouard Levé, et leur rapport à l'autoportrait.
liennathan.fr/c48np2

MUSÉE *M'as-tu vue*, Sophie Calle à Beaubourg

Sophie Calle (née en 1953)
Cette artiste plasticienne, photographe, écrivaine, performeuse et réalisatrice française se met elle-même en scène dans ses œuvres.

PRÉSENTATION DE L'EXPOSITION

En 2003, au Centre Pompidou, à Paris, se tient une exposition d'œuvres de Sophie Calle, intitulée *M'as-tu vue*. L'artiste se met en scène sur un mode autobiographique, selon des règles précises.

Document 1 Sophie Calle, *La Filature*, 1981 (détail)

Sophie Calle demande à sa mère d'embaucher un détective pour qu'il la prenne en filature : le détective doit fournir un compte rendu des activités de Sophie Calle et des photographies.

Document 2 **Sophie Calle, *La Robe de mariée*, 1988. Vue de l'installation *Les autobiographies*.**

Document 3 **Sophie Calle, *Des histoires vraies*, 1994**

Dans* Des histoires vraies, *Sophie Calle raconte l'histoire de ses « autobiographies », des objets emblématiques de son histoire personnelle : un peignoir, une chaussure rouge, une robe de mariée…

La robe de mariée

Depuis toujours je l'admirais de loin. Depuis l'enfance. Un 8 novembre – j'avais trente ans – il me permit de lui rendre visite. Il habitait à plusieurs centaines de kilomètres de Paris. J'avais apporté dans ma valise une robe de mariée en soie blanche, avec une petite traîne. Je la mis pour notre première nuit ensemble.

Étudier des autoportraits

1. Comment *La Filature* (document 1) éclaire-t-elle le sens du titre de l'exposition, *M'as-tu vue* ?
2. Quel peut être l'intérêt de se représenter en passant par des objets (documents 2 et 3) ?

Explorer l'exposition en ligne

3. Consultez la page du site du Centre Pompidou consacrée à l'exposition à l'aide du QR code de la rublique Mes ressources numériques. Quelle autre œuvre de Sophie Calle présente également une dimension autobiographique ? Justifiez votre choix.

Formuler un bilan

4. Selon vous, l'exploration de l'intime est-elle une source de création intéressante pour les artistes ? et pour les spectateurs ?

Réaliser un autoportrait

5. À la manière de Sophie Calle, réalisez un autoportrait : vous réunirez au minimum cinq objets qui disent quelque chose de vous et vous les photographierez.

MES RESSOURCES NUMÉRIQUES

Découvrez une présentation de Sophie Calle et de son travail. liennathan.fr/i57nv9

Visitez l'exposition en ligne. liennathan.fr/6z5b2q

Écoutez un podcast sur Sophie Calle. liennathan.fr/59wam7

Dire, Lire, Écrire le métier

Sublimer son métier

Dire le métier

1. En groupe, faites la liste de toutes les informations qui doivent figurer sur votre CV.
2. Selon vous, à quoi servent les rubriques « Qualités » et « Centres d'intérêt » d'un CV ?

Mes ressources numériques

Visionnez une interview de Joseph Ponthus. liennathan.fr/c5c46w

Découvrez le festival « Filmer le métier ». liennathan.fr/7uz8j2

Lire le métier

Joseph Ponthus (1978-2021)
Cet écrivain français a publié en 2019 *À la ligne. Feuillets d'usine*. Il y raconte son travail comme ouvrier intérimaire dans des conserveries de poissons ou des abattoirs.

Document 1 **Joseph Ponthus, *À la ligne. Feuillets d'usine*, 2019**

J'écris comme je pense sur ma ligne de production
divaguant dans mes pensées seul déterminé
J'écris comme je travaille
À la chaîne
À la ligne

L'embauche[1]
Ce ne peut être que cet immense couloir blanc
Froid
Au début duquel sont les pointeuses autour desquelles
on se presse la nuit à l'heure de l'embauche
Quatre heures
Six heures
Sept heures et demie du matin
Suivant le travail assigné
Le dépotage soit les caisses de poissons à vider
Le mareyage ou l'écorchage soit la découpe de poissons
La cuisson soit tout ce qui concerne les crevettes

Je n'ai pas encore eu le malheur d'être de l'après-midi
ou de soirée
Commencer à seize heures finir à minuit
Ici
Tout le monde s'accorde à dire
Et j'en conviens jusque-là
Que plus tu commences tôt
Mieux c'est — sans compter les heures de nuit payées
vingt pour cent de plus

1. Moment de la journée où commence le travail.

3. Relevez toutes les informations concrètes que l'auteur donne dans cet extrait sur son travail.
4. Quel rapport l'auteur fait-il entre son travail à l'usine et l'écriture ?

Représenter le métier

Document 2 **Pascal Regaldi, *Autoportrait*, 2020**

Ce photographe a réalisé plusieurs portraits d'artisans pour une galerie d'art. Il pose au milieu de ses œuvres.

5 Selon vous, quel regard le photographe porte-t-il sur les femmes et les hommes qu'il photographie ?

6 Quelle image les artisans qui ont posé pour lui ont-ils voulu donner de leur métier ?

Écrire le métier

7 Présentez votre formation ou votre travail lors d'un stage à la manière de Joseph Ponthus.

Avant de vous lancer

- Identifiez en groupe les caractéristiques de l'écriture de Joseph Ponthus (forme, syntaxe, ponctuation...).

ATELIER D'ÉCRITURE

Réaliser un autoportrait

Objectif

Vous allez découvrir des artistes qui ont affirmé leur personnalité dans leurs œuvres. Vous réaliserez votre autoportrait en vous inspirant de leur travail.

Roland Barthes (1915-1980)
Philosophe et critique littéraire, il a écrit des essais sur les mythes de notre société contemporaine.

Document 1 Roland Barthes, *Roland Barthes par Roland Barthes*, 1975

J'aime, je n'aime pas

J'aime : la salade, la cannelle, le fromage, les piments, la pâte d'amandes, l'odeur du foin coupé (j'aimerais qu'un « nez » fabriquât un tel parfum), les roses, les pivoines, la lavande, le champagne, des positions légères en politique, Glenn Gould, la bière excessivement glacée, les oreillers plats, le pain grillé, les cigares de Havane, Haendel, les promenades mesurées, les poires, les pêches blanches ou de vigne, les cerises, les couleurs, les montres, les stylos, les plumes à écrire, les entremets, le sel cru, les romans réalistes, le piano, le café, Pollock, Twombly, toute la musique romantique, Sartre, Brecht, Verne, Fourier, Eisenstein, les trains, le médoc, le bouzy, avoir la monnaie, Bouvard et Pécuchet, marcher en sandales le soir sur de petites routes du Sud-Ouest, le coude de l'Adour vu de la maison du docteur L., les Marx Brothers, le serrano à sept heures du matin en sortant de Salamanque, etc.

Je n'aime pas : les loulous blancs, les femmes en pantalon, les géraniums, les fraises, le clavecin, Miró, les tautologies, les dessins animés, Arthur Rubinstein, les villas, les après-midi, Satie, Bartók, Vivaldi, téléphoner, les chœurs d'enfants, les concertos de Chopin, les bransles de Bourgogne, les danceries de la Renaissance, l'orgue, M.-A. Charpentier, ses trompettes et ses timbales, le politico-sexuel, les scènes, les initiatives, la fidélité, la spontanéité, les soirées avec des gens que je ne connais pas, etc.

Étape 1 Comprendre les documents

1. De quelle manière Roland Barthes et Arman affirment-ils leur personnalité ?

Étape 2 Affirmer ce que l'on aime

2. Dans le document 1, quelles catégories de goûts peut-on relever ? Comment sont-elles organisées ?
3. À la manière de Roland Barthes, faites une liste de ce que vous aimez ou non.

Document 2 **Arman, *Autoportrait Robot*, 1992**

Arman (1928-2005)
Ce plasticien se sert d'objets qu'il assemble sous forme d'accumulations pour créer des œuvres.

Étape 3 Exposer ce que l'on a

4 Pourquoi Arman emploie-t-il le terme « autoportrait » pour désigner son œuvre ?

5 Quels sont les objets qui vous définissent ?

Étape 4 Réaliser son autoportrait

6 Sur une feuille A3 (ou un format plus grand), écrivez, collez, dessinez tout ce qui représente votre personnalité. Inspirez-vous pour cela des étapes 1 à 3. Vous pouvez aussi présenter votre autoportrait grâce à d'autres techniques (photographie, par exemple) ou d'autres formes de textes (chanson, par exemple).

ATELIER D'ORAL

Interviewer un proche sur son histoire familiale

Objectif

Vous interrogerez deux membres de votre entourage sur leur histoire personnelle et sur ce qui la différencie de la vôtre. Pour cela, vous pouvez vous aider du document et des activités de cette double page.

Zineb Sedira
(née en 1963)
Cette artistique britannique, d'origine algérienne et française, interroge le lien entre l'intime et l'identité culturelle et met en scène le lien entre les générations.

Document 1 Zineb Sedira, *Mother Tongue*, 2002

Zineb Sedira est née en France de parents kabyles avant d'habiter en Angleterre, où elle a fondé une famille. L'œuvre* Mother Tongue *est constituée de trois écrans, où sont diffusées des vidéos la mettant en scène avec sa mère et sa fille. Zineb Sedira parle français, sa mère arabe et sa fille anglais. Elles discutent de l'école et des conditions dans lesquelles elles étudiaient.

What time did you start?

On rentrait en classe à huit heures et demie mais ma mère devait nous déposer en classe sur le coup de huit heures et quart. On commençait plus tôt que vous, ici en Angleterre. Vous commencez à neuf heures, hein ? Ça vous fait tard par rapport à la France.

What time did you finish?

On finissait à quatre heures. Donc tu vois, on commençait plus tôt et on finissait plus tard que vous. Des fois, je crois que ma mère nous amenait dans une espèce de classe de devoirs, c'est-à-dire, qu'elle nous laissait jusqu'à six heures et puis on restait deux heures à faire des devoirs avec les maîtresses et les maîtres. Des fois c'était quatre heures et des fois c'était six heures, ça dépendait des semaines je crois.

Did you have any days off ?

À l'époque, moi quand j'allais à l'école on avait le jeudi [...]. Après ça a changé, c'est devenu le mercredi [...].

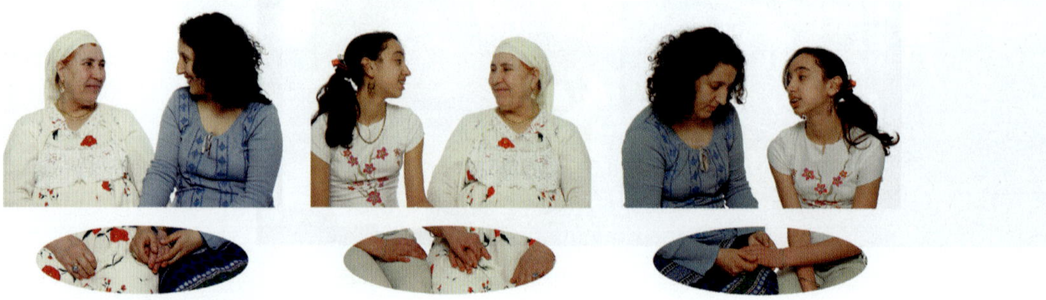

Étudier une installation artistique

1. À quelle photographie le dialogue correspond-il ?
2. Comment comprenez-vous le titre des photographies, *Mother, Daughter and I* ?
3. Quel intérêt peut-on trouver à raconter ses souvenirs d'école, selon vous ?
4. Quelles relations Zineb, sa mère et sa fille entretiennent-elles ? Fondez votre réponse sur des éléments précis du texte et des photographies.
5. Selon un critique, cette œuvre « sépare et disjoint tout en reliant ». Comment comprenez-vous cette affirmation ?

Préparer l'interview

6 Pour préparer votre interview, recopiez et complétez le schéma suivant.

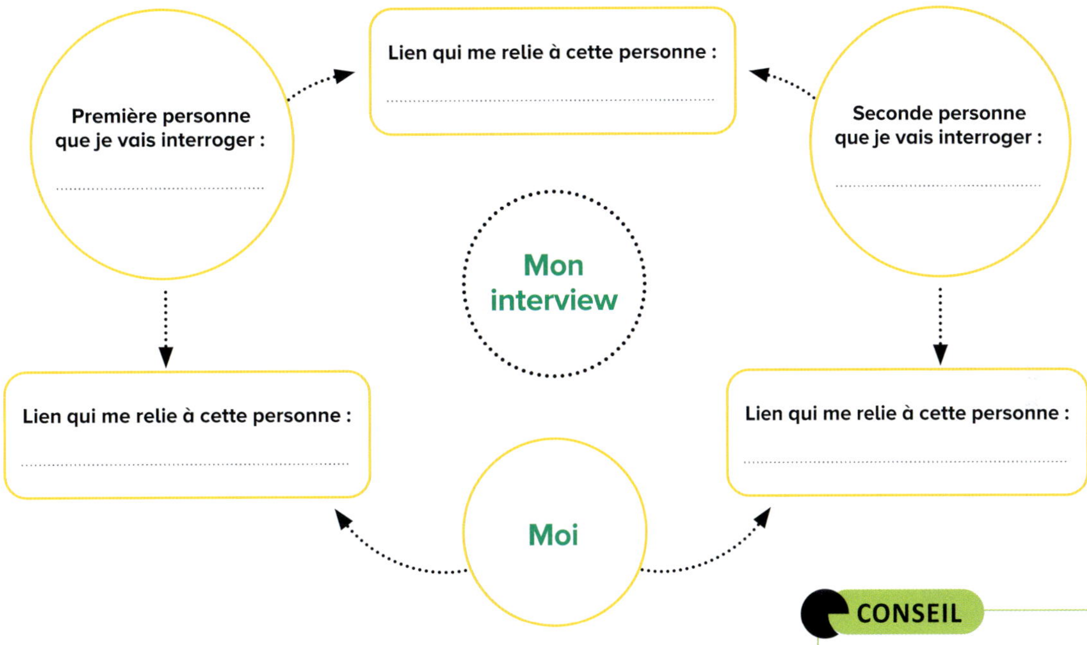

7 Préparez cinq questions que vous poserez aux personnes interrogées.

8 Préparez le cadre de l'interview. Choisissez un lieu, un décor, des accessoires, qui mettent en valeur le témoignage des personnes interrogées.

9 Faites les réglages techniques pour filmer l'interview avec un téléphone. Soyez attentif(ve) à la lumière et à la qualité du son.

CONSEIL

Les questions doivent porter sur l'histoire personnelle de ces personnes et faire écho à votre propre histoire. Elles peuvent porter sur les relations familiales, sur l'école, sur l'expérience professionnelle, etc.

Mener et présenter l'interview

10 Menez votre interview puis faites-en un montage à l'aide d'un logiciel vidéo, pour supprimer les passages qui vous semblent inutiles. Votre montage devra durer cinq minutes au maximum.

11 Présentez votre travail, en classe ou sur l'ENT (après avoir demandé l'autorisation aux personnes interviewées). Vous pouvez évaluer votre interview et celle de vos camarades à l'aide de la grille suivante.

Critères	Remarques
Les questions sont pertinentes et s'enchaînent avec cohérence.	
On comprend le lien qui unit les personnes interrogées et l'intervieweur.	
Le montage est de bonne qualité.	

Pour aller plus loin…

Une autobiographie

Magyd Cherfi,
***Ma Part de Gaulois*,**
2016

Membre du groupe Zebda, l'auteur raconte de manière romancée sa jeunesse et son rapport à son identité française, alors que sa famille est originaire d'Algérie.

Un film

Romane Borhinger
et Philippe Rebbot,
***L'Amour flou*,**
2018

Romane et Philippe sont séparés. Mais pour le bien de leurs enfants, ils décident de vivre dans deux appartements reliés entre eux, qu'ils appellent le « sépartement ». Ils racontent ce choix de vie dans un film, adapté ensuite en série.

Un livre de photographies

Marie Cordié Levy,
***Autoportraits de photographes*,**
2009

Une anthologie d'autoportraits photographiques d'artistes, qui échappent à la banalité des *selfies*.

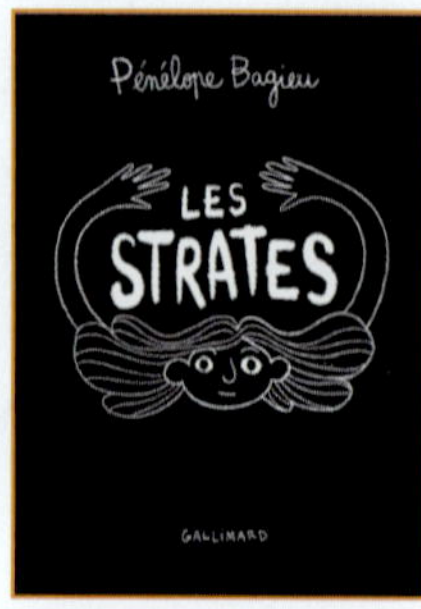

Une bande dessinée

Pénélope Bagieu,
***Les Strates*,**
2021

Cette bande dessinée autobiographique retrace l'enfance et l'adolescence de l'autrice, qui permettent de comprendre l'adulte qu'elle est devenue.

Créer une fiche bilan

1 Créez une carte mentale qui représentera ce que vous avez découvert dans ce chapitre (œuvres étudiées, thèmes et notions abordés, mots-clés, etc.). Vous pourrez également présenter votre travail sous la forme d'un diaporama.

Exprimer ses goûts

2 Quel texte avez-vous préféré dans ce chapitre ? Pourquoi ?

3 Lequel avez-vous le moins apprécié ?

4 Quel autre document vous a marqué(e) ?

Évaluer ses réussites

5 Quelles nouvelles compétences avez-vous acquises pendant ce chapitre ? À l'aide de quelles activités ?

6 Que savez-vous mieux faire, à la fin de ce chapitre ?

Évaluer ses besoins

7 Quelles difficultés se posent encore à vous ?

8 Que pouvez-vous mettre en œuvre pour progresser ?

Objet d'étude 2

S'informer, informer : les circuits de l'information

LE CIRCUIT DE L'INFO

▶ LE FAIT
Un avion s'écrase.

▶ L'ALERTE
Un journaliste est informé par ses sources :
Personnel de l'aéroport, témoins, réseaux sociaux…

▶ LA VÉRIFICATION
Plusieurs journalistes sont mobilisés.
Ils interrogent la compagnie aérienne, les contrôleurs aériens, le ministère des transports…
Ils se rendent dans les aéroports de départ et d'arrivée de l'avion.

▶ LA RÉDACTION
Le journaliste écrit son article ou son commentaire.
Les éditeurs relisent et corrigent, légendent les photos…

▶ LA PUBLICATION
Quand l'information est recoupée, elle est publiée.
C'est un **FLASH !**

Journaliste reporter d'image

Photographe

Journaliste reporter

Journaliste éditeur, Éditeur web, Documentaliste

Infographiste

CONFÉRENCE DE RÉDACTION

Le rédacteur en chef réunit les chefs de service. On décide de déployer des journalistes sur le terrain et de traiter différents angles :
les caractéristiques de l'avion, les hypothèses, les précédents accidents aériens, les reportages, le récit de la journée…

LE SCOOP

- Avoir un scoop, c'est publier l'information en premier.
  Les autres médias pourront la reprendre, mais en précisant d'où elle provient.
- *L'AFP a obtenu de nombreux scoops : mort de Joseph Staline en 1953, crash du Concorde en 2000, mort de Mohammed Merah en 2012…*

COUVRIR UN ÉVÉNEMENT

- Un événement d'importance mondiale nécessite un déploiement exceptionnel.
- **Dispositif AFP pour le Festival de Cannes 2017 :**
  30 journalistes mobilisés
  5 reporters-photographes
  Plus de **300** vidéos
  Plus de **6000** photos
- **Dispositif AFP pour les JO de Rio 2016 :**
  185 collaborateurs mobilisés

LA CARTE DE PRESSE

- C'est la carte d'identité professionnelle du journaliste, obligatoire pour travailler dans une rédaction.
  Source : CCIJP 2016
- C'est aussi un « sésame » qui ouvre beaucoup de portes.
- **35 238** cartes ont été attribuées en 2016.

PRESSE

UN MÉTIER À RISQUE

En 2016…
62 journalistes tués
348 journalistes détenus
54 journalistes otages

- Couvrir un conflit peut s'avérer dangereux… En zone hostile, les journalistes deviennent des cibles.
- Il faut aussi apprendre à se débrouiller seul : se procurer les bonnes cartes routières, gérer les pannes en plein désert…
  Au Mali, une équipe a même dû remonter le fleuve Niger en pirogue !

Source : RSF 2016

Agence France-Presse, *Le Circuit de l'info*, 2014-2015

Les mots du chapitre

- **Selon vous, que signifient les mots : *s'informer, informer, circuit de l'information* ? Formulez une définition avant de vérifier leur sens dans le dictionnaire.**

Pour se lancer !

1. Qu'est-ce l'Agence France-Presse (AFP) ? M
pour répondre.
2. Cette infographie correspond-elle à ce que
du travail des journalistes ?

CORPUS Infox et détox

Document 1

France 3 Hauts-de-France,
« Détox : non, ces migrants ne font pas un pique-nique dans un cimetière de Calais », 2016

Depuis plusieurs semaines, cette photo est diffusée par la « fachosphère ». Elle fait croire que des migrants de Calais ont pique-niqué dans un cimetière.

Une nouvelle fois, ce qu'on appelle communément la fachosphère (sites d'extrême-droite, islamophobes voire ouvertement racistes ou anti-migrants) fait circuler, une photo en trafiquant complètement sa signification, son origine. À des fins politiques.

Ce mois de septembre, vous avez peut-être vu passer sur les réseaux sociaux une photo qui montre des personnes assises dans un cimetière, avec en arrière-plan des policiers. Sur Facebook et Twitter, elle a servi de base à une intox. Elle est présentée comme une photo d'un cimetière de Calais. Des migrants y auraient pique-niqué. De nombreux commentaires sur « l'inaction des pouvoirs publics et l'aveuglement des médias » l'accompagnent.

Non, cette photo n'est pas une photo de migrants dans un cimetière de Calais. Elle a pourtant été partagée des dizaines de milliers de fois. En fait, c'est une photo qui a été prise en Serbie.

Le site *Debunkers de hoax*, a réussi à déterminer son origine exacte. Il s'agit d'un cimetière orthodoxe en Serbie en 2015, à quelques kilomètres de la frontière serbo-croate. Des migrants s'y sont retrouvés coincés après avoir tenté de se rendre en Croatie. À l'époque, *Le Figaro* avait expliqué que ces 500 migrants venus de Syrie et d'Irak avaient été contraints d'attendre dans le cimetière avant d'être emmenés dans un centre d'enregistrement croate [...].

Comparer des articles

1. Quel est le point commun entre ces deux articles ?
2. Quels sont les objectifs des personnes relayant ce genre de documents sur les réseaux sociaux ?

Mener une recherche

3. Recherchez une autre infox que vous présenterez à la classe.

Conseil

Vous pouvez vous aider des ressources numériques (➤ p. 185).

Document 2

France Info, « Migrants : six intox qui ont circulé ces dernières semaines sur le Web », 2015

Des locataires expulsés dans le Loiret au profit de migrants ?

Ce qui circule. Une capture écran d'un mail est relayée sur les réseaux sociaux. Le texte émanerait de la préfecture du Loiret, qui demanderait aux habitants d'un immeuble d'Orléans de quitter les lieux pour accueillir les réfugiés syriens et irakiens.

Pourquoi c'est faux. Un simple coup de fil a permis de démonter ce fake. Contactée par Metronews, « *la préfecture du Loiret confirme qu'il s'agit d'un faux et qu'il n'y a pas d'expulsion prévue pour reloger les migrants* ». En y regardant à deux fois, on constate certains détails fantaisistes dans ce mail, comme la mention du type de petit-déjeuner que la préfecture aurait demandé aux locataires de fournir aux réfugiés (« *pitch, chocapic ou encore pépito* »).

À moi ▾

Monsieur,

Dans le cadre de l'accueil de réfugiés syriens et irakiens par la ville d'Orléans la préfecture du Loiret a décidé de réquisitionner votre logement situé 3 rue Laurent Paganelli à compter du 15 septembre 2015. Par conséquent nous vous demandons de bien vouloir quitter les lieux avant cette date. Veuillez également laisser à disposition des familles le nécessaire de toilette ainsi que de quoi petit déjeuner (exemple Ptch, chocapic ou pépito)

Bien cordialement

Patrick Dindonneau
Préfecture du Loiret
Direction départementale de la protection des populations

Formuler un bilan

4 Selon vous et d'après les documents, que faut-il faire avant de relayer une information sur les réseaux sociaux ?

Avant de commencer

- Relisez les documents de cette double page et vos réponses aux questions.
- Au brouillon, vous pouvez dessiner un schéma qui vous aidera à rédiger votre bilan.

Mes ressources numériques

- **Trouvez d'autres exemples d'infox sur la page des *Décodeurs*, sur le site du *Monde*.** liennathan.fr/t95d8h
- **Écoutez les podcasts de France Culture sur les infox.** liennathan.fr/9u2bh9
- **Consultez le site *Debunkers de hoax*, mentionné dans l'article de France 3.** liennathan.fr/4f4e9d
- **Visionnez une vidéo du *Figaro* à propos des migrants figurant sur la photographie.** liennathan.fr/mr2u69

Regards croisés

Français
Géographie
EMC

Le contexte

Depuis la loi sur la liberté de la presse de 1881 coexistent en France des journaux d'information, qui revendiquent à une neutralité de leur contenu, et des journaux d'opinion qui affichent une ligne politique spécifique et un regard partisan sur les événements.

Mes ressources numériques

Consultez une exposition de la BnF sur la presse.
liennathan.fr/7r72dh

Consultez le site de l'exposition itinérante *Tous migrants* de Cartooning for peace.
liennathan.fr/8s2ja4

La crise des migrants dans la presse

LE REGARD DE LA PRESSE

1 Une de *Télérama*, 2015

LE REGARD DE LA PRESSE

2 Une du *Figaro*, 2015

s 2015 LE FIGARO - N° 21 949 - www.lefigaro.fr - France métropolitaine uniquement - Figaroscope vendu uniquement dans les départements 60, 75, 77, 78, 91, 92, 93, 94, 95. **Dernière édition**

lefigaro.fr

LE FIGARO

« Sans la liberté de blâmer, il n'est point d'éloge flatteur » Beaumarchais

IMPÔTS
90 MILLIARDS DEPUIS 2012 : LES VRAIS CHIFFRES DU MATRAQUAGE FISCAL SELON JÉRÔME CHARTIER (UMP) PAGE 6 ET L'ÉDITORIAL

ENTRETIEN EXCLUSIF
MACRON PRESSE EDF DE VOLER AU SECOURS D'AREVA PAGE 22

SCOPE Les adresses rock'n'roll qui font bouger Paris

FIGARO SCOPE
PARIS, DU ROCK AU GLAMOUR

PS Les frondeurs fourbissent leurs armes PAGE 4

Immigration illégale en Europe : l'explosion

LE REGARD D'UN JOURNALISTE

3 Julia Pascual, « La France est loin d'être ''envahie'', même si l'immigration progresse », *Le Monde*, 15 octobre 2021

La France est loin d'être envahie, même si l'immigration progresse. En ces débuts de campagne présidentielle, les prises de parole des candidats à droite et à l'extrême-droite donnent le sentiment d'un pays ouvert aux quatre vents, subissant des flux migratoires sans aucune sorte de pouvoir à leur égard. Ainsi, Valérie Pécresse veut « *stopper l'immigration incontrôlée* » et estime qu'« *il y a trop d'immigrés en France* » ; Michel Barnier défend l'idée d'un « *moratoire* », quand Xavier Bertrand veut « *que nous reprenions en main notre politique migratoire* » et que Marine Le Pen entend soumettre aux Français un « *plan complet de maîtrise de l'immigration* ». Pourtant, avec 10,2 % de la population, la part d'immigrés est inférieure à la moyenne des pays de l'OCDE. Elle progresse, sous l'effet de mariages mixtes ou de l'immigration économique très qualifiée. On compte aujourd'hui 6,8 millions d'immigrés pour 67,3 millions d'habitants, soit 10,2 % de la population (10,5 % à 12 % en intégrant les 300 000 à 600 000 illégaux), contre 7,4 % en 1975 et 5 % en 1946. Ces immigrés sont, selon la définition de l'Institut national de la statistique et des études économiques, des personnes nées étrangères à l'étranger, ce qui veut dire que, parmi elles, se trouvent des personnes devenues françaises (36 %).

Regards croisés

Croiser les regards

1. Quelles ont été vos réactions face à ces deux unes ?
2. Décrivez les deux Unes de *Télérama* et du *Figaro*. Quelle hypothèse pouvez-vous faire à propos de l'opinion défendue par ces deux journaux ?
3. Quel document vous inspire le plus confiance ? Pourquoi ?

Faire le bilan

5. Le thème de l'immigration peut-il être traité de manière objective par les journaux ? Vous répondrez à cette question dans un paragraphe d'une quinzaine de lignes à l'aide des documents.

Saisir une ligne éditoriale

Document 1

Cyril Hofstein, « Fallait-il interdire les chasses traditionnelles ? », *Le Figaro*, 21 septembre 2021

Cet article explique les tensions autour de la chasse à la glu, qui consiste à engluer des oiseaux sur des branches, pour servir d'appâts à d'autres oiseaux.

Après avoir manifesté au début du mois à l'appel du collectif Ruralité en colère, qui rassemble syndicats d'exploitants agricoles, pêcheurs, associations cynégétiques[1], et les fédérations régionales, départementales et nationales, des milliers de personnes sont attendues le 18 septembre à Amiens pour « défendre les traditions » et réclamer notamment la démission de Barbara Pompili, ministre de la Transition écologique et de Bérangère Abba, secrétaire d'État chargée de la Biodiversité, jugées « partisanes et foncièrement hostiles à la chasse française ».

Au cœur d'une bataille juridico-politique entre associations de protection de la nature et chasseurs, la question épineuse du maintien ou non des chasses traditionnelles en France a longtemps exacerbé les tensions. En 2019, après un long bras de fer administratif et une succession de recours et de revirements, le Conseil d'État, prudent et conciliant, avait fini par reconduire l'autorisation de la chasse à la glu, en imposant toutefois des quotas très stricts pour essayer de ménager la chèvre et le chou.

« Idéologie liberticide et punitive »

« Mais, au final, le Conseil d'État a décidé de se dédire et d'interdire *sine die* ce qu'il avait autorisé deux ans plus tôt, regrette un représentant de la chasse française. Ce sont des techniques anciennes, qui se transmettent de génération en génération et n'ont jamais menacé de disparition aucune espèce chassée. C'est tout simplement la culture de nos régions que l'on détruit ainsi. »

« Il faut relativiser. Cela ne pouvait plus durer, assure de son côté la LPO. Ces méthodes barbares d'un autre temps devaient disparaître. La tradition ne justifie pas tout. Bien au contraire. »

« Je trouve cette hostilité contre le monde cynégétique très paradoxale, constate avec une certaine amertume Willy Schraen, le président de la Fédération nationale des chasseurs (FNC). Alors que les pratiques traditionnelles des Inuits du Groenland et du Canada, des Sami de Laponie, ou des différentes tribus d'Amazonie sont presque systématiquement défendues par la plupart des grandes instances internationales, les plus anciennes méthodes de chasse d'Europe, connues parfois depuis le néolithique et l'Antiquité, ont été condamnées à mort. Tout cela s'inscrit dans une récente dérive sociétale, où la diversité doit faire place à l'uniformisation d'un monde moderne sans âme, assure-t-il. Dans cet univers fade à l'indignation facile et virtuelle, les chasseurs, comme de nombreux ruraux, sont devenus la cible d'une idéologie écologiste et animaliste totalement liberticide et punitive. Notre ministère de tutelle et ceux qui les dirigent sont idéologiquement opposés à nos valeurs et nous comprenons bien qu'en interdisant les chasses traditionnelles, c'est l'ensemble de la chasse française qui est attaquée. Nous ne sommes pas dupes, d'autres modes de chasse comme la vénerie[2] par exemple risquent d'être remis en cause. Car rien ne semble arrêter ce mouvement qui va entraîner avec lui la destruction d'un pan entier de l'histoire de l'évolution humaine. »

1. Qui défendent la chasse. 2. Chasse à courre.

Mes ressources numériques

Écoutez un sketch de Daniel Morin sur France Inter.
liennathan.fr/kg38g8

Document 2 ***Libération* et AFP, « Enfin. Protection des oiseaux : la chasse à la glu jugée définitivement illégale en France », 28 juin 2021**

« Quelle belle victoire pour les oiseaux qui ne seront plus pris dans la glu en France », a réagi Muriel Arnal, présidente fondatrice de l'association One Voice. « Ni le gouvernement ni la fédération de chasseurs n'ont apporté de preuves suffisantes permettant d'affirmer que la chasse à la glu ne conduit à ne capturer qu'en petite quantité des oiseaux appartenant à d'autres espèces que celles recherchées, les grives et les merles », peut-on lire dans l'avis publié ce lundi, trois mois après une décision de la Cour de justice de l'Union européenne (CJUE) qui avait jugé que la chasse à la glu causait des dommages « irrémédiables » à tous les oiseaux capturés.

Tous les arguments des chasseurs sont dégommés un à un : cette chasse a des conséquences sur trop d'espèces d'oiseaux, on ne peut pas dire que les dommages subis par les volatiles sont « négligeables » et le fait que cette chasse soit une « méthode traditionnelle » ne suffit pas à justifier une dérogation.

Document 3 **Coco, dessin publié dans *Charlie Hebdo*, 2021**

Comparer des articles

1. Relevez dans les deux textes les éléments montrant le parti pris de chaque article. Résumez leur point de vue.
2. Qui sont les auteurs des propos relatés dans les deux articles ? Comparez leur statut.

Étudier un dessin

3. Quelle a été votre réaction en découvrant ce dessin ? Pourquoi ?
4. Quel message la dessinatrice souhaite-t-elle transmettre ?

Écrire un paragraphe argumenté

5. La presse doit-elle être neutre, selon vous ? Vous répondrez à cette question dans un paragraphe argumenté d'une quinzaine de lignes.

Avant de commencer

- Relisez les documents du corpus.
- Élaborez le plan de votre réponse au brouillon.

CORPUS Fake news et santé

Document 1 **François-Bernard Huyghe, *Fake new : manip, infox et infodémie*, 2021**

Dans cet essai, l'auteur s'intéresse au mécanisme des fausses nouvelles, au pouvoir des technologies de communication et aux conflits entre les médias et les nouveaux réseaux.

Le numérique est par nature favorable à la contre-information et à la contradiction (chacun étant censé pouvoir aller aux sources et aux témoignages comme en direct d'égaux présumés sincères). Les algorithmes amplifient le phénomène et favorisent tout ce qui fait buzz, polémique et mobilisation (et particulièrement dans le domaine de la santé qui est celui de l'intime, de ce qui pourrait m'arriver à moi ou mes proches). Et s'ajoutent des techniques de captation de l'attention, de production de faux partisans, qui donnent des armes à la mésinformation au détriment des affirmations accréditées de façon hiérarchique et traditionnelle.

Les réseaux sont le lieu de l'alerte incessante (gluten, ondes, glyphosates, vaccins, lactose, nouveau produit cancérigène…) où la peur vaut souvent autorité, bien que nous vivions dans des sociétés où le souci de protection est infiniment supérieur à ce qu'il ne fut jamais. Certes, le remède est souvent près du poison et, sur les mêmes réseaux, fleurissent les vidéos de démontage ou de démonstration de nos biais cognitifs, les déconstructeurs de fariboles, les sources primaires et les idées tertiaires… Mais reste la terrible loi dite de Brandolini : « La quantité d'énergie nécessaire pour réfuter du baratin est beaucoup plus importante que celle qui a permis de le créer ».

François-Bernard Huyghe (né en 1951)

Ce politologue et essayiste français est spécialiste des médias.

Enrichir son lexique

1 Comment le nom « mésinformation » (l. 8) est-il formé ? Quel est son sens, d'après sa formation ?

Lire un essai

2 Qu'avance François-Bernard Huyghe à propos des réseaux ?

3 Reformulez avec vos propres mots la loi dite « de Brandolini » (l. 17-18).

Lire une bande dessinée

4 Quelles sont vos réactions à la lecture du document 2 ? Pourquoi ?

5 À quels personnages les bulles au fond noir sont-elles attribuées ? Que représentent ces personnages ?

6 À quel personnage les encarts au fond blanc sont-ils attribués ? Que représente ce personnage ?

Comparer deux documents

7 D'après ces deux documents, quelle émotion empêche le raisonnement ? Qu'en pensez-vous ?

Formuler un bilan

8 Selon vous, pourquoi faut-il exercer constamment son esprit critique ? Vous répondrez à cette question en vous appuyant sur les documents de l'unité 1.

Mes ressources numériques

Écoutez le podcast de France Inter sur la désinformation en matière de santé.
liennathan.fr/536nnk

Document 2 **Isabelle Bauthian et Gally, *L'Esprit critique*, 2021**

CORPUS Le choix d'une chaîne d'infos en continu

Document 1 Loris Guémart, « Le mur du son franchi, l'info en surrégime », *Arrêt sur images*, 2020

Plusieurs heures de rien qu'il a fallu remplir.

Mercredi 30 septembre, un avion de chasse a franchi le mur du son à Créteil. En 15 minutes, le mystère était élucidé pour les Parisiens surpris par la détonation. Mais les chaînes d'info en continu ont quand même lancé leur dispositif au complet, entre micro-trottoirs, experts en pagaille et interrogations en plateau.

À 11 h 52, un Rafale de l'Armée de l'air en mission d'interception d'un avion ayant perdu temporairement le contact radio a passé le mur du son à Créteil, dans l'Est parisien. Venu de la base de Saint-Dizier, il a survolé l'Île-de-France accompagné de la détonation assourdissante due à sa vitesse supersonique, avant de survoler l'Eure à basse altitude pour se poser à Évreux. Rapidement, les Parisiens s'affolent sur les réseaux sociaux… jusqu'à ce qu'à 12 h 08, la préfecture de police de Paris annonce que ce que beaucoup avaient pris pour une explosion n'était qu'un survol. Initialement, les chaînes d'information en continu ont traité l'information pour ce qu'elle semblait être : un fait divers insolite.

Mais après avoir respectivement diffusé une brève dans le journal, une information à l'antenne face à ses débatteurs du midi, et un simple avertissement à l'écran, BFMTV, CNews et LCI ont décidé de faire de cette détonation l'information du début d'après-midi. Le résultat ? Pendant plusieurs heures, les chaînes ont alimenté leurs téléspectateurs d'un défilé de journalistes « maison » ou plus spécialisés, d'experts de la chose militaire, mais aussi des traditionnels envoyés spéciaux — dans Paris — et autres micro-trottoirs, et vidéos de témoins. Jusqu'à faire rapporter par leurs envoyés spéciaux en Lettonie une confirmation directe, près de 2 heures après les faits, provenant de la ministre des Armées en déplacement avec Emmanuel Macron. Difficile de ne pas se souvenir, alors, que l'accident industriel majeur de la décennie, l'année dernière, dans l'usine Lubrizol à Rouen, n'avait, lui, pas été jugé digne, le jour même, d'un quelconque intérêt de ces mêmes chaînes, ayant préféré occuper l'antenne avec le décès de Jacques Chirac.

Loris Guémart
Ce journaliste est spécialisé dans la presse écrite locale et travaille depuis 2019 pour le site *Arrêt sur images*, qui analyse et critique la construction de l'information.

Enrichir son lexique

1. Comment est formé le mot « surrégime » du titre de l'article ?
2. Relevez les éléments de l'article auquel le mot « surrégime » peut être appliqué.

Lire un article

3. Que pensez-vous du dispositif déployé par les chaînes d'information à propos de l'événement décrit ?

Mes ressources numériques

Lisez plusieurs articles évoquant ce fait divers :

- ***Le Parisien.*** liennathan.fr/776tqf
- ***20 minutes.*** liennathan.fr/8y4ph2
- **France Bleu.** liennathan.fr/x38s4z
- **Europe 1.** liennathan.fr/i7t48d
- **Lisez une présentation du parcours de Loris Guémart.** liennathan.fr/q38gj8

Document 2 **Une du *Gorafi*, 2020**

Étudier une Une

4 Quels éléments de cette Une semblent vraisemblables ?

5 Relevez les éléments de la Une qui annoncent tout de suite qu'il s'agit d'une fausse Une. Qu'en pensez-vous ?

6 D'après vous, quel est l'effet recherché ? Pourquoi ?

Débattre

7 Selon vous, tout événement mérite-t-il d'être traité comme une information ? Vous débattrez de cette question en classe.

Avant de commencer

- Répartissez-vous en deux équipes qui proposeront des réponses opposées. Nommez un élève animateur du débat et un autre rapporteur.
- Notez au brouillon vos arguments et vos exemples, avant de vous engager dans le débat.

SPECTACLE *Une télévision française*

Thomas Quillardet (né en 1979)
Ce metteur en scène, dramaturge et traducteur de théâtre a écrit et mis en scène ce spectacle en octobre 2021.

MES RESSOURCES NUMÉRIQUES

Visionnez la présentation du spectacle par Thomas Quillardet.
liennathan.fr/2ik33r

Lisez une critique du spectacle sur le site des *Inrocks*.
liennathan.fr/4m2zz9

Lisez une autre critique du spectacle, sur le site *Artcena*.
liennathan.fr/i99ve4

Document 1 — Manuel Piolat Soleyma, entretien avec Thomas Quillardet pour *La Terrasse*, 2021

Entre sources documentaires et fiction, l'auteur et metteur en scène Thomas Quillardet nous ouvre les portes de la rédaction de TF1 au moment de sa privatisation. Un portrait en creux d'une France qui change.

Comment vous est venue l'idée d'écrire une pièce sur la privatisation de TF1, en 1987 ?

Thomas Quillardet. Au départ, j'avais pour projet de créer un spectacle sur les journalistes. Il me semblait en effet intéressant de questionner ce métier au moment où nos démocraties sont menacées par des voix populistes. Cette profession constitue l'un des maillons essentiels de toute démocratie saine. En creusant les souvenirs que j'avais des journalistes qui ont marqué mon enfance, je me suis rappelé que la privatisation de TF1 avait été un événement important, qu'elle avait suscité des débats très vifs.

Vous avez donc consulté les archives de l'INA…

Thomas Quillardet. Oui. Et j'y ai notamment retrouvé l'audition de Francis Bouygues, devant le CSA de l'époque, qui dit qu'il va faire de TF1 une chaîne culturelle avec des émissions consacrées à Maurice Ravel, à Olivier Messiaen, avec de nombreuses retransmissions de spectacles créés au Festival d'Avignon… !

Francis Bouygues accumule les mensonges de façon éhontée, ce qui rétrospectivement, lorsqu'on sait ce qu'il a fait de TF1, est assez amusant… Je me suis dit que ces archives et mes propres souvenirs composaient une formidable matière à théâtre.

En quoi cette privatisation constitue-t-elle, selon vous, un point de bascule pour la France des années 1980 ?

Thomas Quillardet. Elle représente le passage d'une France encore ancrée dans les Trente Glorieuses vers une France beaucoup plus libérale. À travers la rédaction de TF1 se dessine un portrait en creux d'un pays qui change. Sur scène, dix comédiennes et comédiens interprètent dix journalistes, des personnages de fiction dont on suit l'existence sur dix années. On assiste avec eux à l'élaboration des journaux, aux coulisses de l'actualité, à côté des présentateurs vedettes de l'époque qui n'apparaissent qu'à la marge.

Document 2 **Mise en scène de Thomas Quillardet, 2021**

Document 3 **Laurent Maous, photographie du plateau du journal télévisé de TF1, 1986**

Mener une recherche

1. Menez une recherche sur Internet à propos du journal télévisé que vous avez le plus l'habitude de regarder : est-ce un média privé ou public ?

Étudier une mise en scène

2. Quels éléments du décor de théâtre rappellent ceux du plateau de TF1 ?
3. Quels éléments des photographies correspondent aux « coulisses de l'actualité » (l. 33) ?
4. Le format des journaux télévisés actuels vous semblent-ils avoir beaucoup évolué depuis les années 1980 ?

Mettre en scène

5. Choisissez un sujet d'actualité et imaginez comment il serait présenté dans un journal télévisé. Vous mettrez en scène et jouerez les journalistes lançant et commentant le sujet.

Bruno Dumont (né en 1958)

Ce réalisateur et scénariste français, créateur de films comme de mini-séries pour la télévision, a reçu de nombreux prix pour son œuvre, notamment au festival de Cannes.

RÉSUMÉ DU FILM

France de Meurs est la journaliste vedette d'une chaîne d'information qui cultive les reportages sensationnels et le clash en plateau. Au sommet de sa gloire, elle connaît une crise de conscience qui lui fait entrevoir les travers de la célébrité et interroger le sens de son action. Pourra-t-elle échapper à l'emprise de l'univers médiatique et ses méthodes peu scrupuleuses ?

Étudier une scène

Suite à un reportage de guerre, France est invitée dans un talk-show.

Animatrice. Pourquoi toujours besoin de... ce besoin de vous mettre en scène ? Parce qu'on vous voit beaucoup : sur les images, vous êtes présente à l'écran durant toute la totalité du reportage quasiment.

France (*gênée*). Oui, enfin, ça c'est...

Animatrice. Une forme de mise en scène.

France. Une forme de mise en scène, non, je ne dirais pas ça... C'est... c'est mon style, c'est la façon dont je... dont je, voilà, dont je fais des reportages... J'ai voulu avoir une approche plus... peut-être plus sensible, vous voyez ? plus... Voilà, c'est subjectif tout ça. Et j'avais besoin de rencontrer ces gens et d'avoir ce contact humain. Je pense que c'est pour ça aussi que les gens aiment sans doute mes reportages.

1. D'après vous, pourquoi France est-elle embarrassée par les questions de l'animatrice ?

2. Que pensez-vous des justifications de France ?

Étudier une scène

Pendant que son dernier reportage passe à l'antenne, France le commente avec Lou, son assistante.

Lou. Et les migrants, ils sont où là, du coup ? Ah oui, d'accord, ok : sur le bateau.

France. Ouais, ouais. Je vais sur le bateau. On a réussi à avoir des plans super.

Lou. C'est incr... Aucun journaliste n'a jamais fait ça, tu te rends compte quand même ? C'est extraordinaire ce que t'as fait, France. C'est quoi ce bateau, là, qui suit l'autre bateau ?

France. Le bateau qui suit, c'était le bateau de... c'était notre bateau, quoi.

Lou. Ah oui, d'accord, ok. Ah oui, tu dormais sur le bateau des journalistes, tu n'as pas dormi avec les migrants quand même. Tu es pas revenue avec des puces. *(Elle rit.)*

France. Attends, tu crois que je dormais sur le bateau des migrants ? Non.

Lou. Oh, ces visages tristes, là, c'est magnifique ! Les enfants, oh, ces visages d'enfants ! Et c'est bien parce que, tu vois, t'es pas trop bien coiffée, donc on voit que c'était quand même... Tu pleures ?

France. Ouais, j'ai eu un petit moment d'émotion et je l'ai gardé finalement.

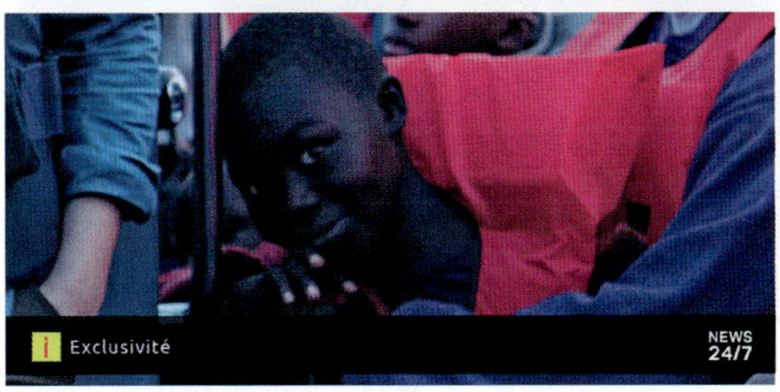

3 Que nous révèlent ces commentaires sur les motivations du travail journalistique ?

4 Comment ces images viennent-elles appuyer votre réponse à la question précédente ?

5 Quelles réactions vous inspire cette façon de faire du journalisme ?

Étudier un thème

La starification des journalistes

6 D'après ces images, comment est perçue la journaliste ?

7 Adhérez-vous à cette conception du journaliste ? Pourquoi ?

Débattre

8 Pensez-vous que la célébrité d'un journaliste soit un atout pour la transmission de l'information ? Vous débattrez de cette question en classe.

Avant de commencer

- Répartissez-vous en deux équipes, nommez un(e) animateur(trice) et un(e) rapporteur(se) de débat.

CORPUS Le choix de la Une

Document 1 **Une du *Parisien*, 2020**

TERRORISME P.12
Deux morts après une attaque au couteau à Romans-sur-Isère

Le Parisien DIMANCHE

5 AVRIL 2020 / N° 23512 BIS / 1,70 €

Pandémie PAGE 9
Devrons-nous tous porter un masque ?

Réanimation PAGES 10 ET 11
L'accès aux soins des malades âgés devant la justice

ENTRETIENS
Ils racontent le monde d'après

Santé, politique, environnement, économie… Des personnalités nous aident à entrevoir le monde post-confinement et nous disent ce qu'il faudrait changer.
PAGES 2 À 5

Jean Jouzel, CLIMATOLOGUE.

Thierry Breton, COMMISSAIRE EUROPÉEN.

Yascha Mounk, POLITOLOGUE.

Axel Kahn, MÉDECIN GÉNÉTICIEN.

R 20174 - 405 - 1,70 €

Étudier une Une

1. Le choix des personnalités de cette Une vous semble-t-il représentatif de notre société ?
2. Quel lien pouvez-vous établir entre votre réponse à la question 1 et la couleur de l'arrière-plan de cette Une ?

Document 2

France Info et AFP, « *Le Parisien* présente ses excuses pour sa Une jugée sexiste », 2020

Le quotidien *Le Parisien* a présenté des excuses, dimanche 5 avril, pour sa Une consacrée à des personnalités qui « racontent le monde d'après », et qui met exclusivement en avant des hommes, ce qui a valu au journal de nombreuses accusations de sexisme.

Le journal francilien a mis à sa une ce dimanche les portraits de quatre personnalités et experts, tous masculins (le climatologue Jean Jouzel, le commissaire européen Thierry Breton, le politologue Yascha Mounk et le généticien Axel Kahn). L'absence d'une ou plusieurs femmes a fait réagir de nombreuses personnes sur les réseaux sociaux, reprochant au journal une forme de sexisme.

« Désolée de vous décevoir, mais dans le monde d'après, il y aura des femmes ! », a ainsi réagi l'économiste Julia Cagé.

« Ça commence bien « le monde d'après » @le_Parisien ! Qui ne va quand même pas féminiser, rajeunir et colorer les voix autorisées à donner leur avis sur l'avenir… », abonde la députée La France insoumise, Clémentine Autain, critiquant, au passage, le manque de diversité dans les origines et les statuts socio-professionnels des quatre experts.

« Une maladresse »

Face aux critiques, le directeur de rédaction du journal, Stéphane Albouy, a présenté ses excuses sur Twitter. « Vous avez été nombreux ce matin à critiquer et relayer la Une de notre journal où “ le monde d'après ” était exclusivement dessiné par des hommes. Vous avez raison. Il s'agit là d'une maladresse qui n'illustre en rien la ligne éditoriale du *Parisien* », a-t-il répondu.

De son côté, le collectif des femmes journalistes du *Parisien*, a estimé que ce faux pas était « une vraie claque » et « un regrettable retour en arrière » pour tous ceux qui se battent pour la parité et une meilleure visibilité des femmes expertes dans les médias.

Lire un article

3 Relevez les avis féminins mentionnés dans l'article. De qui émanent-ils ? Qu'en pensez-vous ?

4 Que pensez-vous des excuses de Stéphane Albouy présentées sur Twitter ?

Mener une recherche

5 En vous aidant d'Internet, proposez quatre autre noms pour modifier la Une afin qu'elle soit plus représentative de notre société.

Débattre

6 Selon vous, la presse est-elle le reflet de notre société ou en donne-t-elle une image déformée ? Vous débattrez de cette question en classe.

Avant de commencer

- Répartissez-vous en deux équipes : l'une soutiendra un avis, l'autre le contraire.
- Désignez un(e) animateur(trice) du débat et un(e) secrétaire, qui notera les arguments de chacun.
- Préparez vos arguments et vos exemples au brouillon, sans rédiger.

CORPUS La course aux clics et l'éthique

Document 1 **Sophie Eustache et Jessica Trochet, « De l'information au piège à clics », *Le Monde diplomatique*, 2017**

Des dizaines de sites d'infodivertissement dépendants de la publicité ont émergé dans le monde des médias. Cet article explique les modifications que cela entraîne dans le quotidien des journalistes.

Et pour cause : la course aux clics oriente jusqu'au choix des sujets. Le véritable rédacteur en chef de Melty[1] est un algorithme nommé Shape qui analyse les habitudes des lecteurs (thèmes de conversation sur les réseaux sociaux, recherches Google et tendances sur Twitter) afin de définir les sujets susceptibles de générer le plus d'intérêt. Stagiaire chez Melty en 2010, Mathilde se souvient d'une logique absurde : « Dès que l'algorithme voyait un sujet remonter dans les statistiques, il fallait faire un article dessus, même s'il n'y avait pas d'info. Une fois, je suis allée voir la rédactrice en chef, et je lui ai dit que je n'avais pas d'info sur le thème demandé (la chanteuse Britney Spears). Elle m'a répondu : Ce n'est pas grave, tu spécules. » Depuis, le groupe a développé de nouveaux outils internes, non plus pour détecter les tendances, mais pour les imposer. L'idée est de poser des lignes et de voir à quels appâts mordent les lecteurs.

Pour maintenir les audiences, les rédacteurs inondent le Web d'articles calibrés pour optimiser le référencement sur Google — notamment en répétant sans cesse le mot-clé. Pour une personne, huit articles rédigés par jour ne représentent pas un rythme exceptionnel. Chez Konbini[2] aussi, le succès et la quantité priment sur toute autre considération ; la plate-forme s'enorgueillit de dix millions de visiteurs uniques par mois et de vingt-cinq millions de personnes atteintes sur Facebook. « Une fois, on s'est fait taper dessus par la direction avec mon chef parce que le papier n'était pas une actu "positive" et qu'il ne faisait pas d'audience, témoigne Hélène. Le papier a même été retiré du site. » Dès lors, les responsables éditoriaux perçoivent la rigueur comme une perte de temps. Un ancien rédacteur en chef d'une édition de Konbini dont le siège se trouve à l'étranger (l'entreprise est présente à Londres, New York, Mexico et Lagos) explique : « Un jour, on nous a dit : "il faudrait maintenant que vous pensiez à trouver un moyen de mettre votre éthique journalistique de côté." »

1. Média d'infodivertissement en ligne.
2. Média en ligne.

Enrichir son lexique

1 Menez une recherche sur l'étymologie du nom « algorithme » (l. 2) et préparez une présentation orale de son histoire. Votre intervention devra durer deux minutes.

Lire un article

2 Relevez dans l'article tout ce qui ne vous semble pas conforme à l'éthique journalistique.

3 Quel est l'intérêt de Melty à utiliser un algorithme ?

4 « L'idée est de poser des lignes et de voir à quels appâts mordent les lecteurs. » (l. 11-12). Expliquez la figure de style employée.

Mes ressources numériques

Écoutez une série de podcasts de France Culture sur l'histoire des algorithmes.
liennathan.fr/9rh43r

Document 2 **Kap, *Marketing et audimat*, 2019**

Comparer des articles

4 Que dénonce ce dessin de presse ?

5 Quel point commun identifiez-vous entre ce dessin et le document 1 ? Justifiez votre réponse.

Débattre

7 Êtes-vous utilisateur de médias comme Melty ou Konbini ? Quel intérêt y trouvez-vous ? Quelles limites identifiez-vous ? Vous répondrez à ces questions dans une discussion collective.

Avant de commencer

- Notez d'abord vos éléments de réponse sans rédiger.
- Désignez un rapporteur qui prendra en notes des échanges de la classe pour en faire ensuite la synthèse.

Formuler un bilan

8 Selon vous, est-il risqué de traiter l'information comme un produit commercial ? Vous répondrez à cette question en vous appuyant sur les documents étudiés.

Avant de commencer

- Notez vos arguments au brouillon.
- Pour chaque argument, cherchez un exemple.

CORPUS L'invisibilisation des minorités

Document 1 — Daniel Schneidermann, « Climat : Vanessa Nakate ou l'Afrique invisible », *Arrêt sur images*, 2020

La scène se déroule le 24 janvier au forum économique de Davos. Cinq jeunes militantes du climat donnent une conférence de presse. Outre Greta Thunberg, se trouvent présentes Loukina Tille, Luisa Neubauer, Isabelle Axelsson, et Vanessa Nakate. Vanessa Nakate est ougandaise. Elle s'est mobilisée pour le climat, raconte-t-elle, après que son oncle lui a raconté que les températures, vingt ans plus tôt, étaient bien moins élevées. Pendant plusieurs mois, elle a protesté seule, le vendredi et le dimanche, avec ses pancartes, devant le parlement ougandais.

Mais sur la photo diffusée par Associated Press, quelle surprise, elles ne sont plus que quatre, comme elle s'en émeut elle-même sur Twitter.

Vanessa Nakate a disparu. Interrogé, le directeur photo de AP, David Ake, répond dans un premier temps que la photo a été recadrée… parce que le bâtiment visible derrière la jeune Ougandaise pouvait être un élément de distraction pour les lecteurs. Il faudra quelques jours, avant que la rédactrice en chef de l'agence, Sally Buzbee, s'excuse tout simplement, à la fois du recadrage, et de la piteuse première explication. Mais comme par malédiction, les invisibilisations s'enchaînent : dans la dépêche AP consacrée à l'affaire, le nom de Vanessa Nakate n'apparaît qu'au quatrième paragraphe. Dans l'histoire telle que AP la raconte, la vedette de l'affaire, c'est AP.

On ne saura sans doute jamais ce qui a passé par la tête du photographe de Associated Press qui a « ex-cadré » Vanessa Nakate. Il ne s'agit sans doute pas de racisme conscient. Mais vraisemblablement d'une sorte de réflexe inconscient, le sentiment vague qu'elle n'est pas à sa place sur la photo. Dans sa tête, la connexion entre Afrique et dérèglement climatique ne s'est pas faite. Chaque problème à sa place, bien rangé dans son tiroir, et les difficultés du monde seront bien gardées. Tiroir Afrique. Tiroir climat. On ne mélange pas. Les problèmes climatiques sont des problèmes de blancs, équivalence implicite sans doute renforcée, dans les dernières années, par l'hyper-médiatisation de Thunberg. La survisibilisation produit de la survisibilisation, comme l'invisibilisation produit de l'invisibilisation.

Daniel Schneidermann (né en 1958)
Ce journaliste français s'est spécialisé dans la déconstruction des images télévisuelles, dans son émission *Arrêt sur images*, transposée désormais sur Internet pour interroger la construction de l'information.

Enrichir son lexique

1. Définissez les mots « survisibilisation » et « invisibilisation » (l. 34) en étudiant la manière dont ils sont formés.

Lire un article

2. À qui les mots « survisibilisation » et « invisibilisation » sont-ils associés dans l'article ? Pourquoi ?
3. Que pensez-vous de l'erreur et de la réaction d'Associated Press ?

Document 2 Montage des deux photographies sur Twitter, 2020

Écrire un message de soutien

4 Imaginez la réponse en soutien à Vanessa Nakate sur le compte Twitter d'une des autres jeunes filles de la photographie. Vous limiterez votre message à 280 caractères.

Mener une recherche

5 Cherchez une photographie de presse qui a pu donner une vision déformée de la réalité.

Conseil

- Dans votre moteur de recherches, vous pouvez saisir les mots-clés suivants : *photographie, presse, montage, cadrage, vérité,* etc.

Présenter un exposé

6 Présentez à la classe la photographie que vous avez choisie à la question 5. Vous expliquerez votre choix en trois minutes.

Avant de commencer

- Notez le plan de votre intervention au brouillon.
- Prévoyez un moyen de diffuser l'image au tableau.
- Vous pouvez réaliser un diaporama qui suivra le plan de votre oral.

Mes ressources numériques

Regardez la vidéo de Lumni sur la photo de presse et la manipulation.
liennathan.fr/r7y3c7

Dire, Lire, Écrire le métier

Les photographes de presse

Dire le métier

1 Selon vous, à quoi servent les photographies dans la construction de l'information ? Vous préparerez une réponse orale de trois minutes.

Mes ressources numériques

- **Lisez une fiche métier sur le site de l'Onisep.** liennathan.fr/3bq4p3
- **Écoutez des podcasts sur le métier de photoreporter.** liennathan.fr/z2q4w9
- **Écoutez un podcast sur la supercherie du photoreporter Jonas Bendiksen.** liennathan.fr/bw98h8

Lire le métier

Document 1 — **Nassira El Moaddem, entretien avec Sébastien Calvet et Marie Docher, *Arrêt sur images*, 2021**

Le collectif « La Part des femmes » (auquel participe Marie Docher) s'est attaché à décrypter les portraits publiés dans la presse, plus précisément le portrait de dernière page (« portrait de der ») de *Libération* et celui accompagnant l'entretien de la rubrique « L'invité » dans *Télérama*. « Ce sont deux rubriques à forte visibilité, explique Marie Docher. *Libé* est un journal important pour la photographie de presse, elle y est valorisée, y est devenue autonome et cela a créé nombre de vocations. Et puis ce sont deux médias progressistes. Si on y voit des stéréotypes, ils sont forcément ailleurs, et ils seraient les plus à même à les transformer rapidement », juge la photographe.

« Je suis étonné par ces chiffres »

Mille portraits parus entre novembre 2017 et novembre 2020 sont décomptés et analysés par le collectif. Le résultat est édifiant. Dans la page portrait de « Libé », 75 % des 139 photographes qui y collaborent sont des hommes ; 85 % des 108

Représenter le métier

Document 3 — **Julien de Rosa, *Le photographe français Rémi Ochlik au Caire*, agence Reuters, 2011**

Rémi Ochlik est mort en février 2012 à Homs en Syrie, avec la journaliste américaine Marie Colvin.

portraits de « der » parus sur cette période ont été confiés à des hommes, 15 % à des femmes. Seule une femme fait partie des dix photographes qui ont réalisé plus de la moitié des portraits. À *Télérama*, 81 % des photographes du portrait de la rubrique "L'invité" sont des hommes ; 93 % des portraits sont faits par des hommes. C'est pire en 2019 et 2020 où deux portraits seulement ont été réalisés par des femmes. « Je suis étonné par ces chiffres, réagit Sébastien Calvet. Ce sont des titres que je lis, dans lesquels j'ai travaillé et je ne pensais pas qu'on en était là […]. Je pensais qu'il y avait une proportion de femmes photographes plus importante sur la Der de *Libé*. D'où la nécessité de compter pour avoir des chiffres un peu froids ».

2 Quelle branche du métier de photographe est évoquée dans cet article ?

3 Relevez les chiffres relevés par le collectif « La Part des femmes ». Qu'en pensez-vous ?

4 Décrivez la photographie. Vous utiliserez plusieurs adjectifs pour caractériser la tenue et la posture du photographe ainsi que le décor.

5 Qu'avez-vous ressenti en regardant cette photographie ? Pourquoi ?

Document 2

Jean-Christophe Galeazzi, « "Les photojournalistes sont nos yeux" selon le directeur du festival Visa pour l'image », France Info, 2021

Jean-François Leroy, directeur et fondateur de Visa pour l'image à Perpignan, était l'invité du 23h de franceinfo.

« Aucune photo ne mérite une vie »

« Il y a des risques particuliers à ce métier. Un photographe, sur lequel une exposition sur le Covid-19 en Inde est prévue, a été tué le 16 juillet en couvrant la progression des talibans dans la province de Kandahar. C'est la première fois en 33 ans qu'on présente une expo d'un photographe qu'on ne verra pas. Il avait 41 ans », confie le fondateur de Visa pour l'image.

« Aucune photo ne mérite une vie. Toutefois, le témoignage de ces photojournalistes est indispensable parce qu'ils sont nos yeux sur le monde dans lequel on vit et si on ne les avait pas, on ne saurait rien », assure Jean-François Leroy.

Les médias ont de moins en moins d'argent et réduisent la place accordée au photojournalisme. « Ce qui m'effraie, c'est de voir que le dramatique séisme à Haïti est totalement éclipsé par l'arrivée du footballeur Messi au PSG. Et ça me rend fou de voir que pour ça, tous les journaux ont de l'argent », conclut-il.

6 Quelle branche du métier de photographe est évoquée dans cet article ?

7 Que dénonce cet article. Qu'en pensez-vous ?

Écrire le métier

8 D'après vous, le journalisme nécessite-t-il un engagement ? Développez un point de vue argumenté d'une vingtaine de lignes.

ATELIER D'ÉCRITURE

Rédiger une tribune

Objectif

Vous écrirez une tribune plaidant pour une meilleure représentation de la diversité dans les médias. Pour cela, vous pouvez vous aider du document et des activités de cette double page. Votre texte comptera entre vingt et trente lignes.

La Chance (fondée en 2007)

Cette association milite pour une meilleure représentation de la diversité parmi les journalistes. Elle offre notamment une préparation aux concours des écoles de journalisme réservée à des élèves boursiers.

Document — La Chance, « Patrons de médias, ouvrez les portes ! », *Ouest-France*, 2020

Cette tribune, dont voici les dernières lignes, dénonce l'entre-soi du monde des journalistes.

Patrons de presse, n'ayez pas peur de la différence. Célébrez-la ! C'est une richesse et un atout. Chacun sait que les conférences de rédaction les plus fécondes reposent sur la contradiction des points de vue. Dès le recrutement, il est temps d'appliquer cette recommandation enseignée dans les écoles de journalisme : penser contre soi-même. À moins que le conservatisme et l'absence de variété de tons ne vous soient plus confortable.

S'exprimer avec un accent, fût-il régional, ne doit plus apparaître comme un obstacle. Avoir une origine ou un patronyme à consonance étrangère n'est pas un défaut. Qu'y a-t-il de honteux à être l'enfant d'un ouvrier, d'une femme de ménage ou d'un agriculteur ? La présence de tels profils, qualifiés trop hâtivement d'atypiques, contribue à la qualité du travail journalistique. Au-delà de nos frontières, beaucoup l'ont compris depuis longtemps.

La diversité des CV et des parcours est une chance pour notre profession. Une chance, aussi, pour briser la défiance qui fait le nid des infox, l'un des périls majeurs pour notre démocratie. Une chance, enfin, pour se réinventer, à l'heure où une majorité des 15-24 ans s'informe sur les réseaux sociaux, auprès d'influenceurs et de nouveaux médias dits alternatifs.

Pour la crédibilité et la légitimité des journalistes, il est urgent d'œuvrer à une meilleure représentativité des sensibilités, des visages et des voix. C'est aussi un devoir de justice sociale pour notre jeunesse. Et pour les médias, une question de survie.

Enrichir son lexique

1 Que signifie le terme « tribune », dans la presse ? Quelle est son origine ?

Lire le métier

2 D'après cette tribune, quels sont les risques de l'entre-soi dans le monde du journalisme ?

3 Quelle est la plus-value pour un média de recruter des journalistes ayant des profils variés ?

Mes ressources numériques

Découvrez le site de l'association La Chance.
liennathan.fr/c688gt

Apprenez à décoder les articles d'opinion grâce aux Décodeurs du *Monde*.
liennathan.fr/8ks7t5

Démarche

Étape 1 Chercher des arguments et des exemples

- Formuler trois arguments justifiant la nécessité d'ouvrir la profession de journaliste à une plus grande diversité de profils. Pour cela, aidez-vous des documents des pages 202 à 206.
- Pour chacun de vos arguments, cherchez un exemple précis. Vous pouvez vous aider des documents des pages 202 à 206 ou chercher d'autres exemples dans les médias.

CONSEIL

Pour vous assurer de la validité de votre argument, **formulez-le sous la forme d'une phrase :** « Ouvrir la profession de journaliste à des profils variés est nécessaire car… »

Étape 2 Composer le plan de la tribune

- Au brouillon, élaborez le plan de votre tribune. Pour cela, classez vos arguments et vos exemples, du moins fort au plus fort.

CONSEIL

En élaborant le plan, pensez à la manière dont **vos idées s'enchaîneront** dans la tribune, afin qu'elles ne donnent pas l'impression d'être simplement juxtaposées. Dans l'idéal, un argument ou un exemple appelle l'argument suivant de manière logique.

Étape 3 Illustrer la tribune

- Cherchez une image qui pourrait illustrer votre tribune. Il peut s'agir d'une photographie, d'un graphique, d'une infographie, d'un dessin de presse. Vous pouvez également créer votre propre illustration.

CONSEIL

N'oubliez pas de **légender l'image**.

Étape 4 Rédiger la tribune

- Rédigez votre tribune en respectant les codes de ce genre d'article. Donnez-lui un titre, rédigez un chapeau introducteur, des sous-titres percutants pour chacune de vos parties.

CONSEIL

Utilisez le **traitement de texte**, avec une police et une mise en page évoquant celle d'un véritable article.

Étape 5 Évaluer la tribune

- Évaluez votre travail à partir de la grille ci-dessous. Vous pouvez également demander à un(e) camarade de vous aider à faire cette évaluation.

Critères	Remarques
La tribune est convaincante.	
Les arguments et les exemples sont pertinents.	
Les codes de la tribune sont respectés.	
La langue est correcte.	

ATELIER D'ORAL

Présenter une revue de presse

Objectif

À la manière d'un journaliste dans une émission télévisée, vous présenterez à l'oral une revue de presse. Vous comparerez des articles offrant différents points de vue sur une même actualité. Pour préparer cet oral, aidez-vous des activités proposées.

Enrichir son lexique

1 Attribuez à chaque type d'article à sa définition.

a. Brève
b. Éditorial
c. Tribune libre
d. Enquête
e. Entretien (ou interview).

- **1.** Page qui permet à une personne ou à un groupe de personnes n'appartenant pas au journal d'exprimer publiquement leurs idées.
- **2.** Article qui reflète la position de la rédaction du journal sur un thème d'actualité.
- **3.** Article qui rapporte un échange entre un journaliste et une personne.
- **4.** Article de quelques lignes qui fournit une information neutre sur l'actualité.
- **5** Article qui s'étend souvent sur plusieurs pages et approfondit différents aspects du sujet.

2 Classez les mots suivants du plus objectif au moins objectif. Certains mots peuvent être à un même niveau.
• *neutre* • *impliqué* • *partisan* • *scientifique* • *militant* • *adversaire*
• *enthousiaste* • *objectif* • *fanatique* • *distant* • *engagé*

Analyser une revue de presse

3 Écoutez une revue de presse sur France Inter (accessible depuis vos ressources numériques ci-dessous) puis répondez aux questions.
a. Quelles sont les actualités présentées ?
b. Quels médias le journaliste cite-t-il ? Quel est leur point de vue sur ces actualités ?
c. Comment qualifieriez-vous le ton adopté par le journaliste ?
d. Comment parvient-il à capter l'attention de l'auditeur ?

4 **a.** Quelles qualités de cette revue de presse souhaitez-vous reproduire dans la vôtre ?
b. Dans quelle mesure la forme de votre revue de presse s'éloignera-t-elle de celle que vous avez écoutée ?

Lexique
Un propos est objectif lorsqu'il est neutre, que son auteur ne défend pas un point de vue particulier.
Au contraire, un propos est subjectif lorsque son auteur donne un point de vue personnel.

Mes ressources numériques

Accédez à la revue du week-end de Jean-Philippe Balasse.
liennathan.fr/j34c4n

Découvrez la revue de presse de Samuel Étienne sur Twitch.
liennathan.fr/y42gu5

Accédez à la revue de presse quotidienne de Claude Askolovitch.
liennathan.fr/rc38s7

Étudier des images

5 Observez les images ci-dessous. Que peut-on deviner du ton des journalistes ? Pourquoi ?

Bruno Duvic présente sa revue de presse à France Inter, 2013.

Samuel Étienne présente sa revue de presse sur Twitch, 2021.

Confronter des articles

6 **a.** Cherchez trois articles sur un thème d'actualité de votre choix.
b. Comparez ces articles à l'aide du tableau suivant.

	Types et références de l'article	Est-il objectif ou subjectif ?	Thèse défendue
Article 1			
Article 2			
Article 3			

Passer à l'oral

7 Entraînez-vous à l'oral en vous filmant ou en vous enregistrant avec votre téléphone.
Pour vous aider, vous pouvez utiliser ce tableau.

Critères	Remarques
Mes articles sont bien choisis.	
Mes articles sont clairement comparés.	
Mes propos sont audibles et convaincants.	

8 Entraînez-vous avec un camarade, qui vous évaluera avec la même grille que dans l'exercice 6.

9 Présentez votre revue de presse à la classe et répondez aux questions de vos camarades.

BILAN Pour aller plus loin…

Un manifeste

Bill Kovach et Tom Rosenstiel, *Principes du journalisme : ce que les journalistes doivent savoir, et ce que le public doit exiger*, 2015

Cet ouvrage pose les grands principes d'un journalisme éthique, auquel les citoyens ont le droit de prétendre.

Un essai

Pierre Bayard, *Comment parler des faits qui ne se sont pas produits ?*, 2020

L'auteur de cet essai soutient une thèse surprenante : les « vérités alternatives » ne seraient pas si dangereuses. Elles pourraient même nous aider à vivre…

Un film

Dan Gilroy, *Night Call*, 2014

L'histoire de Lou, un chasseur d'images qui pirate les communications radio de la police pour se rendre en premier sur les lieux de crimes ou d'accidents et prendre des photographies qu'il vendra à prix d'or aux médias sensationnalistes.

Une bande dessinée

Joe Sacco, *Reportages*, 2012

Joe Sacco se sert de la bande dessinée pour rendre compte de ce qu'il observe comme reporter international.

Créer une fiche bilan

1 Créez une carte mentale qui représentera ce que vous avez découvert dans ce chapitre (œuvres étudiées, thèmes et notions abordés, mots-clés, etc). Vous pourrez également présenter votre travail sous la forme d'un diaporama.

Exprimer ses goûts

2 Quel texte avez-vous préféré dans ce chapitre ? Pourquoi ?

3 Lequel avez-vous le moins apprécié ?

4 Quel autre document vous a marqué(e) ?

Évaluer ses réussites

5 Quelles nouvelles compétences avez-vous acquises pendant ce chapitre ? À l'aide de quelles activités ?

6 Que savez-vous mieux faire, à la fin de ce chapitre ?

Évaluer ses besoins

7 Quelles difficultés se posent encore à vous ?

8 Que pouvez-vous mettre en œuvre pour progresser ?

Objet d'étude 3

Dire et se faire entendre : la parole, le théâtre, l'éloquence

Greta Thunberg lors d'un discours à l'ONU, 2019.

Les mots du chapitre

- Quelle définition donneriez-vous des mots *parole, théâtre* et *éloquence* ? Quel est leur thématique commune ?

Pour se lancer !

1. Qui est Greta Thunberg ? Quelles idées défend-elle ?
2. D'après ces images, pensez-vous qu'elle soit convaincante ? Pourquoi ?

PARCOURS DE LECTURE

Ça ira (1) Fin de Louis

Document 1

Joël Pommerat, *Ça ira (1) Fin de Louis*, scène 2, 2015 (extrait 1)

En 1787, Louis XVI convoque l'Assemblée des notables, composée de membres de la noblesse et du clergé. Le roi souhaite recueillir leur avis, consultatif, à propos de nouvelles levées d'impôt.

Roi. Mesdames messieurs. Je vous remercie du fond de mon cœur de ce grand travail que vous avez entrepris avec mon ministre. Je me vois dans la nécessité de vous demander un véritable effort pour la sauvegarde de notre Nation. Mais sachez que je veux aussi donner l'exemple. Ma maison fera elle aussi des économies. Je vais limiter le personnel à mon service. La reine aussi s'est elle-même engagée à faire des efforts. Elle diminuera ses frais de représentation pour atteindre une économie de neuf cent millions…

Représentant de l'Église. Majesté, je suis touché aux larmes par ce discours rempli de générosité. Malheureusement je dois vous dire moi aussi avec sincérité des vérités peut-être dérangeantes pour vous. L'Église ne s'est jamais dispensée de rendre service à l'État quand il en avait besoin. L'Église sait faire ça avec amour, mais ne remplaçons pas, je vous en supplie, aujourd'hui l'amour par l'obligation s'il vous plaît.

Roi. Monseigneur, je demande simplement l'égalité fiscale pour tous les Français.

Représentant de la noblesse. Majesté comme nous l'avons dit à monsieur le ministre, seule la convocation d'un parlement national même temporaire vous permettra de réformer notre fiscalité.

Joël Pommerat (né en 1963)

Cet auteur de théâtre autodidacte met en scène ses propres pièces. Il est connu pour ses adaptations théâtrales de contes de fées et pour ses œuvres politiques, comme *Ça ira (1) Fin de Louis*.

Lire une pièce de théâtre

1. Que cherche à obtenir chaque personnage ? Par quels moyens ?
2. Leur parole vous semble-t-elle sincère ou insincère ? Justifiez votre réponse.
3. Quel lien pouvez-vous établir entre ce texte et notre société actuelle ?

Jouer une scène

4. Par groupe de trois, proposez une mise en scène de cet extrait. Vous pouvez photocopier ou imprimer le texte grâce au QR code ci-contre pour l'avoir sous les yeux pendant que vous jouez.

Avant de commencer

Pensez :
- à la manière dont vous vous répartirez dans l'espace ;
- à la posture que vous aurez en prenant la parole et en écoutant les autres ;
- aux accessoires pouvant symboliser votre rang social.

Mes ressources numériques

Accédez au texte. liennathan.fr/34bq8y

Écoutez l'extrait 1. liennathan.fr/8p5m4z

Écoutez un entretien sur France Culture avec Joël Pommerat, qui parle de sa pièce. liennathan.fr/7ht75i

Document 2 **Répétition de la mise en scène de Joël Pommerat, 2015**

Étudier une mise en scène

5 Émettez des hypothèses à propos de l'identité ou du rôle social de chaque personnage. Justifiez vos idées.

6 Selon vous, quel est l'intérêt d'avoir choisi des costumes contemporains, alors que la pièce se déroule en 1787 ?

7 Quels éléments de la mise en scène font comprendre l'importance de la parole ?

Écrire une tirade

8 Un représentant du peuple intervient après le représentant de la noblesse : rédigez une tirade d'une quinzaine de lignes, dans laquelle il défendra son point de vue.

Avant de commencer

- Menez une courte recherche sur les avantages de la noblesse et du clergé par rapport au tiers état, à cette époque.

Ça ira (1) Fin de Louis

Document 1 **Joël Pommerat, *Ça ira (1) Fin de Louis*, scène 17, 2015 (extrait 2)**

Le roi a convoqué les états généraux. De nombreux députés, dont la plupart sont issus du tiers état, refusent que la noblesse, le clergé et le tiers état siègent séparément. Ils instituent alors l'Assemblée nationale. La députée Lefranc, issue du peuple, justifie devant le député Gigart les actions violentes qui marquent le début de la Révolution française.

Écoutez l'extrait 2.
liennathan.fr/799nie

Députée Lefranc. […] Je vous rappelle simplement que si nous en sommes arrivés là où nous en sommes, c'est grâce à la désobéissance de ce mauvais peuple que vous accusez aujourd'hui, grâce à sa force, son énergie, sa brutalité aussi parfois, en réponse à une autre brutalité, une brutalité policière, une brutalité sociale, qui s'est exprimée contre lui pendant des années et des années. C'est grâce à la violence de ce peuple, monsieur, que vous avez encore la possibilité de vous exprimer aujourd'hui dans cette Assemblée. Souvenez-vous de ce qui s'est passé à Paris il y a quelques jours seulement, quand une armée voulait nous faire revenir à l'obéissance et à la loi, c'est ce mauvais peuple-là qui nous a permis de vaincre et de résister, c'est à lui que nous devons d'être encore là aujourd'hui. Aujourd'hui on se scandalise pour quelques crimes qui sont commis…

Député Gigart. Quelques crimes !?

Députée Lefranc. … mais quand ce sont des millions de personnes emmurées à vie dans leur pauvreté, et que juste à côté une toute petite société déborde de prospérité et de luxe, quel scandale invoquez-vous ?? Je ne l'entends pas. Vous vous gargarisez sans cesse du mot « liberté » mais qu'est-ce que c'est la vraie liberté ? C'est celle de se rebeller contre les vraies injustices et c'est de cette liberté que les gens actuellement sont en train d'user, et je le dis : tant pis si quelques dérapages, des actes incontrôlés se produisent ici ou là… Comment d'ailleurs pourrait-il en être autrement ? Et d'ailleurs je vous le demande aussi : ce sang-là était-il donc toujours si pur ? *(Réactions de protestation dans la salle.)* On dit que le peuple est impatient et cruel mais c'est le contraire, il a été très patient et très paisible, il a passé des générations à attendre et à supporter. Quand il se soulève comme aujourd'hui c'est qu'il a assez supporté. Les gens demandent la justice concrète vis-à-vis de ces lois archaïques toujours en vigueur aujourd'hui dans nos villes et nos campagnes. Une de ces lois interdit toujours à un petit cultivateur la moindre production pour son compte personnel et le moindre élevage même sur des parcelles non exploitées par son propriétaire. Et s'il contrevient à ces règles, le propriétaire aura ce droit inique de rendre la justice par lui-même aux dépens de cet homme, avec le soutien d'une police privée toute-puissante, n'ayant aucun compte à rendre à l'État… De fait ces propriétaires de milliers d'hectares sont propriétaires de la vie de milliers d'hommes et de femmes. Voilà quels genres de principes sont toujours en vigueur dans ce pays. Je ne vous entends pas, monsieur, vous scandaliser de cette violence-là ! Oui. Il faut aimer la paix et l'ordre mais il faut surtout aimer la justice, la vraie justice, et pas seulement pour soi et ceux de son clan. Que vaudraient la paix et l'ordre quand c'est l'injustice qui règne dans une société ? Cette paix ressemblerait au calme qui règne dans une prison. Monsieur Gigart vous avez peur, vous tremblez face à toutes ces violences, vous vous indignez… Je crois que vous avez surtout très peur d'un changement politique fondamental.

Lire une pièce de théâtre

1. Êtes-vous convaincu(e) par le discours de la députée Lefranc ? Pourquoi ?
2. Quels sentiments son discours peut-il faire naître chez les spectateurs ? Pourquoi ?
3. Quels liens entre son discours et notre époque pouvez-vous établir ?

Mener une recherche

4. Selon vous, la députée Lefranc est-elle un personnage réel ou fictif ? Menez une recherche pour répondre.

Document 2 **Répétition de la mise en scène de Joël Pommerat, 2015**

Saadia Bentaïeb incarne la députée Lefranc.

Étudier l'interprétation d'un personnage

5 Comment sont habillés tous les députés ? Pourquoi ce choix, selon vous ?

6 Qu'est-ce qui distingue la députée Lefranc des autres personnages, d'après les images ?

7 Comment cette mise en scène met-elle en valeur le pouvoir de la parole ?

Lire du théâtre à voix haute

8 Présentez à la classe une lecture à voix haute de « Vous vous gargarisez » (l. 17) jusqu'à la fin du texte.

9 Expliquez oralement les partis pris de votre lecture.

Avant de commencer

Utilisez votre téléphone pour vous entraîner en vous enregistrant et en vous écoutant. Vous pouvez demander conseil à un(e) camarade.

Mes ressources numériques

Consultez le discours de Louis XVI à l'ouverture des états généraux de 1789. liennathan.fr/5nz6z7

Visionnez une interview de Saadia Bentaïeb, interprète de la députée Lefranc. liennathan.fr/44vx4e

Document 1

Joël Pommerat, *Ça ira (1) Fin de Louis*, scène 19, 2015 (extrait 3)

Des assemblées de quartier émergent dans le contexte de la Révolution. L'Homme 15 fait partie de l'une d'entre elles. Il interpelle le député Carray, à qui il reproche sa manière de se servir de la parole politique.

Homme 15. Monsieur, c'est drôle, vous ne faites que parler de vous et vous avez des arguments pour tout ce qu'on vous dit de désastreux de nos conditions de vie, vous êtes dans la séduction de la parole, vous êtes devenu un véritable homme politique. Mais prenez en compte cinq minutes notre réalité pour de bon, taisez-vous un petit peu, et écoutez pour de bon, parce que si vous continuez à ne pas écouter, vous risquez de le regretter, et de ne pas pouvoir conserver votre place à l'Assemblée encore très longtemps.

Député Carray. Mais qu'est-ce que vous voulez faire ? Venir à l'Assemblée nous menacer pour obtenir des résultats plus vite ? Nous prendre en otages, nous renverser ?? Comme vous me l'avez écrit...

Homme 15. Vous avez peur de nous mais écoutez-nous un petit peu et vous n'aurez plus de raison d'avoir peur, parce que ce jour-là on sera vraiment avec vous.

Député Carray. Mais moi je ne serai jamais avec vous à ces conditions. À partir du moment où vous nous menacez verbalement et physiquement. C'est ça votre idée de la liberté ? Ces listes noires qui circulent avec des noms de députés à éliminer ? C'est ça votre idée d'un pays libre, juste et égalitaire ? Comment vous voulez qu'on travaille dans ces conditions ? On devrait assassiner impunément quelqu'un parce que vous estimez qu'il ne pense pas de la bonne manière. Cette liste, elle commence par vingt personnes, et puis après celui qui ne vous plaira pas, c'est celui-ci, c'est celui-là, et après il n'y aura plus personne. Moi je me bats avec la parole, pas avec des armes.

Lire une pièce de théâtre

1. Lequel de ces personnages vous convainc le plus ? Pourquoi ?
2. Qu'est-ce qui les oppose ? Justifiez votre réponse à l'aide du texte.
3. À quelle réalité contemporaine cette scène peut-elle faire penser ?

Jouer une scène de théâtre

4. Par deux, apprenez par cœur cette scène et proposez une mise en scène à la classe.

Avant de commencer

- Photocopiez ou imprimez le texte accessible grâce au QR code ci-contre.
- Sur votre feuille, notez le ton, les gestes, les déplacements de vos personnages.
- Filmez vos répétitions pour mieux vous entraîner.

Mes ressources numériques

Écoutez l'extrait 3.
liennathan.fr/he38a5

Accédez au texte.
liennathan.fr/63sa4w

Document 2 ***Refrains patriotiques*, « Ça ira », 1792-1794**

Cette estampe reproduit trois refrains révolutionnaires, dont le célèbre « Ça ira ».

Étudier une estampe

5 Que représente l'estampe ?

6 Quel rapport pouvez-vous établir entre l'estampe et la pièce de Joël Pommerat ?

Mener une recherche

7 Recherchez l'origine de l'expression « Ça ira » de la chanson révolutionnaire et du titre de la pièce.

Écrire une chanson

8 Imaginez une chanson que des révolutionnaires auraient pu chanter pendant la Révolution française. Elle comptera un refrain et trois couplets.

Avant de commencer

- Relisez les textes du parcours, pour chercher des idées.

Mes ressources numériques

Écoutez une émission de France Musique sur la Révolution française en chansons.
liennathan.fr/mxb344

Regards croisés

Français
Histoire

L'art de la parole au procès de Louis XVI

Le contexte

En 1792, la guerre entre la France révolutionnaire et les monarchies européennes éclate. Louis XVI, soupçonné de double jeu, est arrêté par les sans-culottes le 10 août après la prise de son Palais des Tuileries. Une correspondance avec les souverains étrangers y est découverte. Face à l'évidence, la Convention nationale, parlement mis en place la même année, prononce la déchéance du roi. En décembre, c'est donc une République en guerre qui juge son ancien roi pour trahison.

Mes ressources numériques

Écoutez un épisode de *2000 ans d'Histoire* sur ce procès.
liennathan.fr/e2k93j

Écoutez un épisode de *La Marche de l'Histoire* consacré à Robespierre.
liennathan.fr/j86cz6

LE REGARD DE L'ACCUSATION

1 Maximilien Robespierre, discours à la Convention, 3 décembre 1792

Au moment du procès de Louis XVI, Robespierre est la personnalité la plus marquante des Jacobins, club politique le plus puissant du pays. Il mènera en 1793-1794 la politique dite de « la Terreur », pour sauver la révolution d'une guerre que lui-même n'avait pas voulue, avant de finir guillotiné.

L'Assemblée a été entraînée, à son insu, loin de la véritable question. Il n'y a point ici de procès à faire. Louis n'est point un accusé ; vous n'êtes point des juges ; vous n'êtes, vous ne pouvez être que des hommes d'État et les représentants de la Nation. Vous n'avez point une sentence à rendre pour ou contre un homme : mais une mesure de salut public à prendre, un acte de providence nationale à exercer. Un roi détrôné, dans la République, n'est bon qu'à deux usages, ou à troubler la tranquillité de l'État, et à ébranler la liberté ; ou à affermir l'une et l'autre. Or, je soutiens que le caractère qu'a pris jusqu'ici votre délibération va directement contre ce but.

En effet, quel est le parti que la saine politique prescrit pour cimenter la république naissante ? C'est de graver profondément dans les cœurs le mépris de la royauté, et de frapper de stupeur tous les partisans du roi. Donc, présenter à l'univers son crime comme un problème ; sa cause comme l'objet de la discussion la plus imposante, la plus religieuse, la plus difficile qui puisse occuper les représentants du peuple français, mettre une distance incommensurable[1] entre le seul souvenir de ce qu'il fut, et la dignité d'un citoyen ; c'est précisément avoir trouvé le secret de le rendre encore dangereux à la liberté.

1. Impossible à mesurer.

LE REGARD D'UN GRAVEUR

2 Anonyme, *Interrogatoire de Louis XVI à la Convention nationale le 6 décembre 1792*, fin du XVIIIe siècle

LE REGARD DE LA DÉFENSE

3 Raymond de Sèze, plaidoirie devant la Convention, 26 décembre 1792

Raymond de Sèze est l'un des avocats de Louis XVI. C'est lui qui prononce la plaidoirie de clôture du procès.

Citoyens représentants de la Nation, il est donc enfin arrivé ce moment où Louis accusé au nom du peuple français, peut se faire entendre au milieu de ce peuple lui-même ! Il est arrivé ce moment où entouré des conseils que l'humanité et la loi lui ont donnés, il peut présenter à la Nation une défense et développer devant elle les intentions qui l'ont toujours animé ! Citoyens je vous parlerai avec la franchise d'un homme libre : je cherche parmi vous des juges, et je n'y vois que des accusateurs ! Vous voulez prononcer sur le sort de Louis, et c'est vous-mêmes qui l'accusez ! Vous voulez et vous avez déjà émis votre vœu ! Vous voulez prononcer sur le sort de Louis et vos opinions parcourent l'Europe ! Louis sera donc le seul Français pour lequel il n'existe aucune loi, ni aucune forme ! Il ne jouira ni de son ancienne condition ni de la nouvelle[1] ! Quelle étrange et inconcevable destinée ! Français, la révolution qui vous régénère a développé en vous de grandes vertus ; mais craignez, qu'elle n'ait affaibli dans vos âmes le sentiment de l'humanité, sans lequel il ne peut y en avoir que de fausses !

1. Sous l'Ancien Régime, le roi jouissait d'un statut qui pouvait le placer au-dessus des lois ; à partir de 1789, il devient, en principe, un citoyen soumis aux lois votées par la nation.

Regards croisés

Croiser les regards

1 Comment Robespierre cherche-t-il à persuader la Convention de condamner Louis XVI ?

2 Comment l'avocat de Louis XVI réfute-t-il la Convention et les accusations contre le roi ?

3 D'après la gravure, comment la parole était-elle mise en scène lors du procès ?

Faire le bilan

4 Quel rôle a joué la rhétorique dans le procès de Louis XVI ? Vous répondrez à cette question dans un paragraphe d'une quinzaine de lignes.

ATELIER D'ÉCRITURE

Écrire un discours

Objectif

Vous rédigerez un discours d'une vingtaine de lignes, pour dénoncer un fait de société qui vous scandalise. Il peut s'agir d'un sujet en lien avec les inégalités, l'injustice, le réchauffement climatique, etc.
Pour atteindre cet objectif, vous pouvez vous aider du texte ci-dessous et des activités de cette double page.

Écoutez le discours. liennathan.fr/8h5h2p

Victor Hugo (1802-1885)
Cet homme de lettres, figure de proue du romantisme, s'est distingué dans tous les genres littéraires. Il a également mené une carrière politique, notamment en tant que député.

Document 1 — Victor Hugo, Discours à l'Assemblée nationale, 9 juillet 1849

Ce discours a été prononcé pour soutenir la proposition d'un député souhaitant constituer un comité dont la mission aurait été de préparer des lois pour l'assistance publique.

Je ne suis pas, messieurs, de ceux qui croient qu'on peut supprimer la souffrance en ce monde ; la souffrance est une loi divine ; mais je suis de ceux qui pensent et qui affirment qu'on peut détruire la misère.

Remarquez-le bien, messieurs, je ne dis pas diminuer, amoindrir, limiter, circonscrire, je dis détruire. Les législateurs et les gouvernants doivent y songer sans cesse ; car, en pareille matière, tant que le possible n'est pas fait, le devoir n'est pas rempli.

La misère, messieurs, j'aborde ici le vif de la question, voulez-vous savoir jusqu'où elle est, la misère ? Voulez-vous savoir jusqu'où elle peut aller, jusqu'où elle va, je ne dis pas en Irlande, je ne dis pas au Moyen Âge, je dis en France, je dis à Paris, et au temps où nous vivons ? Voulez-vous des faits ?

Il y a dans Paris, dans ces faubourgs de Paris que le vent de l'émeute soulevait naguère si aisément, il y a des rues, des maisons, des cloaques[1], où des familles, des familles entières, vivent pêle-mêle, hommes, femmes, jeunes filles, enfants, n'ayant pour lits, n'ayant pour couvertures, j'ai presque dit pour vêtements, que des monceaux infects de chiffons en fermentation, ramassés dans la fange du coin des bornes, espèce de fumier des villes, où des créatures s'enfouissent toutes vivantes pour échapper au froid de l'hiver.

Voilà un fait. En voulez-vous d'autres ? Ces jours-ci, un homme, mon Dieu, un malheureux homme de lettres, car la misère n'épargne pas plus les professions libérales que les professions manuelles, un malheureux homme est mort de faim, mort de faim à la lettre, et l'on a constaté, après sa mort, qu'il n'avait pas mangé depuis six jours.

Voulez-vous quelque chose de plus douloureux encore ? Le mois passé, pendant la recrudescence du choléra, on a trouvé une mère et ses quatre enfants qui cherchaient leur nourriture dans les débris immondes et pestilentiels des charniers de Montfaucon[2] !

Eh bien, messieurs, je dis que ce sont là des choses qui ne doivent pas être ; je dis que la société doit dépenser toute sa force, toute sa sollicitude, toute son intelligence, toute sa volonté, pour que de telles choses ne soient pas ! Je dis que de tels faits, dans un pays civilisé, engagent la conscience de la société tout entière ; que je m'en sens, moi qui parle, complice et solidaire, et que de tels faits ne sont pas seulement des torts envers l'homme, que ce sont des crimes envers Dieu !

Vous n'avez rien fait, j'insiste sur ce point, tant que l'ordre matériel raffermi n'a point pour base l'ordre moral consolidé !

1. Lieu recevant les ordures et les eaux usées.
2. Décharge située à l'emplacement de l'actuel parc des Buttes-Chaumont, à Paris.

Démarche

Étape 1 Lire un discours

1 Que dénonce Victor Hugo ?

2 Que suscite en vous ce discours ?

3 Pensez-vous que ce discours soit efficace ? Pourquoi ?

4 Quels procédés d'écriture ont particulièrement retenu votre attention ?

Étape 2 Choisir le sujet du discours

5 Déterminez le sujet de votre discours. Vous formulerez une phrase commençant par : « Je veux dénoncer... ». Vous pouvez vous inspirer d'une de ces images.

Étape 3 Mener des recherches

6 Pour nourrir votre discours, menez des recherches permettant de vous fonder sur des faits précis. Vous pouvez par exemple chercher des articles de presse, des statistiques, des témoignages, etc.

Étape 4 Élaborer le plan du discours

7 À l'aide de vos recherches, formulez au moins trois arguments, que vous classerez de manière progressive, en terminant par le plus fort.

8 Illustrez chaque argument par au moins un exemple (événement ou fait d'actualité, témoignage, statistique, etc.).

CONSEIL

Conservez la référence de vos sources : nom de l'auteur, titre du document, adresse du site Internet, éditeur, page, etc.
Vous pouvez vous aider de ce que vous avez appris dans l'objet d'étude 2, « S'informer, informer : les circuits de l'information », pour vous assurer de la fiabilité de vos sources.

Étape 5 Rédiger le discours

9 Rédigez votre discours en fonction de votre plan. Inspirez-vous pour cela des procédés d'écriture de Victor Hugo.

10 Lisez votre discours à la classe.

Le Discours d'un roi

Tom Hooper (né en 1972)
Ce réalisateur britannique se révèle au public en 2010 avec *Le Discours d'un roi*. Il a également réalisé l'adaptation en comédie musicale des *Misérables* de Victor Hugo.

RÉSUMÉ DU FILM

Ce film est centré sur l'accession au trône d'Albert (dit Bertie) en 1937, après le décès de son père George V et l'abdication de son frère aîné. Il est fondé sur l'histoire vraie du père de l'actuelle reine Elisabeth et montre le combat de George VI contre son bégaiement, sur un fond politique international riche en menaces. Il devra affronter ses peurs avec l'aide d'un orthophoniste, Lionel Logue, tout en comptant sur le soutien de sa femme. Son objectif : faire de son royaume un rempart contre l'Allemagne nazie.

Étudier une scène

Le prince Albert prononce un discours pour la clôture de la British Empire Exhibition de 1925.

1. Quelle impression se dégage d'Albert au moment de son discours (attitude, regard, visage) ?
2. Comment les auditeurs réagissent-ils ?
3. Quelles oppositions pouvez-vous relever entre les images 2 et 3 ? Que soulignent-elles ?

Étudier une scène

Le 3 septembre 1939, Georges VI s'adresse à la nation anglaise pour annoncer l'entrée en guerre du Royaume-Uni contre l'Allemagne.

Nous voici plongés de force dans ce conflit, car nous sommes tenus de nous dresser contre un principe, qui s'il devait s'imposer, serait fatal à tout ordre civilisé dans le monde.

Un tel principe, dépouillé de ses artifices, est sûrement l'expression de cette doctrine primitive qui veut que la force prime sur le droit. Au nom de tout ce que nous chérissons, il est inconcevable que nous refusions de relever ce défi.

C'est dans ce but suprême que j'invite maintenant mon peuple d'Angleterre et mes peuples d'outremer à épouser notre cause. Je leur demande de rester calmes, fermes et unis dans l'épreuve.

La tâche sera rude. Des jours sombres nous attendent, et la guerre ne peut plus désormais se borner au seul champ de bataille.

Mais nous ne pouvons bien agir que selon notre idée du bien, et, avec déférence, au nom de notre cause, en appeler à Dieu.

Si tous ensemble, nous restons résolument fidèles à cette cause, alors, avec l'aide de Dieu, nous vaincrons.

4 Que peuvent ressentir les auditeurs à l'écoute de ce discours ? Pourquoi ?

5 À quelles valeurs Georges VI fait-il appel pour justifier l'entrée en guerre du Royaume-Uni contre l'Allemagne ? Pourquoi ?

6 Pourquoi ce discours est-il important ?

Étudier un thème

L'apprentissage de l'éloquence

7 D'après les images, que doit oublier le roi pour dépasser son handicap et ses craintes ?

8 Pourquoi l'orthophoniste Lionel Logue fit-il écouter au roi de la musique alors qu'il essaie de lire ?

9 Visionnez les séances chez l'orthophoniste : quelles méthodes vous semblent originales ?

Écrire un message

10 Mettez-vous à la place de la femme du roi. Imaginez qu'elle lui laisse un message sur son bureau pour le féliciter de son parcours. Votre texte comprendra entre dix et quinze lignes.

CORPUS La parole prophétique

Document 1

Victor Hugo, « Fonction du poète », *Les Rayons et les Ombres*, 1840

Dieu le veut, dans les temps contraires[1],
Chacun travaille et chacun sert.
Malheur à qui dit à ses frères :
Je retourne dans le désert !
Malheur à qui prend ses sandales
Quand les haines et les scandales
Tourmentent le peuple agité !
Honte au penseur qui se mutile
Et s'en va, chanteur inutile,
Par la porte de la cité !

Le poète en des jours impies[2]
Vient préparer des jours meilleurs.
Il est l'homme des utopies,
Les pieds ici, les yeux ailleurs.
C'est lui qui sur toutes les têtes,
En tout temps, pareil aux prophètes,
Dans sa main, où tout peut tenir,
Doit, qu'on l'insulte ou qu'on le loue,
Comme une torche qu'il secoue,
Faire flamboyer l'avenir !

Il voit, quand les peuples végètent !
Ses rêves, toujours pleins d'amour,
Sont faits des ombres que lui jettent
Les choses qui seront un jour.
On le raille. Qu'importe ! il pense.
Plus d'une âme inscrit en silence
Ce que la foule n'entend pas.
Il plaint ses contempteurs[3] frivoles ;
Et maint faux sage à ses paroles
Rit tout haut et songe tout bas !

Peuples ! écoutez le poète !
Écoutez le rêveur sacré !
Dans votre nuit, sans lui complète,
Lui seul a le front éclairé.
Des temps futurs perçant les ombres,
Lui seul distingue en leurs flancs sombres
Le germe qui n'est pas éclos.
Homme, il est doux comme une femme.
Dieu parle à voix basse à son âme
Comme aux forêts et comme aux flots.

C'est lui qui, malgré les épines,
L'envie et la dérision,
Marche, courbé dans vos ruines,
Ramassant la tradition.
De la tradition féconde
Sort tout ce qui couvre le monde,
Tout ce que le ciel peut bénir.
Toute idée, humaine ou divine,
Qui prend le passé pour racine,
A pour feuillage l'avenir.

Il rayonne ! il jette sa flamme
Sur l'éternelle vérité !
Il la fait resplendir pour l'âme
D'une merveilleuse clarté.
Il inonde de sa lumière
Ville et désert, Louvre et chaumière,
Et les plaines et les hauteurs ;
À tous d'en haut il la dévoile ;
Car la poésie est l'étoile
Qui mène à Dieu rois et pasteurs !

1. Difficiles, hostiles.
2. Méprisant la religion et les choses sacrées.
3. Personnes qui méprisent, critiquent.

Victor Hugo (1802-1885)
Ce célèbre écrivain fut le chef de file du romantisme français mais aussi un intellectuel engagé qui s'est prononcé en faveur de nombreuses avancées sociales.

Écoutez le poème.
liennathan.fr/99df2h

Lire un poème

1 Quels sont les différents pouvoirs de la parole poétique, d'après Victor Hugo ?

2 Quelle image Victor Hugo donne-t-il du poète dans ce poème ?

Déclamer un poème

3 Lisez à voix haute le poème de Victor Hugo afin de mettre en relief ses intentions.

Avant de commencer

- Vérifiez votre compréhension des vers et indiquez sur le texte certaines intonations. Entraînez-vous en soignant l'articulation, le volume et le débit.

Document 2 Jean-Auguste-Dominique Ingres, *L'Apothéose d'Homère*, 1827

Ce tableau représente Homère, illustre poète de la fin du VIIIe siècle avant J.-C., célébré par les grands hommes de Grèce, de Rome et des Temps modernes.

Jean-Auguste-Dominique Ingres (1780-1867)

Ce peintre reconnu recherchait la beauté dans les contours harmonieux du dessin, comme dans sa *Grande Odalisque*.

Étudier un tableau

4 Cherchez ce qu'est une apothéose. Comment comprenez-vous alors le sens du tableau ?

5 Utilisez le QR code ci-contre pour savoir qui sont les personnages représentés. Selon vous, pourquoi le peintre les a-t-il choisis ?

Mes ressources numériques

Consultez l'analyse du tableau.
liennathan.fr/9vhk92

Écoutez un podcast de France Culture sur l'ombre et la lumière chez Victor Hugo.
liennathan.fr/9bgi32

Écoutez une série de podcasts de France Culture sur Homère.
liennathan.fr/6s4a8v

CORPUS La parole émouvante

Document 1 Ovide, *Les Métamorphoses*, an 1

Le poète Orphée descend aux Enfers chercher sa compagne Eurydice, tuée par un serpent. Il chante avec sa lyre pour supplier Pluton et Perséphone, les souverains des lieux.

« La cause de mon voyage est ma femme. Une vipère foulée aux pieds
a répandu en elle son poison et lui a pris les années à venir.
J'ai voulu le supporter, je ne dirai pas que je n'ai pas essayé.
L'Amour a vaincu. Ce dieu est bien connu sur la rive d'en haut.
L'est-il ici aussi ? Je ne sais pas. Je suppose qu'il l'est aussi.
Si ce qu'on dit de l'ancien enlèvement[1] n'est pas mensonge,
vous-mêmes, l'amour vous unit. Moi, par ces lieux pleins d'effroi,
par le Chaos immense, par les silences du grand royaume,
je vous en prie : défaites le destin précipité d'Eurydice.
Nous vous devons tout et, après un peu de temps,
plus ou moins vite nous nous précipitons au même séjour.
Nous y avançons tous, c'est notre dernière maison ; vous
possédez le plus long royaume du genre humain.
Elle aussi, à l'âge mûr, lorsqu'elle aura achevé ses justes années,
elle sera sous votre loi. Plus que le don je réclame l'usage.
Si les destins refusent le pardon à ma femme, sûr,
je ne veux pas revenir. Réjouissez-vous alors de notre mort à tous les deux. »
Il dit et bouge les cordes sur les mots.
Les esprits qui ont perdu le sang pleurent. Tantale ne cherche plus
à retenir l'eau fugitive et la roue d'Ixion s'arrête
et les vautours ne déchirent plus le foie et les danaïdes restent
sans leur vase et sur ton rocher, Sisyphe, tu t'assieds[2].
On raconte que pour la première fois, vaincues par le poème,
les Euménides[3] mouillent leurs joues. La femme du roi
ne veut rien refuser au suppliant, celui qui règne en bas non plus ;
ils appellent Eurydice. Elle était au milieu des ombres récentes ;
elle marche d'un pas ralenti par sa blessure.

Traduit du latin par Marie Cosnay, 2017.

1. Pluton a enlevé Perséphone par amour.
2. Évocation de célèbres suppliciés des Enfers, dont les mouvements perpétuels sont interrompus par le chant d'Orphée.
3. Déesses de la Vengeance.

Ovide
(43 av. J.-C. - 17 ou 18 ap. J.-C.)
Ce poète latin est connu pour sa poésie amoureuse et son recueil épique *Les Métamorphoses*, qui rapporte des épisodes mythologiques.

Écoutez le poème.
liennathan.fr/2w7z2x

Lire un poème

1. Les paroles d'Orphée vous semblent-elles convaincantes ? Pourquoi ?
2. Quels sont les effets du chant d'Orphée ?

Mes ressources numériques

Écoutez un podcast sur le mythe d'Orphée, réalisé par le musée gallo-romain de Saint-Romain-en-Gal.
liennathan.fr/t62k7a

Document 2 Jules Supervielle, « Un poète », *Les Amis inconnus*, 1934

Je ne vais pas toujours seul au fond de moi-même
Et j'entraîne avec moi plus d'un être vivant.
Ceux qui seront entrés dans mes froides cavernes
Sont-ils sûrs d'en sortir même pour un moment ?
J'entasse dans ma nuit, comme un vaisseau qui sombre,
Pêle-mêle, les passagers et les marins,
Et j'éteins la lumière aux yeux, dans les cabines,
Je me fais des amis des grandes profondeurs.

Jules Supervielle (1884-1960)
Ce poète franco-uruguayen propose une œuvre très personnelle, qui explore à la fois le monde et l'intime en s'affranchissant de tout courant.

Écoutez le poème. liennathan.fr/er23s5

Document 3 Marc Chagall, *Le Mythe d'Orphée*, 1977

Marc Chagall (1887-1985)
Ce peintre russe naturalisé français crée une œuvre onirique qui privilégie les formes naïves et primitives pour développer une symbolique personnelle.

Comparer des documents

3 Comment qualifieriez-vous l'atmosphère du poème de Supervielle ? Pourquoi ?

4 D'après Supervielle, quels rapports entretiennent le poète et ses lecteurs ? Justifiez votre réponse.

5 Quels liens pouvez-vous établir entre le tableau de Chagall et les documents 1 et 2 ?

Présenter un poème

6 Lisez et présentez à la classe un poème qui vous a particulièrement ému(e). Expliquez pourquoi.

Avant de commencer

a Où et comment avez-vous découvert ce poème ?

b Pourquoi vous a-t-il ému(e) ?

CORPUS La parole captivante

Document 1 **Jean de La Fontaine, *Fables*, 1678**

Cette fable fut publiée à une période délicate pour la politique extérieure de la France menacée par plusieurs États européens.

Le pouvoir des fables

Dans Athène autrefois, peuple vain et léger,
Un orateur, voyant sa patrie en danger,
Courut à la tribune ; et d'un art tyrannique,
Voulant forcer les cœurs dans une république,
Il parla fortement sur le commun salut.
On ne l'écoutait pas. L'orateur recourut
À ces figures[1] violentes
Qui savent exciter les âmes les plus lentes :
Il fit parler les morts, tonna, dit ce qu'il put.
Le vent emporta tout ; personne ne s'émut ;
L'animal aux têtes frivoles ;
Étant fait à ces traits[2], ne daignait l'écouter ;
Tous regardaient ailleurs : il en vit s'arrêter
À des combats d'enfants, et point à ses paroles.
Que fit le harangueur[3] ? Il prit un autre tour.
« Cérès[4], commença-t-il, faisait voyage un jour
Avec l'anguille et l'hirondelle ;
Un fleuve les arrête, et, l'anguille en nageant,
Comme l'hirondelle en volant ;
Le traversa bientôt. » L'assemblée à l'instant
Cria tout d'une voix : « Et Cérès, que fit-elle ?
– Ce qu'elle fit ? Un prompt courroux
L'anima d'abord contre vous.
Quoi ! de contes d'enfants son peuple s'embarrasse !
Et du péril qui le menace
Lui seul entre les Grecs il néglige l'effet !
Que ne demandez-vous ce que Philippe[5] fait ? »
À ce reproche l'assemblée,
Par l'apologue[6] réveillée,
Se donne entière à l'orateur :
Un trait de fable en eut l'honneur.
Nous sommes tous d'Athène en ce point ; et moi-même,
Au moment que je fais cette moralité,
Si Peau d'Âne[7] m'était conté,
J'y prendrais un plaisir extrême.
Le monde est vieux, dit-on : je le crois ; cependant
Il le faut amuser encor comme un enfant.

Jean de La Fontaine (1621-1695)
Ce poète français renommé s'inspire des fables de l'Antiquité gréco-latine pour délivrer des enseignements moraux.

Écoutez la fable.
liennathan.fr/av8x36

1. Figures de rhétorique. 2. Habitué à ces procédés. 3. Orateur au ton solennel. 4. Déesse des Moissons. 5. Philippe de Macédoine, ennemi des Grecs. 6. Fable. 7. Conte populaire.

Lire une fable

1 Selon vous, pourquoi l'auditoire n'est-il pas sensible au discours de l'orateur ?

2 Qu'est-ce qui capte l'attention de l'auditoire ? À votre avis, pourquoi ?

3 Que pense La Fontaine de l'attitude des Athéniens ?

Document 2

François Chauveau, « Le Pouvoir des fables », *Fables* de Jean de La Fontaine, 1688

Comparer des documents

4 Quelle partie de la fable cette gravure illustre-t-elle, selon vous ?

5 Dans quelle attitude est représenté l'orateur sur l'image ? À quels éléments du texte cette attitude correspond-elle ?

Créer une audiothèque

6 Enregistrez à voix haute votre lecture d'un texte du manuel afin de captiver votre auditoire. Déposez ensuite votre enregistrement dans un espace de partage de l'ENT.

7 Écoutez les textes lus par les autres élèves et déterminez la lecture la plus convaincante.

Avant de commencer

- Choisissez un texte que vous trouvez captivant et cherchez à le mettre en valeur à l'oral en jouant sur le rythme et les tonalités.

ATELIER D'ORAL

Réaliser une anthologie poétique sonore

Objectif

Collectivement, vous créerez une anthologie poétique sonore.
Vous apprendrez à lire des poèmes, que vous enregistrerez. Pour atteindre cet objectif, vous pouvez vous aider des activités de cette double page.

Étape 1 S'entraîner à lire des vers

1 Recopiez la strophe suivante en mettant entre parenthèses les « e » qu'il ne faut pas prononcer et en soulignant ce qu'il faut prononcer. Entraînez-vous ensuite à lire correctement la strophe.

Demain, dès l'aube, à l'heure où blanchit la campagne,
Je partirai. Vois-tu, je sais que tu m'attends.
J'irai par la forêt, j'irai par la montagne.
Je ne puis demeurer loin de toi plus longtemps.

Victor Hugo, *Les Contemplations*, 1856.

2 Recopiez la strophe suivante en signalant les liaisons obligatoires par un trait. Soulignez également les « e » à prononcer et mettez entre parenthèses ceux qu'il ne faut pas prononcer. Puis entraînez-vous à lire la strophe.

Souvent, pour s'amuser, les hommes d'équipage
Prennent des albatros, vastes oiseaux des mers,
Qui suivent, indolents compagnons de voyage,
Le navire glissant sur les gouffres amers.

Charles Baudelaire, « L'Albatros », *Les Fleurs du mal*, 1857.

CONSEIL

Dans un vers, la lettre « e »...

se prononce...

➤ à la fin d'un mot, si la première lettre du mot suivant est une consonne.

Ex. : *Je retourne dans le désert !*

ne se prononce pas...

➤ à la fin du vers.

Ex. : *Peuples ! écoutez le poèt(e) !*

➤ à la fin d'un mot, si la première lettre du mot suivant est une voyelle.

Ex. : *Chacun travaill(e) et chacun sert.*

Étape 2 Choisir un poème

3 Au CDI ou sur Internet, cherchez un poème qui vous touche. Vous pouvez aussi choisir parmi les poèmes que vous avez étudiés les années précédentes. Expliquez en quelques lignes votre choix.

Lexique

- Un poème peut être *touchant, émouvant, poignant, révoltant, intrigant*, etc.
- On peut se sentir *touché, ému, révolté, intrigué* par sa lecture, etc.

Étape 3 Préparer la lecture

4 Quelle impression ou quel sentiment souhaitez-vous susciter chez votre auditeur ? Pourquoi ?

5 Photocopiez ou imprimez le poème choisi. Annotez le texte en fonction des effets que vous souhaitez produire : ton de la voix, rythme, silences, etc.

Lexique

- Le ton de la voix peut être *joyeux, grave, entraînant, pathétique, tragique*, etc.
- Le rythme peut être *lent, rapide, soutenu, irrégulier, allègre, entraînant, enlevé*, etc.

Étape 4 Enregistrer la lecture

6 À l'aide de la fonction enregistrement de votre téléphone ou d'une application de votre ENT (Balado ou Audacity par exemple), enregistrez la lecture de votre poème. Recommencez jusqu'à obtenir un résultat satisfaisant.

7 À l'aide d'une application de montage, vous pouvez enrichir votre lecture par des effets sonores, en fonction des thèmes de votre poème (vous pouvez par exemple introduire le bruit du vent ou de la pluie, etc.).

CONSEIL

Faites attention :

aux « **e** » muets → aux **liaisons** → au **rythme** de votre lecture → à votre **articulation** → au **ton** de votre voix

Étape 5 Évaluer la lecture

8 À l'aide de la grille ci-dessous, évaluez votre lecture.

Critères	Réussites	Points à améliorer
La lecture est fluide et audible.		
La lecture rend compte du sens du texte.		
La lecture suscite des émotions chez l'auditeur.		
Le montage est mis au service du texte.		

Mes ressources numériques

Vous pourrez trouver des bruitages gratuits dans une sonothèque.
liennathan.fr/i338dv

Étape 6 Partager votre travail

9 Mettez en commun les enregistrements de la classe dans un espace virtuel partagé. Réfléchissez collectivement à une organisation des différentes productions.

CONSEIL

Vos enregistrements peuvent être organisés en fonction de la chronologie, des mouvements littéraires, des thèmes ou des tonalités des poèmes...

L'ENT de votre lycée propose certainement un espace de partage de type mur virtuel, qui vous permettra d'organiser librement les enregistrements.

Dire, Lire, Écrire le métier

À quoi un poète peut-il servir ?

Dire le métier

1 Selon vous, à quoi un poète peut-il servir dans notre société ? Vous préparerez une réponse orale de trois minutes. Vous pouvez vous aider des documents de cette double page pour nourrir cette réponse.

Lire le métier

Document 1 — Anne Bocandé, « La poésie est une forme d'état d'être au monde », *Africultures*, 2015

Julien Delmaire publie en 2015 un recueil de poèmes, Bogolan, au Temps des cerises. Un ouvrage en 40 fragments dans l'intimité d'un homme qui, après avoir vécu plusieurs années en France, rentre au Sénégal. […]

En plus des temps d'écriture, vous animez des ateliers. Comment cela s'inscrit dans votre travail ? Est-ce une manière de gagner sa vie pour un artiste ?

C'est un moyen de gagner sa vie en parallèle des lectures, des écritures et des commandes de textes, mais ceci dit, à une période où je n'avais pas besoin financièrement de faire des ateliers, avec les avances sur les livres, les bourses et les prix gagnés, j'en avais un réel besoin intérieur. Pour moi, c'est aussi une manière de ne pas se détourner du réel. Mes ateliers se font le plus souvent auprès de publics pour qui le livre n'est pas un élément du quotidien, l'écriture non plus. Même dans les écoles, les collèges, il y a des gens pour qui l'écriture est une souffrance, la lecture une torture. Ou quelque chose qui leur passe complètement au-dessus de la tête.

Et pour moi, c'est bêtement rendre ce qu'on m'a donné ; à un moment donné la poésie m'a littéralement permis de donner un sens à ma vie et de me trouver un équilibre. Je me dois de partager cette passion. Si tu rends fier quelqu'un qui a écrit un texte, alors que pour lui l'écriture a toujours été une forme d'humiliation, c'est formidable. Et puis ça m'apprend énormément ; quand je suis avec des ados, cela me permet de comprendre ce qu'il y a dans la tête des adolescents aujourd'hui, leur regard sur le monde. Les ateliers me permettent vraiment de rester accroché au réel.

Document 2 — Benjamin Roure, « Ces poètes qui réussissent à vivre de leurs mots », *Le Monde*, 2005

Ils ne sont qu'une poignée en France à avoir choisi de ne pas dépendre financièrement d'un autre métier. Ils animent des ateliers d'écriture, lisent leurs textes en public, répondent à des commandes. Car leurs seuls droits d'auteur ne suffiraient pas. Les tirages d'ouvrages de poésie contemporaine atteignent rarement le millier d'exemplaires, seuil où l'on peut déjà parler de succès. *« Le tirage d'un livre est d'environ 600 exemplaires, 1 000 pour un auteur plus connu, explique François Boddaert, directeur des éditions Obsidiane. Sur une durée de quatre à cinq ans, on n'en vend en librairie que la moitié. »*

André Velter, directeur de la collection « Poésie/Gallimard », confirme : *« La poésie n'obéit pas au marché classique, elle a une durée de vie qui touche à l'éternité. Un livre peut prendre des dizaines d'années avant de commencer à se vendre. »* Il cite *Alcools*, de Guillaume

2 Dans le document 1, pourquoi le poète ressent-il le besoin d'animer des ateliers d'écriture ?

3 D'après les documents 1 et 2, quelles sont les motivations des poètes ?

Mes ressources numériques

Visitez le site du Printemps des poètes.
liennathan.fr/32ean6

Représenter le métier

Document 3 **Enki Bilal, affiche pour le Printemps des Poètes, 2019**

Le Printemps des Poètes est une manifestation francophone créée en 1999, se déroulant en France et au Québec. Le but est d'inciter le plus grand nombre à célébrer la poésie, à l'image de la Fête de la musique.

6 Quelle image semble se dégager du personnage sur l'affiche, selon vous ?

7 Quels sont les points communs entre cette affiche et les interviews ?

Apollinaire, dont la première édition en 1921 n'avait séduit que 241 acheteurs. Ils sont aujourd'hui plus de 1,3 million.

Cette confidentialité n'a cependant pas arrêté quelques irréductibles, qui ressentent le besoin de s'affranchir de toute activité professionnelle pour créer. Jean-Pascal Dubost est de ceux-là. Vendeur en librairie, il ne s'intéressait pas spécialement à la poésie, dégoûté par l'apprentissage scolaire. Une lecture publique l'a si fortement impressionné qu'il a démissionné pour suivre sa voie, parfois pénible mais nécessaire à ses yeux. *« L'inconfort m'aide à écrire, c'est stimulant, explique-t-il. Le confort de l'emploi donne l'inconfort du temps. J'ai quitté mon travail car je voulais disposer moi-même de mon temps. »*

4 Quels obstacles ou difficultés peuvent-ils rencontrer ?

5 Comprenez-vous leur choix de vivre de la poésie ? Pourquoi ?

Écrire le métier

8 Expliquez dans quelle mesure et à quelles conditions votre futur métier peut vous aider à vous épanouir professionnellement. Vous pouvez joindre une photographie à votre présentation.

Avant de commencer

Notez au brouillon les idées ci-dessous.

- Atouts du métier
- Autres satisfactions de ce métier
- Sentiments éprouvés

Pour aller plus loin…

Une méthode

Bertrand Perier,
La parole est un sport de combat,
2017

Cet ouvrage dévoile des techniques et des astuces pour mieux maîtriser la prise de parole et être à l'aise en public.

Un recueil poétique

Jacques Prévert,
***Paroles,* 1945**

Le titre de ce recueil annonce le projet de son auteur : mêler toutes les formes de paroles, varier les styles, faire porter la voix de ceux qu'on n'entend pas.

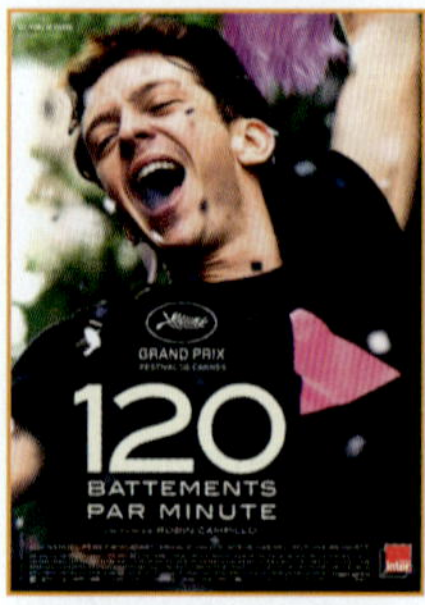

Un film

Robin Campillo,
***120 battements par minute,* 2017**

Ce film met en scène le combat des militants d'Act Up, alors qu'aucun traitement n'existait contre le sida. Au-delà de la question de la maladie, c'est la mise en scène de la parole qui intéresse le réalisateur, lors des débats ou des manifestations menées par les membres de l'association.

Une bande dessinée

Bocquet et Catel,
Olympe de Gouges,
2012

Cette bande dessinée retrace le destin d'une révolutionnaire connue pour ses discours engagés au profit d'une égalité absolue entre les êtres humains, hommes ou femmes, noirs ou blancs.

Créer une fiche bilan

1. Créez une carte mentale qui représentera ce que vous avez découvert dans ce chapitre (œuvres étudiées, thèmes et notions abordés, mots-clés, etc.). Vous pourrez également présenter votre travail sous la forme d'un diaporama.

Exprimer ses goûts

2. Quel texte avez-vous préféré dans ce chapitre ? Pourquoi ?
3. Lequel avez-vous le moins apprécié ?
4. Quel autre document vous a marqué(e) ?

Évaluer ses réussites

5. Quelles nouvelles compétences avez-vous acquises pendant ce chapitre ? À l'aide de quelles activités ?
6. Que savez-vous mieux faire, à la fin de ce chapitre ?

Évaluer ses besoins

7. Quelles difficultés se posent encore à vous ?
8. Que pouvez-vous mettre en œuvre pour progresser ?

Les outils pour apprendre

1

ÉTUDE DE LA LANGUE

- Des cartes mentales pour mémoriser plus facilement les notions de grammaire.
- Des leçons pour observer, apprendre et s'entraîner.

P. 240-275

2

LE FRANÇAIS PROFESSIONNEL

- Des méthodes et des outils pour mieux appréhender le monde du travail.

P. 276-285

Les classes **de mots**

PRONOMS
- **Personnels :** *je, tu, il, me, te, lui...*
- **Possessifs :** *le mien, les siennes...*
- **Démonstratifs :** *celui(-ci), celle(-ci), ceci, cela...*
- **Interrogatifs :** *qui, que...*
- **Relatifs :** *qui, que, quoi, dont, où, lequel, auquel, duquel...*
- **Indéfinis :** *aucun, nul, personne, rien, quelqu'un, quelque chose, le même...*

NOMS
- **Communs :** *chien, table...*
- **Propres :** *France, Victor Hugo...*

MOTS VARIABLES

ADJECTIFS
Ex : *beau, grand, rouge...*

VERBES
Ex : *manger, aller, finir, prendre...*

DÉTERMINANTS
- **Articles définis :** *le, la, les...*
- **Articles indéfinis :** *une, une, des...*
- **Déterminants possessifs :** *ma, ton, leur...*
- **Déterminants démonstratifs :** *ce, cette, ces...*
- **Déterminants indéfinis :** *certain, tout, quelque, plusieurs, aucun...*
- **Déterminants exclamatifs ou interrogatifs :** *quel, quelles, quels*

CONJONCTIONS DE COORDINATION
Ex : *mais, ou, et, donc, or, ni, car*

CONJONCTIONS DE SUBORDINATION
Ex : *que, quand, si, comme, bien que, dès que, avant que...*

MOTS INVARIABLES

PRÉPOSITIONS
Ex : *dans, de, en, à, pour...*

ONOMATOPÉES
Ex : *clac, boum, toc...*

ADVERBES
Ex : *gentiment, bien, très, si, ensuite, après, ici, loin, jamais, toujours...*

ONOMATOPÉES
Ex : *ô, hélas, ah, eh...*

Les fonctions **syntaxiques**

FONCTIONS LIÉES AU VERBE

SUJET
- *Il mange à la maison.*
- *Mon meilleur ami mange à la maison.*
- *Qui mange à la maison ce soir ?*
- *Manger au travail est interdit.*

COMPLÉMENTS ESSENTIELS

COMPLÉMENTS DU VERBE
- **Le complément d'objet direct** *(COD) :*
Il mange une pomme./Il la mange.
- **Le complément d'objet indirect** *(COI) :*
Il parle à sa mère./Il lui parle.

ATTRIBUTS
- **Du sujet :**
Ce plat est délicieux.
- **Du COD :**
Je l'ai mangé chaud.

COMPLÉMENT D'AGENT
Ce plat a été cuisiné par mon frère.

FONCTIONS LIÉES AU NOM

ÉPITHÈTE
Les pommes vertes ne sont pas mûres.

APPOSITION
Le plus grand écrivain du XIXe siècle, Victor Hugo, est mort en 1885.

COMPLÉMENTS
- **Du nom :** *Le plat de ma mère est délicieux.*
- **De l'adjectif :** *Je suis content de te voir.*
- **De l'adverbe :** *Tu fais bien de le dire.*

FONCTIONS LIÉES À LA PHRASE

COMPLÉMENTS CIRCONSTANCIELS
- *J'ai mangé hier.*
- *J'ai mangé à la maison.*
- *J'ai préparé ce plat pour que tu le manges.*

Les types **de propositions**

PROPOSITIONS PRINCIPALES

Elles ne sont subordonnées à aucune proposition, mais au moins une proposition leur est subordonnée.

Ex : Quand j'ai faim, [je mange].
Ex : [Je bois de l'eau] quand je mange.

PROPOSITIONS SUBORDONNÉES

Relatives

Elles sont introduites par un pronom relatif.

ADJECTIVES

Elles peuvent être remplacées par un adjectif. Elles complètent un antécédent.

Déterminatives

Elles permettent de distinguer ce dont on parle.

Ex : Je veux manger ce plat [que tu as cuisiné].
(Je veux manger ce plat **cuisiné**.)

Explicatives

Elles apportent une précision à propos de l'antécédent.

Ex : Ce plat, [qui comporte des ingrédients périssables], doit être mis au réfrigérateur.
(Ce plat, **périssable,** doit être mis au réfrigérateur.)

SUBSTANTIVES

Elles peuvent être remplacées par un nom. Elles ne complètent pas d'antécédent.

Ex : [Ce que tu dis] est intéressant.
(**Ton propos** est intéressant.)

PROPOSITIONS INDÉPENDANTES

Elles ne sont subordonnées à aucune proposition et aucune proposition ne leur est subordonnée. Deux indépendantes peuvent être coordonnées par une conjonction de coordination, ou juxtaposées à l'aide d'une virgule, d'un point-virgule ou d'un deux-points.

- **Proposition indépendante seule**
  Ex : [Je mange].
- **Propositions indépendantes coordonnées**
  Ex : [Je mange] et [je bois].
- **Propositions indépendantes juxtaposées**
  Ex : [Je mange], [tu bois].

Complétives

Elles sont compléments du verbe.
On ne peut ni les supprimer ni les déplacer.

- Complétives introduites par « que »
  Ex : Je veux [que tu manges].
- Interrogatives indirectes
  Ex : Je me demande [s'il viendra].
  Ex : Je me demande [où il est].
- Exclamatives
  Ex : Admire [comme il est beau !]
- Infinitives
  Ex : Je vois [les invités arriver].

Circonstancielles

Elles sont compléments de la phrase et ont la fonction de complément circonstanciel.
On peut les déplacer ou les supprimer.

- Conjonctives
  Elles sont introduites par une conjonction de subordination.
  Ex : J'ai fini de manger [avant que tu n'arrives].
- Participiales
  Elles contiennent un participe passé ou présent et ne sont introduites par aucun mot subordonnant.
  Ex : [Le chat parti], les souris dansent.
  Ex : [Les taux d'intérêt baissant], il est intéressant d'emprunter.

LANGUE

1. Le nom

J'observe

a. L'**Allemande** a remporté la médaille d'or en dressage.

b. **La Fontaine** dédie ses fables au **Dauphin**.

c. Les **dauphins** suivent le bateau.

d. **Vélo** en bon état à vendre.

e. Je ne l'ai jamais vu dans les **environs**.

f. **Berlin**, on y retourne quand tu veux !

1 Expliquez l'usage des majuscules dans les phrases **a**, **b**, **d** et **f**.

2 Quels noms en couleur n'ont pas de déterminant ? Justifiez cette absence.

3 Le nom de la phrase **e** peut-il être transposé au singulier ? Comment ?

J'apprends

Le nom

► désigne des **êtres**, des **choses** ou des **concepts**.

Ex. : ***Victor Hugo**, un **poème**, des **chats**, la **liberté**.*

► peut être un **nom commun** (sans majuscule) ou un **nom propre** (avec une majuscule).

Ex. : *Eugène **Poubelle** est le préfet qui imposa l'usage des **poubelles** pour renforcer l'hygiène de la ville de Paris.*

► On appelle **antonomase** la figure qui consiste à faire passer un nom propre dans la catégorie des noms communs et vice-versa.

Ex. : Pour désigner Jésus-Christ → *Le Sauveur.*
Pour désigner un séducteur → *Un don Juan.*

► Certains noms ne s'emploient qu'au **pluriel**.

Ex. : *des archives, des gens, les fiançailles, des frais, les funérailles, des honoraires, les obsèques, des ténèbres, les vivres.*

► s'accorde en **genre** et en **nombre** avec le déterminant qui le précède et avec lequel il forme un groupe nominal.

Ex. : *la maison, des maisons / une Française, des Françaises.*

► peut s'employer **sans déterminant**.

Ex. : *Maison vendue / Parking complet.*

► Certains noms peuvent évoluer **du masculin au féminin** quand ils sont employés au pluriel : *amour, délice* et *orgue*.

Ex. : *Ils vivent un amour platonique. / « Les amours mortes en auront fini de mourir ».*

À l'aide de ce QR code, retrouvez d'autres exercices pour vous entraîner.

J'identifie

1 Dans les phrases suivantes, relevez les mots en gras qui sont des noms. Lorsqu'il s'agit d'un nom, indiquez s'il s'agit d'un nom propre ou commun, son genre et son nombre.

a. **Ris**, c'est bon pour la santé !

b. Il n'aime pas le **ris** de veau.

c. **Kim** est né ce matin.

d. **Poubelle** a révolutionné l'hygiène à Paris.

e. Sors les **poubelles**.

f. « Cet **amour** » (Prévert)

g. « Le vert paradis des **amours** enfantines. » (Baudelaire)

h. Il est **rouge** de colère.

i. Le **rouge** est une couleur chaude.

2 Lisez l'extrait suivant.

Gabriel vient chercher sa nièce à la gare.

Gabriel regarde dans le lointain ; elles, elles doivent être à la traîne, les femmes c'est toujours à la traîne ; mais non, une mouflette surgit qui l'interpelle :

« Chsuis Zazie, jparie que tu es mon tonton Gabriel.

— C'est bien moi, répond Gabriel en anoblissant son ton. Oui, je suis ton tonton. »

La gosse se marre. Gabriel, souriant poliment, la prend dans ses bras, il la transporte au niveau de ses lèvres, il l'embrasse, elle l'embrasse, il la redescend.

« Tu sens rien bon, dit l'enfant.

— Barbouze de chez Fior, explique le colosse. [...] »

Raymond Queneau, *Zazie dans le métro*, 1959.

a Identifiez les noms propres de cet extrait. Comment les avez-vous repérés ?

b Quel langage a été choisi par l'auteur ? Justifiez votre réponse.

Je manipule

3 Recopiez les phrases suivantes en les complétant par un nom propre ou un nom commun de votre choix. Vous respecterez les accords en genre et en nombre.

a. Cette .... est très drôle.

b. .... préfère les sports d'équipe.

c. Mon .... adore la haute couture.

d. Quel .... as-tu préféré ?

e. ...., est-ce un prénom mixte ?

f. .... à vendre, portée une fois.

4 Recopiez les phrases suivantes en modifiant les mots en gras comme demandé.

a. Vous avez préparé **un carton**. (*pluriel*)

b. J'aime **les edelweiss**. (*singulier*)

c. Avez-vous acheté **le cadeau** ? (*pluriel*)

d. J'ai rencontré **ces gens** hier. (*singulier*)

e. As-tu vu **le cheval** sur la plage ? (*pluriel*)

f. Il a retrouvé **le bijou**. (*pluriel*)

Je m'exprime

5 Rédigez la description d'un lieu imaginaire. Vous inventerez un nom propre à ce lieu. Vous pouvez vous inspirer de l'image ci-contre.

Émilie Möri, *Iceberg sur une plage*.

LANGUE

2. Le déterminant

J'observe

a. Il bouscula une passante. La demoiselle en question poussa un cri.

b. Ces bâtiments appartiennent à ses parents.

c. Préfères-tu aller à la piscine ou au cinéma ?

1 Identifiez les déterminants dans les phrases **a** à **c**. Quels sont les noms auxquels ils se rapportent ? Quelles règles d'accord les déterminants suivent-ils ?

2 Précisez le sens qui justifie l'emploi de chaque déterminant dans les phrases **a** et **b**.

3 Quels mots se sont associés pour former le déterminant « au » dans la phrase **c** ?

J'apprends

Le déterminant

Les caractéristiques

► **Le déterminant** se place devant un nom.
Ex. : ***un*** *livre* / ***cet*** *après-midi.*

► Il varie en genre.
Ex. : ***une*** *fille* / ***un*** *fils.*

► Il peut avoir une forme contractée.
Ex. : ***au*** *supermarché (à le supermarché)* / ***du*** *beurre (de le beurre).*

► Il varie en nombre.
Ex. : ***sa*** *fille* / ***ses*** *filles.*

Les types de déterminants

► **L'article défini (le, la, les)** désigne un être ou un objet précis. Ex. : ***la*** *maison.*

► **L'article indéfini (un, une, des)** désigne un être ou un objet de façon imprécise. Ex. : ***une*** *maison.*

► **Le déterminant numéral** indique le nombre.
Ex. : ***deux*** *maisons.*

► **Le déterminant indéfini (tout, quelque(s), certain(s), divers…)** indique une quantité non chiffrée.
Ex. : ***plusieurs*** *maisons.*

► **Le déterminant possessif (mon, ta, ses, leur(s)…)** indique l'appartenance. Ex. : ***sa*** *maison.*

► **Le déterminant démonstratif (ce, cet(te), ces…)** indique ce que l'on montre. Ex. : ***cette*** *maison.*

► **Le déterminant interrogatif.**
Ex. : ***Quelle*** *maison est la sienne ?*

► **Le déterminant exclamatif.**
Ex. : ***Quelle*** *belle maison !*

À l'aide de ce QR code, retrouvez d'autres exercices pour vous entraîner.

J'identifie

1 Précisez la nature des déterminants en gras.

a. **Quel** plaisir de recevoir **cette** actrice **au** talent exceptionnel !

b. Il a trouvé **une** solution à **mon** problème en **quelques** secondes.

c. **Quelle** boisson chaude prendrez-vous avec **le** dessert **du** jour ?

2 Identifiez et classez dans un tableau les articles définis, les articles indéfinis, les déterminants possessifs, les déterminants démonstratifs des phrases suivantes.

a La prochaine fois que tu invites tes amis à cette table, veille à ce qu'ils adoptent des manières correctes et une tenue décente pour l'occasion.

b Ses espoirs se voyaient contrariés par ces nouveaux malheurs que le destin lui adressait avec une indicible cruauté : il ne croyait plus au hasard.

Articles définis	Articles indéfinis	Déterminants possessifs	Déterminants démonstratifs
La (prochaine fois)			

Je manipule

3 Complétez les phrases suivantes avec les déterminants indiqués entre parenthèses.

a. Il n'avait pas vu Marie depuis .... (*déterminant numéral*) jours et déjà il ressentait .... (*article défini*) manque cuisant de .... (*déterminant possessif*) compagnie.

b. J'ai aperçu .... (*article indéfini*) individu suspect qui rôdait dans .... (*déterminant démonstratif*) quartier à .... (*déterminant indéfini*) moments de la journée.

4 Modifiez les phrases suivantes selon les indications entre parenthèses.

a. Il s'efforçait de respecter son (*pluriel*) camarade.

b. Je ne m'attendais pas à sa (*démonstratif*) riposte.

c. Il savourait ce (*possessif*) triomphe.

d. Quel (*pluriel*) paysage splendide !

e. Je dois rendre les clés à mon (*féminin*) propriétaire.

Je m'exprime

5 Imaginez les pensées de ce personnage, en utilisant : des articles définis (***en rouge***), des articles indéfinis (***en vert***), des déterminants démonstratifs (***en noir***), des déterminants possessifs (***en bleu***).

Sally Storch, *Night Stories*, 2009.

LANGUE

3. Le pronom

J'observe

a. **Elle** décroche la première place.
b. Elles **s'**affronteront en finale.
c. L'enfant **qui** rit l'amuse.
d. **Qui** y pensera le premier ?
e. Ta gourde est vide, prends **la mienne**.
f. Je n'aime pas ce tableau, je préfère **celui-là**.
g. Tu dis que tu aimes les mangas donc lis-**en** plus souvent.

1 Dans les phrases **a**, **b**, **d** et **e**, indiquez la fonction occupée par le pronom en gras.

2 À quoi sert le mot en gras dans la phrase **c** ?

3 Dans les phrases **e**, **f** et **g**, à quoi servent les mots en gras ?

J'apprends

Le pronom

► remplace un nom ou un groupe nominal et varie en genre, en nombre et en personne.

► occupe la même fonction grammaticale que le nom ou groupe nominal qu'il remplace.
Ex. : ***Pierre*** *mange.* → ***Il*** *mange.*
« Pierre » et « il » sont sujets du verbe « manger ».
Ex. : *Le chat mange* ***la souris****.* → *Le chat* ***la*** *mange.*
« La souris » et « la » sont COD du verbe « manger ».

► permet d'éviter des répétitions.
Ex. : ***Pierre*** *mange.*
→ ***Il*** *mange.*
Le chat mange ***la souris****.*
→ *Le chat* ***la*** *mange.*
Le chat mange ***les souris****.*
→ *Le chat* ***les*** *mange.*

► peut appartenir à différentes catégories.

• les **pronoms personnels sujets** : je, tu, il, elle, on, nous, vous, ils, elles.
Ex. : ***Pierre*** *mange.* → ***Il*** *mange.*

• les **pronoms personnels compléments** : me, te, se, le, elle, lui, soi, leurs, eux.
Ex. : *Pierre donne* ***un cadeau*** *à son frère.*
→ *Pierre lui donne* ***un cadeau****.*
→ *Pierre* ***le*** *lui donne.*

• les **pronoms adverbiaux** : en, y.
Ex. : *Prends du* ***gâteau****.* → *Prends-****en****.*
Allez ***à l'école****.* → *Allez-****y****.*

• les **pronoms possessifs** : le mien, la tienne, le leur, le nôtre, les vôtres, les leurs.
Ex. : *Tu as oublié ta carte, prends* ***la mienne****.*

• les **pronoms démonstratifs** : ce, ceci, cela, celle-ci, celui-ci.
Ex. : *De tous* ***ces gâteaux****, je préfère* ***celui-ci****.*

• les **pronoms indéfinis** : aucun, certains, nul(le), tous...
Ex. : ***Quelqu'un*** *vient.*

• les **pronoms relatifs** : qui, que, quoi, dont, où, auquel, laquelle...
Ex. : *La ville* ***que*** *j'ai visitée.*

• les **pronoms interrogatifs** : qui ? que ? lequel ? laquelle ? lesquels ?...
Ex. : ***Qui*** *vient ?*

À l'aide de ce QR code, retrouvez d'autres exercices pour vous entraîner.

J'identifie

1 Dans les phrases suivantes, indiquez si les mots en gras sont des pronoms ou non et justifiez votre réponse.

a. Cette personne, tu **la** reconnaîtras.

b. Il retrouve ce paysage **qui** lui a tant plu.

c. J'accepte de **l'**aider.

d. **Qui** veut des bonbons ?

e. **La** soupe est fade, je préfère **la mienne**.

f. **Certains** films méritent d'être revus.

g. J'en ai revu **certains** qui m'ont plu.

h. **Quels** films as-tu vus ?

i. **Lesquels** t'on plu ?

2 Lisez l'extrait suivant.

Aricie et Hippolyte s'aiment mais ne se l'avouent pas. La confidente d'Aricie, Ismène, la rassure.

Ismène

Dès vos premiers regards je l'ai vu se confondre.
Ses yeux, qui vainement voulaient vous éviter,
Déjà pleins de langueur ne pouvaient vous quitter.
Le nom d'amant peut-être offense son courage.
Mais il en a les yeux, s'il n'en a le langage.

Racine, *Phèdre*, 1677.

a Relevez tous les pronoms présents dans l'extrait.

b Classez-les selon leur fonction.

Je manipule

3 Réécrivez les phrases suivantes en remplaçant les mots en gras et les mots en couleur par des pronoms pour éviter les répétitions. Accordez-les correctement.

a. Tu voulais des chocolats, achète **des chocolats** dans cette boutique.

b. Mon frère a besoin d'une calculatrice. Ma mère prête **une calculatrice** **à mon frère**.

c. Le musée est ouvert ce dimanche. Ils vont **au musée** en famille.

d. Léa a oublié ses écouteurs. Thomas prête **ses écouteurs** **à Léa**.

Je m'exprime

4 Rédigez une description de l'image ci-contre. Vous emploierez au moins cinq pronoms que vous soulignerez.

JR, *Trompe-l'oeil*, 2021.

LANGUE

4. L'adjectif

J'observe

a. Ce **généreux** donateur lui fut d'une aide **précieuse**.

b. Leurs gants **orange** étaient recouverts d'herbe fraîche.

c. **Fascinées** par cette **passionnante** intervention, elles applaudirent.

1 Identifiez les noms ou pronoms auxquels les adjectifs en gras se rapportent. Quelles règles d'accords les adjectifs suivent-ils généralement ?

2 Quel adjectif n'obéit pas à cette règle ? Pourquoi, d'après vous ?

3 Comment ont été formés les adjectifs de la phrase **c** ?

J'apprends

L'adjectif

► exprime une qualité ou une propriété d'un nom ou d'un pronom.

Ex. : *J'entends une* ***douce*** *musique. / Certains sont* ***tristes****, d'autres* ***heureux****.*

► s'accorde en genre et en nombre avec le nom ou le pronom qu'il qualifie.

Ex. : *C'est une* ***excellente*** *idée ! / Elles sont* ***furieuses****.*

► peut provenir d'un verbe. Il s'agit alors d'un participe, présent ou passé, utilisé comme adjectif.

Ex : *Je trouve son attitude* ***énervante****. / Il porte un jean* ***troué****.*

► s'accorde au pluriel lorsqu'il se rapporte à plusieurs noms ou pronoms. Le genre est masculin, sauf lorsque tous les noms ou pronoms qualifiés sont féminins.

Ex. : *Ton propos et ton attitude sont* ***insolents****. / Elles sont toutes les deux* ***brillantes****.*

► S'il est composé, les **éléments qui s'accordent** sont ceux qui ont un **statut d'adjectif**.

Ex. : *J'aime cette sauce* ***sucrée-salée****. / L'****avant-dernière*** *candidate est partie.*

► La plupart des **adjectifs de couleur** s'accordent **lorsqu'ils ne sont pas composés**.

Ex. : *J'aime ta veste* ***violette****. / J'aime ta veste* ***vert amande****.*

► Les adjectifs de couleur sont **invariables** lorsqu'ils sont **composés** ou **dérivés d'un nom commun** désignant un objet existant.

Ex. : *Des yeux* ***bleu clair****, des yeux* ***noisette****.*

À l'aide de ce QR code, retrouvez d'autres exercices pour vous entraîner.

J'identifie

1 Lisez l'extrait suivant.

À terre, les tapis recommençaient, une jonchée de toisons grasses : il y avait, au centre, un tapis d'Agra, une pièce extraordinaire à fond blanc et à large bordure bleu tendre, où couraient des ornements violâtres, d'une imagination exquise ; partout, ensuite, s'étalaient des merveilles, les tapis de la Mecque aux reflets de velours, les tapis de prière du Daghestan à la pointe symbolique, les tapis du Kurdistan, semés de fleurs épanouies.

Émile Zola, *Au Bonheur des Dames*, 1883.

a Relevez les adjectifs de cet extrait.

b Identifiez les noms auxquels ils se rapportent.

Je manipule

2 Accordez correctement les adjectifs entre parenthèses.

a. À la longue, ... (*aigri*) par l'isolement, les parents de Léa devenaient .... (*asocial*).

b. Elle cherchait des escarpins .... (*ivoire*) pour aller avec sa chemise .... (*blanc*) et sa jupe .... (*gris clair*).

c. Ma sœur est .... (*friand*) des saveurs .... (*aigre-doux*) de la cuisine .... (*sud-coréen*).

d. Paul la trouvait .... (*séduisant*) malgré ses joues .... (*creusé*) et ses regards .... (*absent*).

3 Formez les adjectifs attendus à partir des verbes entre parenthèses.

a. Je trouve ses plaisanteries et son culot très .... (*amuser*) car j'aime les humoristes .... (*engager*).

b. Elle est .... (*abattre*) par toutes les malchances .... (*survenir*) ces derniers mois.

c. L'intrigue de ce roman n'est pas très .... (*captiver*) : la plupart des lecteurs sont .... (*décevoir*).

d. .... (*Réjouir*) à l'idée d'aller au parc, les enfants devinrent très .... (*remuer*).

Je m'exprime

4 Décrivez les personnages représentés sur cette image en employant au moins huit adjectifs, dont deux de couleur.

Jan van Eyck, *Les Époux Arnolfini*, 1434.

5. Le verbe

J'observe

a. Je te **croirai** toujours.

b. Je te **croirais**, si tu **étais** moins évasif.

c. Claire **se lamente** car son meilleur ami l'**a déçue**.

1 Identifiez le sujet de chaque verbe conjugué.

2 Identifiez le temps et le mode de chaque verbe.

3 Quel verbe exprime un état ?

4 Comment comprenez-vous la différence de temps du verbe « croire » dans les phrases **a** et **b** ?

5 Comment justifiez-vous l'emploi des temps de la phrase **c** ?

J'apprends

Le verbe

Les caractéristiques

► Le verbe est le noyau de la phrase ; il exprime une action ou un état.
Ex. : *Je **mange** une pomme. / Il **est** fatigué.*

► Il peut avoir une forme pronominale.
Ex. : *Je **me lève**.*

► Il peut être une locution verbale, formée de plusieurs mots.
Ex. : ***avoir faim**, **en avoir assez**.*

► Il peut être employé à la voix active ou passive. La voix passive est formée de l'auxiliaire « être » et du participe passé.
Ex. : *Elle **regarde*** (voix active). / *Elle **est regardée*** (voix passive) par son père.

► Il peut être transitif ou intransitif selon qu'il peut être ou non complété.
Ex. : *Il **mange** une pomme* (verbe transitif). / *Il **arrive*** (verbe intransitif).

La conjugaison

► Le verbe dépend du groupe auquel il appartient : 1er, 2e ou 3e groupe.
Ex. : *chant**er*** (1er groupe), *fin**ir*** (2e groupe), *vend**re*** (3e groupe).

► Il marque l'accord en nombre et en personne avec le sujet.
Ex. : *Je par**s**, tu par**s**, il par**t**, nous part**ons**, vous part**ez**, ils part**ent**.*

► Il marque le temps et le mode employé.
Ex. : *J'all**ais*** (imparfait de l'indicatif) / *Je v**ais*** (présent de l'indicatif) / *Je ser**ais*** (conditionnel présent).

► Il précise la chronologie ou le déroulement des faits.
Ex. : *Il **prit** le train de six heures.* (action ponctuelle) / *Il **prenait** le train de six heures.* (habitude).

À l'aide de ce QR code, retrouvez d'autres exercices pour vous entraîner.

J'identifie

1 Dans les phrases suivantes, identifiez le groupe de chaque verbe ainsi que le temps auquel il est conjugué.

a. Alors que la pluie **tombait** dru, elle **sortit** sans parapluie.

b. **Ralentis** le rythme, sinon tu **t'épuiseras** à coup sûr.

c. Il **vendrait** son âme pour obtenir ce poste que tous **convoitent**.

d. Un mot gentil **aura suffi** pour qu'il **s'attendrisse**.

Je manipule

2 Conjuguez les verbes entre parenthèses au temps indiqué.

a. Tu m' .... (*donner*, passé composé de l'indicatif) le courage qui me .... (*manquer*, imparfait de l'indicatif).

b. Bien qu'il .... (*avoir*, présent du subjonctif) encore de la fièvre, Jean .... (*se rétablir*, futur de l'indicatif) bientôt.

c. Il .... (*pouvoir*, conditionnel passé) accomplir des prouesses s'il .... (*vouloir*, plus-que-parfait de l'indicatif) s'en donner la peine.

3 Conjuguez les verbes à l'infinitif au temps suggéré par le sens de la phrase.

a. Lorsque tu joueras ta pièce, je .... (*venir*) t'applaudir.

b. L'orage l'a surpris alors qu'il .... (*dormir*) sur son transat.

c. Si tu avais vaincu ta timidité, tu .... (*pouvoir*) l'aborder.

d. Elle te ménage autant pour que tu ne .... (*se mettre*) pas en colère.

e. Je te croirais volontiers si tu .... (*paraître*) plus sincère.

4 Transformez les phrases suivantes à la voix passive à partir du sujet indiqué.

a. Cette vue splendide apaisera ses maux.
➤ Ses maux ....
....

b. Sa bienveillance a toujours encouragé mes efforts.
➤ Mes efforts ....
....

c. L'hésitation du suspect confirma les soupçons de l'enquêteur.
➤ Les soupçons de l'enquêteur ....
....

Je m'exprime

5 Imaginez la déclaration de cet homme. Vous soulignerez les verbes à l'indicatif en bleu, au subjonctif en vert, à l'impératif en noir et au conditionnel en rouge. Vous emploierez au moins un verbe conjugué pour chaque mode.

Jean-François de Troy, *La Déclaration d'amour*, 1724.

LANGUE

6. Les valeurs des temps de l'indicatif

J'observe

a. Le temps était calme, la mer scintillait au clair de lune.

b. Quand j'**aurai terminé** mes devoirs, je pourrai te rejoindre au parc.

c. Elle **a écrasé** mon chapeau en marchant dessus, il est tout abîmé maintenant.

d. Les élèves écrivaient dans leur cahier. Le professeur prit la parole.

e. Les élèves écrivirent dans leur cahier. Le professeur prit la parole.

1. Repérez les verbes conjugués et précisez leur temps.

2. Qu'expriment les verbes en gras par rapport aux autres verbes ?

3. Dans les phrases **d** et **e**, les élèves sont-ils encore en train d'écrire lorsque le professeur prend la parole ? Que pouvez-vous en déduire sur la valeur des temps ?

J'apprends

Les temps simples de l'indicatif

Le présent

► Il prend pour référence le moment où l'on parle.

Ex. : *Je **me demande** qui **frappe** à la porte. Il **fait** froid. La maison **est** grande.*

► Le présent d'habitude exprime une action répétée.

Ex. : *Chaque matin, je **prends** le bus pour aller au lycée.*

► Il peut exprimer une vérité générale.

Ex. : *L'eau **bout** à 100 degrés.*

► Il peut englober des portions du passé et de l'avenir.

Ex. : *Je t'**attends** depuis deux heures. Demain, je **commence** le yoga.*

L'imparfait

► Il a pour point de référence un moment du passé, sans préciser de fin à l'action exprimée.

Ex. : *Je **me promenais** et **regardais** autour de moi.*

► Dans un récit au passé, il est utilisé pour les descriptions ou les actions qui forment un arrière-plan pour les actions au passé simple.

Ex. : *Son visage **rayonnait** ce matin-là ; elle **marchait** d'un pas décidé quand son regard <u>croisa</u> celui de son ancien professeur de sport.*

Le passé simple

► Il exprime des événements passés et terminés. Il s'utilise aujourd'hui surtout à l'écrit.

Ex. : *La gardienne **ouvrit** la porte et **laissa** la petite fille entrer.*

Le futur simple

► Il exprime des événements ou un état situés dans l'avenir.

Ex. : *Quand je **serai** grande, j'**aiderai** les autres.*

► Il peut exprimer un ordre ou un conseil.

Ex. : *Vous **présenterez** correctement votre copie et **laisserez** une marge importante.*

À l'aide de ce QR code, retrouvez d'autres exercices pour vous entraîner.

Les temps composés de l'indicatif

► Ils expriment des **actions antérieures** à celles exprimées par les temps simples.

► Ils expriment le **caractère accompli**, terminé, d'une action.
Ex. : *Il a coupé ses cheveux. Aviez-vous mangé ?*

Le passé composé

► Il exprime un fait antérieur par rapport au présent.

Ex. : *Il **a veillé** toute la nuit, puis n'**a dormi** que deux heures.*

Le passé antérieur et le plus-que-parfait

► Ils expriment un fait antérieur par rapport au passé simple et à l'imparfait.

Ex. : *Quand la tempête se **fut calmée**, ils sortirent. Je m'**étais approché** de lui, mais il restait immobile.*

Le futur antérieur

► Il exprime un fait antérieur par rapport au futur.

Ex. : *Quand vous **aurez fini** vos assiettes, vous irez prendre votre douche.*

J'identifie

1 Indiquez la valeur des temps des verbes en gras.

a. Vous **fermerez** la fenêtre.

b. Quand les pompiers **eurent éteint** l'incendie, on fit le bilan des dégâts.

c. Elle **recopie** son cours.

Je manipule

2 Complétez les phrases suivantes en choisissant le bon temps composé pour la valeur indiquée.

a. Dès que j' .... (*recevoir*, antériorité) des nouvelles de ma cousine, je t'en informerai.

b. Je cherche le devoir que j' .... (*faire*, accompli) hier.

3 Complétez les phrases suivantes en mettant les verbes au passé simple ou à l'imparfait.

a. Elle .... (*fermer*) la portière, ... (*mettre*) sa ceinture et .... (*démarrer*).

b. Il .... (*pleuvoir*) pendant quatre jours entiers, puis le beau temps revint.

4 Complétez les phrases suivantes en mettant les verbes au présent ou au futur.

a. Demain, je .... (partir) en vacances : cet après-midi, je .... (faire) ma valise.

b. Si tu .... (s'approcher) tout doucement, il .... (se laisser) caresser.

Je m'exprime

5 Racontez ce qui se passe sur cette image en rédigeant trois versions.

a. Tout cela s'est produit il y a vingt ans : utilisez le passé simple et l'imparfait.

b. Il s'agit d'une prédiction : utilisez principalement le futur.

c. Tout cela vient de se produire : utilisez le passé composé ou le présent.

Philippe Lopparelli, *Windows 93*, 2011.

LANGUE 7. Les valeurs du conditionnel

J'observe

a. Tu **dois** partir.
b. Tu **devrais** partir.
c. Il **pourra** t'aider.
d. Il **pourrait** t'aider.
e. S'il était sérieux, il ne **passerait** pas son temps à faire la fête.
f. Je **vivrais** au Japon si j'avais les moyens.
g. S'il arrivait maintenant, nous **pourrions** partir au parc.
h. Tu pensais qu'il **resterait** avec toi ?

1 Quelles différences observez-vous entre les phrases **a** et **b** et entre les phrases **c** et **d** ?

2 Quels sont les points communs des phrases **d**, **e** et **f** ?

3 Pour quelles raisons certains verbes en gras sont-ils au conditionnel ?

J'apprends

Le conditionnel

► est une forme de l'indicatif dont les valeurs sont temporelles ou modales.

Valeurs temporelles du conditionnel

► La valeur temporelle d'un verbe situe dans la chronologie (passé, présent, futur) le fait exprimé par ce verbe.

► Le conditionnel exprime le futur vu depuis le passé : il a une valeur de futur dans le passé.

Ex. : *Je **pense** qu'il **partira** tôt.*
(pense : présent ; partira : futur simple)
*Je **pensais** qu'il **partirait** tôt.*
(pensais : imparfait ; partirait : conditionnel présent)

Ex. : *Elle **pense** qu'il **aura lu** son livre avant la fin de la journée.*
(pense : présent ; aura lu : futur antérieur)
*Elle **pensait** qu'il **aurait lu** son livre avant la fin de la journée.*
(pensait : imparfait ; aurait lu : conditionnel passé)

Valeurs modales du conditionnel

► La valeur modale d'un verbe exprime l'attitude de l'énonciateur (celui qui parle) par rapport au destinataire ou par rapport à ce qu'il dit. Le conditionnel peut exprimer :

► **une incertitude** (information incertaine).
Ex. : *D'après les rumeurs, une expédition **partirait** le mois prochain.*

► **une demande** ou un **conseil poli**.
Ex. : *Je **souhaiterais** le rencontrer. / Vous **devriez** le rencontrer.*

► **une éventualité**.
Ex. : *Ils **pourraient** la déposer à l'école avant d'aller au travail.*

► **l'imaginaire, le rêve**.
Ex. : *Imagine-toi la situation : nous **serions** en vacances, nous **nous lèverions** tard le matin.*

► **un irréel du présent** (fait impossible dans le présent).
Ex. : *Si je gagnais au loto, je **démissionnerais**.*

► **un irréel du passé** (hypothèse non réalisée dans le passé).
Ex. : *Si vous aviez travaillé, vous **auriez réussi**.*

► **un potentiel** (fait possible dans le présent ou dans le futur).
Ex. : *Si tu le cherchais, tu le **trouverais**.*

À l'aide de ce QR code, retrouvez d'autres exercices pour vous entraîner.

J'identifie

1 Identifiez dans les phrases suivantes les verbes au conditionnel (attention, toutes n'en présentent pas).

a. Tu pourrais faire des efforts.

b. Bientôt, tu ne pourras plus suivre les cours.

c. Si j'étais riche, je ferais le tour du monde en bateau et j'irais voir les dauphins.

d. Un jour, je serai riche.

e. Quand j'étais petit, je courais tout le temps.

f. Maintenant, je courrais seulement s'il y avait un grave danger.

g. Avant ce repas, je mourais de faim.

h. Je pensais, avant de trouver ce restaurant, que je mourrais de faim.

2 Repérez dans les phrases suivantes les verbes au conditionnel. Indiquez leur valeur.

a. Il nous mentirait depuis le début ?

b. S'il était plus fiable, je travaillerais avec lui.

c. La banque te prêterait de l'argent si tu t'engageais à la rembourser.

d. Nous pensions que la vie serait facile.

e. On pourrait aller au restaurant.

f. Si tu avais des tomates, on ferait une bonne sauce.

g. Je continuerai quoi qu'il arrive.

h. Je continuerais si j'en avais la possibilité.

Je manipule

3 Transposez le texte suivant au conditionnel. Quel est l'effet produit ?

Ils sont extraordinairement riches. Ils ont acheté une maison tout en haut de la ville. Ils ont deux piscines, un court de tennis et un jacuzzi. Leur demeure compte au moins dix chambres ; chacune possède sa propre salle de bain. Dans le parc, on rencontre de nombreux animaux, comme des autruches et des zèbres. Et des lions s'y promènent.

Je m'exprime

4 En vous aidant de la photographie, rédigez un article de presse commençant ainsi : « On aurait vu d'étranges lumières au-dessus des maisons... »

Aurore boréale sur les îles Lofoten, en Norvège.

LANGUE

8. Les valeurs du subjonctif

J'observe

a. Qu'il **se taise** enfin !
b. Que j'**accepte** son argent ? Plutôt mourir !
c. **Puisse**-t-il dire la vérité !
d. Bien qu'il **parle** sans cesse, je ne l'écoute jamais.
e. Vous refusez toujours qu'il **aille** à Paris ?
f. Il n'y a que les enfants qui **rendent** aussi heureux.
g. Nous quitterons le pays avant que l'armée ne **soit** là.
h. Je veux bien qu'il **ramène** du chocolat.

1 Dans les phrases **a** à **c**, dans quel type de proposition le subjonctif est-il employé ?

2 Dans les phrases **d** à **g**, dans quel type de proposition le subjonctif est-il employé ?

3 Qu'exprime le subjonctif dans chacune de ces phrases ?

J'apprends

Les valeurs du subjonctif

dans les propositions indépendantes

- **L'ordre**
  Ex. : *Qu'elle se dépêche !*
- **Le souhait**
  Ex. : *Puisse-t-il réussir son examen !*
- **La supposition**
  Ex. : *Qu'il fasse beau ou pas, je sortirai.*
- **Un sentiment fort** (indignation, surprise)
  Ex. : *Moi, que je la punisse pour si peu ?*

dans les propositions subordonnées...

- **complétives**, lorsque la proposition principale exprime une volonté ou un sentiment.
  Ex. : *Je regrette qu'il **parte**. / Je suis désolé que tu **aies perdu**.*
- **circonstancielles** :
  - **de temps**, introduites par *avant que, jusqu'à ce que* et *en attendant que*. Ex. : *Il range le parasol avant qu'il ne **se mette** à pleuvoir.*
  - **de but**. Ex. : *Elle l'accompagne pour qu'il ne **se perde** pas.*
  - **de concession**. Ex. : *Tu portes un t-shirt bien qu'il **fasse** froid dehors.*
  - **de condition**, introduites par un autre mot que si : *à moins que, pourvu que, pour peu que.* Ex. : *Il aura son train pourvu qu'il **parte** à temps pour la gare.*
- **relatives :**
  - lorsque l'antécédent est indéfini.
    Ex. : *Je cherche un livre qui **plaise** aux enfants.*
  - lorsque l'antécédent fait l'objet d'une restriction ou d'une sélection.
    Ex. : *C'est le plus beau cadeau qu'on ne m'**ait** jamais **fait**.*

À l'aide de ce QR code, retrouvez d'autres exercices pour vous entraîner.

J'identifie

1 Dans les phrases suivantes, quelle est la valeur du subjonctif ?

a. Il cherche un manteau qui ne **soit** pas trop chaud.

b. Que j'**épouse** un tel crétin ? C'est hors de question !

c. Qu'elle **parte** ou qu'elle reste mais qu'elle **choisisse** !

d. Les parents accompagnent les enfants pour qu'ils n'**aient** pas peur.

e. Nous aimerions tous que la situation **revienne** à la normale.

f. **Puissiez**-vous le retrouver !

g. Nous devrions aller à la plage avant qu'il ne **fasse** trop chaud.

2 Dans les phrases suivantes, indiquez si le verbe en gras est au subjonctif et justifiez votre réponse.

a. J'aimerais que tu **prépares** un gâteau.

b. Le gâteau que tu **prépares** a l'air bon !

c. Je cherche des plantes qui **supportent** le froid.

d. Ce sont des plantes qui **supportent** le froid.

e. Qu'il **parte** et qu'il **reste** chez lui.

f. Bien qu'il **mange** beaucoup, il ne prend pas de poids.

3 Dans les phrases suivantes, dans quels types de propositions les verbes au subjonctif, en gras, sont-ils employés ?

a. Qu'il me **menace**, je n'ai pas peur de lui.

b. Bien qu'il **crie** fort, nous n'avons pas peur.

c. Nous refusons que tu nous **parles** ainsi.

d. Je cherche une crème qui **protège** du soleil.

Je manipule

4 Conjuguez le verbe entre parenthèses au subjonctif

a. Je veux que tu .... (*dire*) tout ce que tu as vu.

b. Qu'il .... (*faire*) la vaisselle, je suis fatigué.

c. Je cherche un cuisinier qui .... (*connaître*) la recette des crêpes.

d. Il faut que tes parents .... (*voir*) ce dont tu es capable.

e. Avant que tu n'........................ (*aller*) au marché, il faut que tu postes cette lettre.

f. Qu'elle .... (*prendre*) le bus : elle sera là très vite.

g. Bien qu'il .... (*avoir*) dix-huit ans, il n'est pas très mature.

h. Il faut que nous .... (*admettre*) l'horrible vérité.

Je m'exprime

5 Votre meilleur(e) ami(e) part en excursion dans le désert du Sahara. Vous lui écrirez une lettre pour lui donner des conseils, des souhaits et des recommandations. Vous utiliserez au moins cinq verbes au subjonctif que vous surlignerez. Vous pouvez vous aider de l'image.

Désert du Sahara, en Tunisie.

9. La phrase simple

J'observe

a. Cet homme nous observe.

b. Cet homme sur le trottoir nous observe étrangement depuis un certain temps.

c. Quel homme étrange !

d. Chut !

1 Sachant que les phrases **a** et **b** sont toutes deux des phrases simples, quelle définition en donneriez-vous d'après ces deux exemples ?

2 Quelles différences observez-vous entre les phrases **a** et **b** ?

3 Quelle est la particularité des phrases simples **c** et **d** ? Quelle différence voyez-vous entre les deux ?

J'apprends

Une phrase

- est un ensemble de mots assemblés selon des règles de construction précises.
- débute par une majuscule et se finit par un signe de ponctuation forte (point, point d'exclamation, point d'interrogation, points de suspension) à l'écrit.
- est délimitée par deux pauses de la voix à l'oral et se caractérise par un ton ascendant puis descendant lorsqu'elle est déclarative, ascendant lorsqu'elle est interrogative ou exclamative.

Une phrase simple

- relie un groupe nominal, ayant la fonction de sujet, à un unique groupe verbal, organisé autour d'un seul verbe conjugué. Ex. : *Le garçon joue au ballon.*
- ne comporte pas de sujet lorsque le verbe est à l'impératif. Ex. : *Cessez vos bavardages !*

- peut comporter des éléments supplémentaires donnant des précisions : c'est le rôle des compléments circonstanciels, qui sont des compléments de phrase. On peut les déplacer ou les supprimer, sans que la phrase perde son sens. Ex. : *Tous les jours, à la sortie de l'école, le garçon joue au ballon avec ses amis. / Le garçon joue au ballon, tous les jours, à la sortie de l'école, avec ses amis.*

Une phrase non verbale

- ne contient aucun verbe.
- peut être nominale, organisée autour d'un nom. Ex. : *Quelle belle histoire !*
- peut être constituée d'un seul mot-phrase. Ex. : *Oui.* (adverbe) / *Aïe !* (interjection).

À l'aide de ce QR code, retrouvez d'autres exercices pour vous entraîner.

J'identifie

1 Recopiez les phrases simples, encadrez leur verbe conjugué et entourez leur sujet.

Legrand habitait boulevard Montmartre. Les anciens boulevards avaient été élargis. À leur place, s'élançaient de vastes avenues, couvertes de files ininterrompues de voitures. Les piétons qui désiraient traverser devaient emprunter les passages souterrains. Mais il n'y avait plus guère de piétons.

René Barjavel, *Ravage*, 1943.

2 Classez dans un tableau les phrases simples (colonne 1), les phrases nominales (colonne 2) et les mots-phrases (colonne 3).

Tout ce cirque pour une histoire de peigne cassé ! Franchement, je t'en trouverai un autre, ne t'en fais pas. Oui. Sans problème. Je ne comprends pas toute cette agitation, cette colère, pour un peigne sans importance. Hein ? Tu ne trouves pas ? Calme-toi. D'autant qu'on pourrait même s'en passer, après tout. Viens, suis-moi.

Je manipule

3 Repérez tous les éléments non essentiels des phrases suivantes et réécrivez-les en ne conservant que leurs composants fondamentaux.

a. Loin de l'agitation urbaine, au beau milieu d'une immense forêt, une famille s'épanouissait sans connaître le désir de possession ou la peur du manque.

b. Depuis la naissance de sa fille, trois ans auparavant, elle se tourmentait, redoutant le moindre danger, réel ou imaginaire, sans arrêt.

c. Dans la plus parfaite ignorance des règles élémentaires de savoir-vivre, il nous ignorait, sans le moindre remords, en toute décomplexion.

4 Recopiez le texte suivant en rétablissant les points et les majuscules. Vous devez obtenir trois phrases simples.

mais ils s'arrêtèrent sur la place même, devant une petite construction en forme d'obus, peinte à la chaux bleue à l'intérieur, dans la pièce unique, éclairée seulement par la porte d'entrée, se tenait, derrière une planche de bois luisant, un vieil Arabe aux moustaches blanches il était en train de servir du thé, élevant et abaissant la théière au-dessus de trois petits verres multicolores

Albert Camus, « La Femme adultère », *L'Exil et le Royaume*, 1957.

Je m'exprime

5 Décrivez cette image en utilisant cinq phrases simples, que vous délimiterez par des crochets.

Pawel Kuczynski, *Control*, 2016.

10. La phrase complexe : juxtaposition, coordination, subordination

J'observe

a. Je me demande comment il va faire.

b. Le manteau que je voulais n'est plus en stock.

c. Elle m'a assuré qu'elle serait présente vendredi soir.

d. J'ai envie de danser, poussons les tables !

e. On s'amusait tellement avec mon petit frère quand nos parents nous emmenaient en vacances en voiture !

f. Il faut sortir tous les ingrédients : je veux tout avoir devant moi pour préparer.

g. Il a remplacé l'ampoule qui ne fonctionnait plus.

h. Va-t-il pleuvoir ou fera-t-il beau ?

1. Dans chaque phrase, relevez tous les verbes conjugués.

2. Classez les phrases en plusieurs catégories, en expliquant les critères choisis.

J'apprends

La phrase complexe

► est constituée de deux propositions ou plus, chacune contenant un verbe conjugué. Ces propositions peuvent être…

Juxtaposées

► Elles sont simplement reliées par un **signe de ponctuation faible** : une virgule, un point-virgule ou deux-points.
Ex. : *J'attends patiemment l'heure de rentrer : je trouve facilement des occupations. / Il est sorti faire des courses, il n'y avait plus de lait.*

Coordonnées

► Elles sont reliées par une **conjonction de coordination** (mais, ou, et, donc, or, ni, car) ou un **adverbe de liaison** (alors, puis, ensuite…).
Ex. : *Prends ton parapluie* ***et*** *mets tes bottes.*

► Lorsque les deux verbes de la phrase complexe ont le même sujet, la coordination permet de ne pas le répéter.
Ex. : *J'attends patiemment l'heure de rentrer* ***et*** *trouve facilement des occupations.*

Subordonnées

► Elles entretiennent un lien de dépendance et sont reliées par un mot subordonnant qui peut être :

► une **conjonction de subordination** (que, quand, si, parce que, alors que, bien que…).
Ex. : *Il rentre* ***parce qu'****il pleut.*

► un **pronom relatif** (qui, que, où, dont, auquel, par lequel…).
Ex. : *Il m'a apporté le livre* ***qui*** *lui a plu.*

► un **mot interrogatif** (comment, quel, pourquoi, combien…).
Ex. : *Je me demande* ***quand*** *il sera l'heure de rentrer.*

À l'aide de ce QR code, retrouvez d'autres exercices pour vous entraîner.

J'identifie

1 Recopiez les phrases suivantes et délimitez les propositions à l'aide de crochets, entourez ce qui les relie puis indiquez s'il s'agit de coordination, de subordination ou de juxtaposition.

a. Elle apporte le dessert, je m'occupe du plat.

b. La porte qui est tout au fond du couloir ne ferme plus.

c. J'avais une idée de cadeau mais elle se l'est déjà acheté.

d. Je lui ai tout de suite demandé pourquoi il m'avait parlé sur ce ton.

e. La fille dont j'avais pris le numéro m'a appelé elle-même.

f. Nous ne pourrons pas venir vous voir car notre petit dernier est malade.

g. Je viendrai plus tard : j'ai déjà quelque chose de prévu en début de soirée.

Je manipule

2 Complétez les phrases suivantes en suivant la consigne indiquée entre parenthèses.

a. Il est difficile de circuler .... il y a des travaux. (*juxtaposition*)

b. Veux-tu du jus d'orange .... préfères-tu un soda ? (*coordination*)

c. Nous sommes enfin allés voir le film .... tu nous avais tant parlé. (*subordination*)

d. Cette nuit, je n'ai pas pu dormir .... le bruit de la pluie sur les gouttières me gênait énormément. (*subordination*)

e. Le chien a ouvert le placard .... il mange tous les biscuits. (*juxtaposition*)

3 Réécrivez les phrases en les transformant en propositions coordonnées.

a. Je n'ai pas entendu mon réveil ; j'ai raté mon train.

b. Il fait un temps magnifique, je suis obligé de rester chez moi.

c. Nous avons tous eu très peur : l'avion a fait un atterrissage forcé.

4 Réécrivez les phrases de l'exercice 3 en les transformant en une proposition principale et une proposition subordonnée.

Je m'exprime

5 Décrivez cette image en utilisant la juxtaposition, la coordination et la subordination.

Robert Downey Jr. dans le film *Avengers : Endgame*, 2019.

LANGUE

11. Les propositions subordonnées complétives

J'observe

a. Elle **dit** **que je me suis trompé.**

b. Les gens **pensent** **que les prix ont augmenté.**

c. Nous **voulons** **qu'il démissionne.**

d. Tu **demandais** **qu'il te laisse tranquille.**

e. Vous **désirez** **que cela change.**

f. Je **regrette** **que tu répètes ces rumeurs.**

g. Ils **jugent** **que la situation est grave.**

h. Il **veut** **qu'on l'emmène loin.**

1. À quelle classe grammaticale appartiennent les mots en couleur ?
2. À quoi servent les groupes de mots en gras et noir ?
3. Quels mots les introduisent ?
4. Peut-on déplacer ou supprimer ces groupes de mots ?

J'apprends

Les propositions subordonnées complétives

► dépendent d'une proposition principale.
Ex. : ***Je refuse*** ***que l'on me parle ainsi.***
principale — subordonnée

► ne sont ni déplaçables ni supprimables, car la phrase perdrait son information essentielle.
Ex. : *Je dis* ~~***qu'il est sympathique***~~.

► fonctionnent comme un nom.
Ex. : *Je veux* ***qu'il parte***.
Je veux ***son départ***.

► peuvent être introduites par la conjonction **que** et complètent certains verbes.
Ex. : *Je* ***dis*** ***qu'il est beau***. (verbe de parole)
Ex. : *Je* ***trouve*** ***qu'il est beau***. (verbe de jugement)
Ex. : *Je* ***regrette*** ***qu'il soit beau***. (verbe de sentiment)
Ex. : *Je* ***veux*** ***qu'il soit beau***. (verbe de volonté)
Ex. : *J'****apprends*** ***qu'il est beau***. (verbe de connaissance)

► peuvent être introduites par une conjonction (si, quand, où…) : il s'agit alors de propositions subordonnées interrogatives indirectes.
Ex. : *Je me demande* ***s'il est là.***

À l'aide de ce QR code, retrouvez d'autres exercices pour vous entraîner.

J'identifie

1 Dans les phrases suivantes, indiquez si les groupes de mots en gras sont des propositions subordonnées complétives ou non et justifiez votre réponse.

a. On me dit **que les autres font ainsi**.

b. Je n'aime pas les personnes **que tu fréquentes**.

c. Je veux **que tu saches la vérité**.

d. Je trouve **que ce sont des mensonges**.

e. Les vacances **que tu prévois** sont merveilleuses.

f. J'attends **qu'il me présente des excuses**.

g. **Qu'elle est grande !**

2 Relevez dans ce texte les deux propositions subordonnées complétives. Justifiez vos choix.

[...] On s'aperçut que la mer était phosphorescente. Jeanne et le vicomte, côte à côte, regardaient ces lueurs mouvantes que la barque laissait derrière elle. Ils ne songeaient presque plus, contemplant vaguement, aspirant le soir dans un bien-être délicieux ; et comme Jeanne avait une main appuyée sur le banc, un doigt de son voisin se posa, comme par hasard, contre sa peau ; elle ne remua point, surprise, heureuse, et confuse de ce contact si léger.

Quand elle fut rentrée le soir, dans sa chambre, elle se sentit étrangement remuée et tellement attendrie que tout lui donnait envie de pleurer. Elle regarda sa pendule, pensa que la petite aiguille battait à la façon d'un cœur, d'un cœur ami.

Guy de Maupassant, *Une vie*, 1883.

Je manipule

3 Recopiez et complétez les phrases suivantes par une proposition subordonnée complétive.

a. Sa chambre est en désordre. Je lui ai pourtant dit…

b. Je l'aime. Pourtant, je déteste quand il répète...

c. C'est une fille polie et respectueuse. Pourtant, j'estime...

d. Nous trouvons tous que... Nous ne le supportons plus.

e. Je veux que... Ce n'est pas une maison pour nous.

f. J'aimerais que... C'est un jour spécial aujourd'hui.

g. Il me tarde tant que tu... Tu nous manques.

h. Vous arrivez bien tard. Je trouve que...

4 Recopiez le texte suivant en y ajoutant des propositions subordonnées complétives.

Elle revient chez ses parents après une longue absence. Ils jugent. Sa mère estime. Son père, quant à lui, trouve. Il demande. Elle répond. Elle regrette. Elle juge néanmoins. Tous s'accordent pour dire. Ils décident.

Je m'exprime

3 Un homme a un lourd secret. Il rend visite à une amie pour se confier. Écrivez leur échange en employant au moins cinq propositions subordonnées complétives. Surlignez-les. Vous pouvez vous inspirer de l'image et commencer par : « Il lui avoua que.... »

LANGUE

12. Les propositions subordonnées relatives

J'observe

a. L'**homme** **<u>que</u> tu vois au loin** est mon frère.
b. Les **voitures** **<u>qui</u> polluent** seront interdites.
c. Le **pays** **<u>où</u> je suis né** est très beau.
d. Les **personnes** **<u>dont</u> tu me parles** m'agacent souvent.
e. J'aime les **gens** **<u>qui</u> disent** ce qu'ils pensent.
f. La **fille** **<u>à laquelle</u> je pense** n'est pas ici.
g. Je me promène dans une **rue** **<u>qui</u> m'effraie**.

1 À quelle classe grammaticale appartiennent les mots en couleur ?

2 À quoi servent les groupes de mots en gras et noir ?

3 Peut-on déplacer ou supprimer ces groupes de mots ?

4 Quelle est la fonction des mots soulignés dans la proposition qu'ils introduisent ?

J'apprends

Les propositions subordonnées relatives

► dépendent d'une proposition principale.
Ex. : ***Je regarde un magazine*** ***qui me plaît beaucoup.***
principale — subordonnée

► fonctionnent comme des adjectifs : elles apportent des précisions au nom qu'elles complètent et peuvent permettre de l'identifier.
Ex. : *Prends la* ***bouteille*** ***qui est sur la table de la cuisine****.*

► sont rarement déplaçables.

► sont introduites par des pronoms relatifs (qui, que, quoi, dont, où, lequel, laquelle, desquels, auxquelles, etc.). Ces pronoms ont une fonction dans la subordonnée.
Ex. : *J'aime la femme* ***qui*** ***arrive****.* → sujet
Ex. : *J'aime l'ami* ***que*** ***tu vois****.* → COD
Ex. : *Les personnes* ***dont*** ***tu me parles*** *sont inconnues.* → COI
Ex. : *C'est une ville* ***où*** ***je me sens bien****.* → complément de lieu
Ex. : *C'est l'année* ***où*** ***je suis né****.* → complément de temps

► sont supprimables, mais la phrase peut alors perdre des informations essentielles.
Ex. : *J'aime les gens* ~~***qui sont honnêtes***~~.

À l'aide de ce QR code, retrouvez d'autres exercices pour vous entraîner.

J'identifie

1 Dans les phrases suivantes, relevez les propositions subordonnées relatives.

a. C'est une ville qui me fascine.
b. On y trouve de grandes places où s'installer.
c. Les personnes qui y vivent sont accueillantes.
d. Les quartiers que tu vois sont très beaux.
e. Nous nous approchons du musée dont je t'ai parlé.
f. Les restaurants auxquels je pense sont tout proches.
g. C'est une ville où je reviendrai.
h. La route qui mène en ville est barrée.
i. Qui a pensé à emporter le sac que j'avais préparé ?
j. Je pense que l'hôpital où je suis né a fermé.

2 Lisez l'extrait suivant.

La peur (et les hommes les plus hardis peuvent avoir peur), c'est quelque chose d'effroyable, une sensation atroce, comme une décomposition de l'âme, un spasme affreux de la pensée et du cœur, dont le souvenir seul donne des frissons d'angoisse. [...] Un homme qui croit aux revenants, et qui s'imagine apercevoir un spectre dans la nuit, doit éprouver la peur en toute son épouvantable horreur.

Guy de Maupassant, *La peur*, 1887.

a Relevez les propositions subordonnées relatives du texte.

b Encadrez les mots introducteurs de ces subordonnées et indiquez leur fonction

c Lesquelles sont supprimables ?

Je manipule

3 Recopiez les phrases suivantes en les complétant par des propositions subordonnées relatives.

C'est une étrange personne. Elle habite dans une ville et dans une rue. On la reconnaît à son allure et à ses vêtements. Quand on entend son pas, tout le monde se retourne. On raconte à son propos des rumeurs. On murmure même une histoire. Même son chat est célèbre dans la ville. Quant à moi, j'hésite à adresser la parole à cette personne.

Je m'exprime

4 Sans la nommer, décrivez l'une de ces personnalités en utilisant au moins cinq adjectifs que vous entourerez et cinq propositions subordonnées relatives que vous soulignerez.

Billie Eilish et Billy Porter, 2020.

LANGUE

13. Les propositions subordonnées circonstancielles

J'observe

a. **Dès qu'il fera jour**, nous partirons.

b. **S'il fait très beau**, nous irons à pied.

c. J'ai pris trois litres d'eau **pour que nous n'ayons pas soif**.

d. J'ai aussi emporté des gâteaux **parce que vous êtes gourmands**.

e. Nous serons rentrés **avant que la nuit ne tombe**.

f. **Si nous avons de la chance**, nous verrons des ours.

g. **Comme vous êtes en forme**, nous partons maintenant !

1 Classez les propositions en gras en plusieurs catégories. À quoi servent-elles ?

2 Quels mots les introduisent ?

3 À quels modes sont conjugués les verbes de ces propositions ?

4 Peut-on les supprimer ou les déplacer ?

J'apprends

Les propositions subordonnées circonstancielles

► dépendent d'une proposition principale.
Ex. : ***Le train partira*** ***quand le chef de gare sifflera.***
principale / subordonnée

► sont déplaçables.
Ex. : ***Quand on l'appelle***, *le chien vient. / Le chien,* ***quand on l'appelle****, vient. / Le chien vient* ***quand on l'appelle****.*

► sont introduites par des conjonctions (que, si, quand, comme, dès que, pour que, avant que...).

► sont supprimables sans altérer le sens de la phrase.
Ex. : *Je te déteste* ~~***parce que tu es cruel***~~.

► précisent les circonstances de l'action de la proposition principale.

Ex. : *Il partira* ***quand il sera prêt / dès qu'il le voudra / pendant que tu seras absente****.* → temps

Ex. : *Il partira* ***parce que tu le rejettes / puisque tu pars aussi / étant donné qu'on l'ignore****.* → cause

Ex. : *Il partira* ***pour qu'on le laisse tranquille / dans l'espoir qu'on l'oublie****.* → but

Ex. : *Il partira* ***s'il sent qu'on le rejette****.* → condition

Ex. : *Il partira* ***bien que tous l'aiment****.* → concession

À l'aide de ce QR code, retrouvez d'autres exercices pour vous entraîner.

J'identifie

1 Dans les phrases suivantes, identifiez et recopiez les propositions subordonnées circonstancielles en précisant les indications qu'elles fournissent (temps, cause, etc.).

a. Pendant que vous étiez absents, il a organisé une fête.

b. Même si vous êtes loin, je penserai à vous.

c. Je partirai si je ne suis pas le bienvenu.

d. Puisqu'il est de retour, tout sera plus facile.

e. Je préparerai des gâteaux avant que les enfants ne reviennent.

f. Je parle fort pour qu'on m'entende.

g. Nous viendrons te voir chaque fois que nous le pourrons.

h. Comme il est parti, nous pouvons nous retrouver.

Je manipule

2 Dans chacune des phrases suivantes, ajoutez au moins une proposition subordonnée circonstancielle.

a. Le chien s'est enfui.

b. Le gâteau au chocolat a brûlé.

c. La fenêtre s'est ouverte cette nuit.

d. Le train a eu du retard.

e. Les enfants ont crié toute la nuit.

f. Elles se sont perdues en ville.

g. Ils sont passés par la fenêtre.

h. Tout le monde a retenu son souffle.

i. J'ai décidé de m'enfuir.

3 Recopiez le texte suivant en ajoutant des propositions subordonnées circonstancielles. Soulignez-les et précisez les indications qu'elles fournissent.

La jeune fille a passé le portail. Elle parcourt le jardin, en évitant aussi bien les animaux que les zones éclairées. Elle se dépêche, elle presse le pas, sans courir toutefois, et surtout sans se retourner. Elle arrive alors devant l'immense porte de la villa. Elle semble déserte et personne, en tout cas, ne l'a repérée. Elle s'avance sans bruit, toujours discrète. La porte est ouverte. Elle arrive au terme d'un long voyage. Enfin, elle trouvera ce qu'elle a toujours cherché.

Je m'exprime

4 En vous inspirant de cette photographie, racontez une histoire d'une dizaine de lignes. Utilisez au moins cinq propositions subordonnées circonstancielles. Soulignez-les.

Édouard Boubat, *Femmes aux fleurs*, 1958.

LANGUE 14. Les termes de reprise

J'observe

J'ai retrouvé **une plume bleue** dans une poche du pantalon.

J'avais ramassé **cette plume** dans la barque, le jour de ma première rencontre avec la fille. Elle l'avait gardée trois jours dans ses cheveux. Le dernier soir, avant qu'<u>elle</u> disparaisse, je **la** <u>lui</u> avais volée dans un pressentiment.

En sentant **la plume** dans la poche, entre mes doigts, j'ai remonté en accéléré les heures de ma vie, à rebours, depuis cette disparition jusqu'à l'instant ou la fille était apparue pour la première fois […].

Timothée de Fombelle, *Le Livre de Perle*, 2014.

1 Indiquez la classe grammaticale des mots et expressions en gras. À quoi servent-ils ?

2 À qui font référence les expressions soulignées ? Identifiez trois autres mots ou expressions qui la désignent.

3 Quels mots du texte font référence au passage en couleur ?

J'apprends

Les termes de reprise

► Pour éviter les répétitions et faire progresser un texte, on utilise des termes de reprise, ou substituts.

Les reprises nominales

► Le même nom, mais avec un **changement de déterminant**.

Ex. : ***Un repas*** *a été organisé.*
Ce repas *s'est très bien passé.*

► Une **périphrase** (une expression développée).

Ex. : ***Molière*** *est né en 1622.*
Ce dramaturge *est célèbre dans le monde entier.*

► Un **synonyme** ou un terme générique.

Ex. : ***le pantalon / ce vêtement***.

Les reprises pronominales

► **Un pronom personnel.**

Ex. : *J'ai remarqué <u>une jeune fille</u>.*
Elle *se rendait à l'école. Je* ***l'****avais vue. Je* ***lui*** *avais offert des fleurs.*

► **Un autre type de pronom** : adverbial, démonstratif, relatif, indéfini, possessif.

Ex. : *Voici* ***mon ancienne école****.*
*J'****y*** *ai passé toute mon enfance.*
Voici ***la maîtresse qui*** *m'a appris à lire.*

Les autres types de reprises

► Par un **adverbe**.

Ex. : *J'ai reçu un colis et me demande ce qu'il y a* ***dedans****.*

► Par un **verbe** (associé à un pronom).

Ex. : *Je n'ai pas le courage de passer l'aspirateur, peux-tu* ***le faire*** *?*

À l'aide de ce QR code, retrouvez d'autres exercices pour vous entraîner.

J'identifie

1 Dans les phrases suivantes, relevez les termes de reprise et identifiez leur type.

a. Je me souviens très bien de l'appartement où vivait ma grand-mère ; j'y repense souvent.

b. Soudain, un homme à l'allure impressionnante entra. Il s'avança et s'assit. Je le regardai discrètement. Qui pouvait être cette personne ?

c. J'ai vu que tu aimais bien les bonbons au citron : je t'en ai acheté aujourd'hui ! N'en mange pas trop tout de même.

d. J'ai de nouvelles baskets ! Je les adore. C'est la première fois que j'ai des chaussures à la mode !

e. Elle m'a montré la réalisation dont elle est la plus fière : un meuble miniature. J'ai trouvé cela très beau.

f. Peux-tu regarder la nouvelle vidéo que j'ai réalisée ? J'y ai passé beaucoup de temps, j'espère qu'elle te plaira.

Je manipule

2 Réécrivez les phrases suivantes en évitant les répétitions, grâce à des termes de reprise.

a. Alfred Hitchcock est un réalisateur de cinéma. Alfred Hitchcock est considéré comme le maître du suspense. On doit à Alfred Hitchcock de nombreux chefs-d'œuvre comme *Sueurs froides* ou *Psychose*.

b. Ce joueur de football vient d'être sélectionné en équipe de France. C'est la première fois que ce joueur de football peut participer à des matchs nationaux : jusqu'ici, personne n'avait encore fait confiance à ce joueur de football.

c. Le chevalier dégaine son épée, le chevalier peut donner de terribles coups avec son épée. Le chevalier frappe le géant en plein visage, mais le géant se défend et assène aussitôt un très grand coup au chevalier.

d. Je pars en Provence cet été. Je suis déjà allé en Provence, mais comme mes parents ne sont jamais allés en Provence, je les accompagne pour découvrir la Provence.

e. Je déteste les poivrons. Je ne peux pas du tout manger de poivrons, ni même sentir l'odeur des poivrons. Il m'est d'ailleurs difficile de voir des poivrons.

3 Recopiez le texte suivant en le complétant par des termes de reprise pour les groupes nominaux en gras.

Pierre Bonnard réalisa **cette peinture** dans le sud de la France. Il y avait déménagé durant la Première Guerre mondiale, avec **sa compagne Marthe de Méligny**. ...... est représentée dans ...... : on ...... voit en pied, vêtue d'une robe mauve, à droite du cadre. ...... n'est cependant pas l'unique sujet de ...... offre une vue de la chambre que le couple louait, baignée par la forte lumière du soleil. On distingue, en bas au centre, un chat attendant son bol de lait : cet objet a donné son titre ....

Je m'exprime

4 Après avoir fait une recherche, rédigez la biographie de Marthe de Méligny, représentée sur ce tableau. Évitez les répétitions en recourant à différents types de reprises.

Pierre Bonnard, *Le Bol de lait*, 1919.

LANGUE

15. Organiser un texte

J'observe

Les trottinettes, amies ou ennemies ?

Ils ont envahi nos villes, non pas les zombies ou les extraterrestres, **mais** les utilisateurs de trottinettes électriques. Sur les routes, les trottoirs, dans les parcs, ils sont partout. **Mais** doit-on s'en réjouir ?

D'abord, rien de plus amusant que ces grosses planches à roulettes : on s'installe dessus et le monde entier s'offre à nous ; **surtout** on ne fait aucun effort en glissant sur le bitume. Elles pourraient **même** avoir une dimension écologique en polluant moins que les 4x4 et les SUV qui encombrent nos villes.

Pourtant, si les utilisateurs de trottinettes s'amusent beaucoup, il n'en va pas de même pour les piétons qu'ils bousculent et renversent parfois. **Enfin**, depuis quand marcher est-il devenu si ennuyeux ? N'a-t-il pas été toujours plaisant de flâner sans se presser ? Et si on oubliait ces gadgets inutiles ?

1. Expliquez pourquoi on a découpé ce texte en paragraphes.
2. À quelle classe grammaticale appartiennent les mots en couleur ? À quoi servent-ils ?
3. Relevez tous les termes désignant les trottinettes. Quel est l'intéret de leur emploi ?

J'apprends

Pour organiser un texte

► On peut le découper en paragraphes. Chaque paragraphe développe une idée précise et claire.

► On peut utiliser des **liens logiques**, qui sont des adverbes ou des conjonctions. Ils permettent de :

- ► **justifier** son propos (*car, puisque, parce que, en effet, etc.*).
- ► **énumérer** ou **ajouter** des éléments (*d'abord, ensuite, puis, également, de plus, en outre, par ailleurs, enfin, d'une part, d'autre part, etc.*).
- ► montrer une **opposition** (*mais, toutefois, néanmoins, cependant, or, pourtant*).
- ► **nuancer** son propos (*certes, bien que, même si, etc.*).
- ► **conclure** (*ainsi, enfin, c'est pourquoi, finalement, etc.*).

► On peut **reprendre** des noms pour éviter les répétitions et structurer le texte.

- ► Par d'autres **noms**.
  Ex. : ***Louis XIV*** *s'installe à Versailles.* ***Le roi*** *veut un grand palais qui fera de lui* ***le plus grand souverain d'Europe***.
- ► Par des **pronoms**.
  Ex. : ***Le chat*** *a grimpé sur le toit.* ***Il*** *est coincé. Je vais* ***le*** *chercher.*

À l'aide de ce QR code, retrouvez d'autres exercices pour vous entraîner.

J'identifie

1 Dans les phrases suivantes, relevez les reprises des mots en gras et indiquez leur classe grammaticale (nom, pronom, etc.).

a. J'aime l'**Espagne**, mon pays natal.

b. **Madonna** est au Stade de France. La reine de la pop présente un spectacle incroyable !

c. J'aimerais voir le Japon en **avril**, c'est la saison des cerisiers.

d. **Ma mère** dit qu'elle sera en avance.

e. Je ne parle plus à **Tom**, c'est un menteur.

f. Je me suis promené près des **boutiques** mais aucune n'était ouverte.

2 Lisez le texte suivant.

À l'approche des élections, la question des uniformes est de plus en plus centrale dans le débat public. Faut-il les rendre obligatoires ?

Ces tenues semblent d'abord éliminer toutes les différences sociales entre les élèves. Il n'y a plus de riches ou de défavorisés : tout le monde est en uniforme. Finies les marques et les dépenses trop importantes ! Nous pourrions ainsi apprendre aux enfants la sobriété. Par ailleurs, il n'est pas exclu que des tenues identiques permettent de développer un certain esprit d'équipe.

Toutefois, ces uniformes ont aussi un coût et il n'est pas sûr que tout le monde puisse se les procurer. De plus, ils privent les adolescents d'une certaine liberté, à un âge où les contraintes sont souvent mal vécues. Enfin, est-il vraiment sûr qu'ils règlent tous les problèmes de l'école ? Ne faudrait-il pas plutôt régler les inégalités entre les établissements et les territoires ?

a Justifiez le découpage du texte en trois paragraphes.

b Relevez les liens logiques et indiquez leur rôle (ajouter, opposer, etc.).

c Relevez tous les noms, pronoms ou expressions désignant les uniformes.

Je manipule

3 Dans les phrases suivantes, ajoutez le ou les liens logiques appropriés.

a. Le temps est doux, il fait trop froid pour se baigner.

b. Les rumeurs se multiplient à son propos. Je n'y prête pas attention.

c. Je pense, je suis.

d. Nous avons mangé une salade de tomates. Nous avons dégusté une pizza aux aubergines. Nous avons commandé une mousse au chocolat.

e. Il est sympathique, il parle trop et me fatigue.

f. C'est une ville très agréable, tout est hors de prix.

Je m'exprime

4 Aimeriez-vous visiter la vallée de la Mort ? Votre réponse, qui comptera une dizaine de phrases, sera organisée en paragraphes et présentera des liens logiques ainsi que des reprises nominales et pronominales. Vous pouvez vous aider de l'image.

La vallée de la Mort.

LANGUE

16. La formation des mots

J'observe

a. familial
b. familier
c. famine
d. famille

Identifiez les mots qui appartiennent à la même famille et justifiez votre choix.

J'apprends

La formation des mots

► Il existe trois manières de créer des mots nouveaux en français.

La dérivation (préfixe + radical + suffixe)

► ajout d'un ou plusieurs affixes au radical, porteur du sens principal.

• **Préfixe :** ne modifie pas la classe grammaticale mais apporte une nuance de sens.
Ex. : *anormal, préhistoire.*

• **Suffixe :** modifie le plus souvent la classe grammaticale.
Ex. : *délicat**esse*** (nom formé par l'ajout du suffixe **-esse** à l'adjectif « délicat »), *heureuse**ment*** (adverbe formé par l'ajout du suffixe **-ment** à l'adjectif « heureux »).

• **Préfixe + suffixe :** un mot peut subir plusieurs dérivations.
Ex. : ***in**habit**able**, **dés**hydrata**tion***.

La composition (radical + radical)

► association de deux unités lexicales (de diverses natures grammaticales) qui peuvent exister de manière autonome.

• **Composition populaire :** le mot composé est formé de deux unités lexicales existant en français.
Les éléments peuvent être :
- **soudés**.
Ex. : *portefeuille, bonhomme.*
- **unis** par un trait d'union.
Ex. : *porte-clés, après-midi.*
- **juxtaposés**.
Ex. : *chaise longue.*
- **reliés** par une préposition (avec ou sans trait d'union).
Ex. : *pomme de terre, arc-en-ciel.*

• **Composition savante :** le mot composé est formé par l'association de radicaux grecs ou latins.
Ex. : *anthropologie* (*anthropos*, « homme » + *logos*, « étude »), *biologie* (*bio*, « vie » + *logos*, « étude »).

L'emprunt (mot étranger → langue française)

► appropriation d'un mot étranger, avec ou sans modifications.
- **Langues anciennes** (latin et grec).
Ex. : *ex æquo, forum, icône.*
- **Langues modernes** (comme l'italien, l'anglais ou arabe). Ex. : *incognito, spaghetti, parking, chewing-gum, zéro, algèbre.*

À l'aide de ce QR code, retrouvez d'autres exercices pour vous entraîner.

J'identifie

1 Analysez la formation des mots suivants : recopiez-les, surlignez le radical et soulignez les préfixes ou suffixes utilisés.
• *rapidement* • *colocation* • *verdâtre*
• *européen* • *multicolore*

2 Dans la liste suivante, distinguez les mots construits par dérivation et les mots composés.
• *ronds-points* • *rebondissement* • *sac à dos*
• *gendarme* • *importation* • *coéquipier* • *bonjour*

3 Identifiez les langues auxquelles les mots suivants ont été empruntés. Vous pouvez vous aider d'un dictionnaire.
• *coach* • *concerto* • *fan* • *hasard* • *douche*

liennathan.fr/6b3aa6

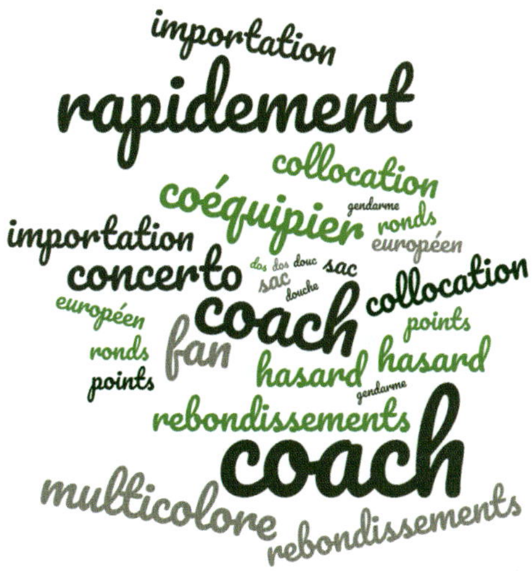

Je manipule

4 À partir des verbes suivants, formez des noms communs en ajoutant des suffixes.
• *installer* • *améliorer* • *comprendre* • *trembler* • *imprimer*

5 Recopiez et complétez le tableau ci-dessous.

Radicaux grecs	Sens des radicaux	Exemples de mots français composés avec des radicaux	Radicaux latins	Sens des radicaux	Exemples de mots français composés avec ces radicaux
graph			cide		
poly			omni		
xéno			socio		

6 En vous aidant de leur formation (mais sans dictionnaire), faites des hypothèses sur le sens des mots en gras dans le texte ci-dessous.

De ma position légèrement **surplombante**, le profil perdu se détachait sur la **coulée** de fleurs avec le contour tendre et comme **aérien** que donne la **réverbération** d'un champ de neige.

Julien Gracq, *Le Rivage des Syrtes*, 1951.

Je m'exprime

7 Présentez vos trois mots préférés : vous indiquerez leur formation, leur sens et expliquerez pourquoi ils vous plaisent.

Mes ressources numériques

Lisez cet article qui s'intéresse aux mots nouveaux et à la grande inventivité de la langue française.
liennathan.fr/6b3aa6

LANGUE

17. Les relations entre les mots : polysémie, synonymie, antonymie

J'observe

a. large	1. enseignant
b. avouer	2. mythe
c. professeur	3. négociant
d. commerçant	4. reconnaître
e. légende	5. inscription explicative
	6. étroit

Associez les mots ci-contre. Selon quels principes pouvez-vous les associer ?

J'apprends

Les relations…

… entre les différents sens d'un mot

La polysémie

► En français, les mots sont très souvent polysémiques : ils ont plusieurs sens, liés entre eux, notamment :

- **un sens propre** (sens premier du mot, souvent concret).
  Ex. : *Le renard **a dévoré** la poule.*
- **un sens figuré** (sens imagé, tiré du sens propre).
  Ex. : *Il **a dévoré** son roman.*

… de sens entre les mots

Les synonymes

► Ce sont des mots de même classe grammaticale, de sens identique ou proche.
Ex. : *magnifique/splendide, pitié/compassion.*

► Il existe des synonymes de différents registres de langue.
Ex. : *voiture/bagnole.*

Les antonymes

► Ce sont des mots de même classe grammaticale, de sens contraire ou opposé.
Ex. : *froid/chaud, tristesse/gaieté.*

► Les antonymes se forment parfois par dérivation, avec un préfixe.
Ex. : *heureux/malheureux.*

Le champ lexical

► C'est un ensemble de mots qui se rapportent à un même thème.
Ex. : *bois, forêt, tronc, feuilles, racines.*

À l'aide de ce QR code, retrouvez d'autres exercices pour vous entraîner.

J'identifie

1 Reliez chaque adjectif de la colonne du milieu à son synonyme et à son antonyme.
Vous pouvez vous aider d'un dictionnaire.

résolu ❍	❍ heureux ❍	❍ faible
insolite ❍	❍ volontaire ❍	❍ peiné
démesuré ❍	❍ excessif ❍	❍ banal
réjoui ❍	❍ étrange ❍	❍ pondéré

2 **a** Lisez l'extrait suivant et relevez les mots appartenant au même champ lexical.

Et, dans ce jour mal éteint encore, s'allumaient une à une des lampes électriques, dont les globes d'une blancheur opaque constellaient de lunes intenses les profondeurs lointaines des comptoirs. C'était une clarté blanche, d'une aveuglante fixité, épandue comme une réverbération d'astre décoloré, et qui tuait le crépuscule. Puis, lorsque toutes brûlèrent, il y eut un murmure émerveillé de la foule, la grande exposition de blanc prenait une splendeur féerique d'apothéose, sous cet éclairage nouveau. Il sembla que cette colossale débauche de blanc brûlait elle aussi, devenait de la lumière.

Émile Zola, *Au Bonheur des Dames*, 1883.

b À quel thème appartient ce champ lexical ?

Je manipule

3 Utilisez chacun des mots suivant dans une phrase où il gardera son sens propre puis dans une autre où il prendra un sens figuré.

a. Autonomie

b. Décoller

c. Lourd

4 Réécrivez les phrases suivantes en utilisant un antonyme du mot en gras. Vous devrez aussi modifier d'autres mots dans la phrase pour être cohérent(e).

a. Les enfants ne faisaient pas preuve de **patience**.

b. Certains artistes ont une célébrité plus **éphémère** que d'autres.

c. La situation dans laquelle je me trouve n'est pas **banale**.

d. **Les retards** ne sont pas autorisés.

5 Proposez une liste de huit mots formant un champ lexical pour chacun des thèmes suivants. Chaque liste devra comprendre au moins un nom commun, un adjectif, un verbe et un adverbe.

a. L'amour

b. Le voyage

c. Le désordre

Je m'exprime

6 Racontez un fait qui vous a effrayé(e) en convoquant le champ lexical de la peur : vous utiliserez au moins huit mots appartenant à ce champ, que vous soulignerez.

Edvard Munch, *Le Cri*, 1893.

LANGUE

18. Les registres de langue

J'observe

a. dormir/somnoler/pioncer
b. bouffer/manger/se sustenter
c. drôle/amusant/fun

1 Quel lien unit les mots de chaque liste ?

2 Qu'est-ce qui les différencie ?

J'apprends

Les registres de langue

Registre familier

- syntaxe relâchée (notamment pour les questions et la négation).
- expressions argotiques (voire vulgaires).

Ex. : *Tu kiffes le film ?*
J'suis crevée, je peux plus taffer.

Registre courant

- syntaxe correcte.
- registre neutre.

Ex. : *Est-ce que tu aimes bien le film ?*
Je suis fatiguée, je ne peux plus travailler.

Registre soutenu

- syntaxe complexe.
- vocabulaire recherché.

Ex. : *Cette œuvre cinématographique te sied-elle ?*
Je suis éreintée. Aussi ne puis-je travailler davantage.

Porosité des registres

Si les dictionnaires indiquent le registre de certains mots (fam., pop., litt.), il n'existe pas de frontières claires entre les registres : les usages sont mouvants, car la langue évolue.

Les situations de communication

L'emploi des différents registres est lié aux situations de communication : le langage choisi et utilisé doit permettre de marquer la relation entre le locuteur (celui qui parle) et le destinataire (celui à qui il parle) : respect, confiance, intimité, mépris...

Langage parlé/langage écrit ?

On résume souvent les différences de registres en une opposition entre langage parlé et langage écrit : si certains registres sont en effet plus adaptés pour des situations de communication orale ou écrite, certains auteurs font le choix d'utiliser dans leurs textes littéraires un registre de langue familier voire vulgaire.

Écoutez un podcast dans lequel les linguistes s'intéressent à l'oralité.
liennathan.fr/t4ux54

À l'aide de ce QR code, retrouvez d'autres exercices pour vous entraîner.

J'identifie

1 Reliez les mots de chaque colonne, de manière à faire apparaître les synonymes dans les registres de langue familier, courant et soutenu.

bouquin ❍	❍ erreur ❍	❍ désarçonné
paumé ❍	❍ énervé ❍	❍ méprise
vénère ❍	❍ livre ❍	❍ courroucé
boulette ❍	❍ perdu ❍	❍ ouvrage

2 Identifiez le registre de langue des phrases suivantes.

a. Allez, mec, viens en despee.
b. Avez-vous envisagé les diverses solutions possibles ?
c. Est-ce que ta famille a pu venir ?
d. T'embête pas.
e. Je vous saurai gré de ne pas m'en tenir rigueur.
f. De base, j'ai toujours envie de casser la croûte.
g. Merci pour ton aide.

3 Lisez le texte suivant.

T'oublies tout quoi, t'es pas consultant, t'es rien,
le consulting c'est d'la merde, quoi
La seule chose qui ait de la valeur, c'est
C'est quand t'es capable de faire un chapitre
comme celui-là quoi
Ça, ça restera, ça mérite qu'tu vives, quoi, tu peux
vivre pour écrire ça, ouais
Là, ça mérite qu'tu vives, quoi, tu vois
Là, là, là t'es pas né pour rien, t'es nécessaire, quoi
T'es pas surnuméraire, comme dirait Sartre, t'es
pas superflu, quoi
Là, là, là t'as une nécessité quand t'écris ça, quoi
La nécessité d'être, quoi
Et c'est ça qu'il faut tenir, mec
C'est ça qu'il faut putain d'tenir, quoi
Lâche pas l'morceau.

Alain Damasio et Rone, « Bora Vocal », 2009.

a Quel(s) registre(s) de langue identifiez-vous dans ce texte ? Justifiez votre réponse en relevant des indices dans le texte.

b Quel est l'effet produit par ce choix d'écriture ?

Je manipule

4 **a** À l'aide d'un dictionnaire, proposez un synonyme au registre soutenu pour chacun des mots suivants.
• *capter* • *méga* • *parler* • *le seum* • *golri.*

b Cherchez un synonyme appartenant au registre courant pour chacun des mots précédents.

5 Transformez la syntaxe des phrases suivantes pour adopter un registre de langue soutenu.

a. Je sais pas elle est où.
b. Faut que mon père il parte au supermarché.
c. I'fait que répéter le même truc.
d. T'as capté ?

Je m'exprime

6 Imaginez que la candidate à cet entretien d'embauche se présente dans un registre adapté à la situation.

Rédiger son CV

Dans votre CV, mettez en valeur votre sens des responsabilités.

Document **Un modèle de CV**

Samuel Duval
4, rue des Aigrettes
94 000 Créteil
samuel.duval@bacpro.net
+33 6 12 23 99 XX

EXPÉRIENCES PROFESSIONNELLES

Été 2022 : Aide dans le restaurant familial « La Plancha », Créteil (94). Accueil des clients et gestion des réservations.

2021-2022 : Stage d'observation de 3e : restaurant « Le Fontainebleau », Sucy-en-Brie (94).

PARCOURS SCOLAIRE

2022-2023 : 2de pro Métiers de l'hôtellerie et de la restauration, lycée Paul Bocuse, Alfortville (94).

2022 : Brevet des collèges, collège des Bleuets, Créteil (94).

2018-2022 : Collégien au collège des Bleuets, Créteil (94).

LANGUES

> Français : langue maternelle
> Anglais : niveau B2 (écrit et parlé)
> Espagnol : niveau B1 (écrit et parlé)

COMPÉTENCES

> Accueil de la clientèle
> Accueil téléphonique et prise des réservations
> Service en salle
> Dressage et tenue d'un rang

CENTRES D'INTÉRÊT

> Histoire de la gastronomie française
> Émissions culinaires
> Cuisines asiatiques (Inde, Corée et Japon notamment)

- Donnez toujours votre prénom avant votre nom.
- Donnez une adresse électronique qui donne une image sérieuse de vous.

- Classez vos expériences par ordre chronologique inversé.
- Développez les missions et les tâches que vous avez menées.

- Indiquez clairement les options choisies, qui donnent des indices sur votre profil.

- Le référentiel européen permet d'indiquer votre niveau de langue.

- Indiquez des compétences et des centres d'intérêt en lien avec votre futur métier.

ÉTAPE 1 : Faire le bilan de ses expériences

- Faites le bilan de vos expériences en recopiant et complétant le schéma suivant :

MON PARCOURS

Formation

....

Lieu ....

Expériences professionnelles

Mes responsabilités ....

Emplois saisonniers ....

Stages ....

Loisirs et centres d'intérêt

....

ÉTAPE 2 : Rédiger son CV

- Rédigez votre CV avec un traitement de texte.
Pour cela, sélectionnez vos expériences les plus marquantes.
- Choisissez vos expériences professionnelles et les étapes de votre formation de la plus récente à la plus ancienne.

CONSEIL

Optez pour une présentation simple, claire et lisible. Privilégiez une police neutre plutôt qu'une police fantaisiste.

ÉTAPE 3 : Évaluer son CV

- Aidez-vous de la grille ci-dessous pour évaluer votre CV.
Vous pouvez aussi demander à un camarade de le faire pour vous.

	☹	😐	☺	Remarques
J'ai adapté mon CV au poste visé.				
Ma mise en page est claire et efficace.				
J'ai pris soin de vérifier mon orthographe.				

Rédiger une lettre de motivation

Vous rédigerez une lettre de motivation en expliquant avec précision pourquoi votre expérience, vos compétences, vos qualités et les responsabilités que vous avez exercées vous destinent au poste proposé.

Document — Modèle de lettre de motivation

> ➤ **Indiquez vos coordonnées. Donnez une adresse électronique qui donne une image sérieuse de vous.**

Emma Sohn
12, rue du Fleuve
69 007 Lyon
+33 8 45 84 33 XX
emma.sohn@bacpro.net

> ➤ **Indiquez le poste de la personne à laquelle vous vous adressez ainsi que l'adresse complète de votre destinataire.**

Monsieur le Directeur
des Ressources humaines
Bricomarket
45, boulevard du dimanche
69 008 Lyon

Lyon, le 16 septembre 2022

> ➤ **Indiquez dans l'objet le poste qui fait l'objet de votre candidature.**

Objet : candidature pour un stage de chargée de clientèle

Monsieur le Directeur des Ressources humaines,

> ➤ **Présentez-vous brièvement au début de la lettre.**

Actuellement en seconde professionnelle « Métiers de la relation client », je suis à la recherche d'un stage de fin d'études dans ce domaine. Particulièrement intéressée par la décoration d'intérieur, je me permets de vous soumettre ma candidature spontanée. En effet, je suis très motivée par la perspective de conseiller des clients dans la réalisation de leurs projets d'aménagement ou de travaux de rénovation.

J'ai réalisé mon stage d'observation de troisième dans une boutique de décoration employant cinq salariés. Faire mon stage de seconde dans un magasin comme le vôtre, aux dimensions et à l'organisation tout à fait différentes, complèterait mon expérience professionnelle.

> ➤ **Précisez ensuite vos expériences passées qui motivent votre demande de stage.**

> ➤ **Présentez vos qualités en mettant en avant celles qui sont les plus pertinentes pour le poste souhaité.**

Rigoureuse, autonome et ayant le sens du relationnel, je suis prête à mettre mes compétences et mon désir d'apprendre au service de votre entreprise.

Je suis à votre disposition pour tout renseignement complémentaire ou pour un éventuel entretien.

En vous remerciant de l'attention que vous porterez à ce courrier, je vous prie d'agréer, Monsieur le Directeur des Ressources humaines, l'expression de mes salutations respectueuses.

> ➤ **Concluez en employant une formule de politesse formelle.**

Emma Sohn

E. Sohn

ÉTAPE 1 : Rédiger une lettre de motivation

- Cherchez une offre de stage ou d'emploi concernant votre secteur d'activité. Que pourriez-vous mettre en valeur dans votre lettre de motivation ?

ÉTAPE 2 : Identifier ses atouts

- Recopiez et complétez le schéma ci-dessous.

MA CANDIDATURE

❶ Ma formation

....

....

....

....

❷ Mes expériences

....

....

....

....

❸ Mes compétences

....

....

....

....

❹ Mes qualités

....

....

....

....

❺ Mes motivations

....

....

....

....

CONSEILS

- La lettre de motivation ne doit pas faire plus d'une page pour être lisible.
- Aérez la mise en page à l'aide de paragraphes et de marges.
- N'oubliez pas la formule de politesse.

ÉTAPE 3 : Évaluer sa lettre de motivation

- Aidez-vous de la grille ci-dessous pour évaluer votre lettre. Vous pouvez aussi demander à un camarade de le faire pour vous.

	☹	😐	☺	Remarques
J'ai adapté ma lettre au poste visé.				
Mon argumentation est claire et efficace.				
J'ai respecté les codes de la lettre.				
J'ai pris soin de vérifier mon orthographe.				

Prendre contact avec l'entreprise

Le téléphone et le courriel sont souvent les deux premiers contacts avec votre futur employeur, qui jugera votre posture professionnelle et vos compétences de communication.

POSSIBILITÉ 1 : Prendre contact par téléphone

1 Selon vous, quelle est la meilleure phrase pour se présenter, si vous appelez un standard ou un secrétariat pour une candidature spontanée ?

- ☐ Est-il possible de parler au directeur des ressources humaines ? Je suis à la recherche d'un stage.
- ☐ Bonjour, Sophie Duval à l'appareil, je voudrais parler au responsable du recrutement, s'il vous plaît.
- ☐ Bonjour Madame/Monsieur, je m'appelle Sophie Duval, je suis actuellement élève en 2de professionnelle et suis à la recherche d'un stage. Pourriez-vous s'il vous plaît me passer le service des ressources humaines ?
- ☐ Madame/Monsieur, je me nomme Sophie Duval et je requiers votre sollicitude afin de pouvoir m'adresser à la direction des ressources humaines.

2 Vous appelez la personne en charge du recrutement de l'entreprise.

a. Quelles sont les informations pratiques que vous devez penser à lui donner ?

b. Quelles sont les erreurs à éviter lors d'une prise de contact par téléphone ?

c. Quelles sont les qualités dont vous devrez faire preuve pour laisser une bonne impression ?

CONSEILS

• Dans le cas où un recruteur vous appelle et vous laisse un message : vérifiez que l'annonce de votre boîte vocale soit neutre et que votre prénom et votre nom soient clairement audibles. Évitez les annonces humoristiques ou trop longues : optez pour une phrase classique comme « Bonjour, vous êtes sur le répondeur de Sophie Duval, vous pouvez me laisser un message avec vos coordonnées et je vous rappellerai dès que possible. »

3 Voici des expressions familières à ne pas employer lors d'un entretien téléphonique pour trouver un stage ou un emploi. Cherchez des équivalents plus acceptables dans ce contexte.

• okay • ouais • du coup • au jour d'aujourd'hui • un boulot/un taf • je sais pas
• j'ai trop aimé mon ancien stage • chuis grave motivé(e)

4 Quelle est la meilleure manière de conclure une conversation téléphonique ?

- ☐ À bientôt et très bonne journée.
- ☐ Merci Madame/Monsieur de m'avoir accordé du temps. Je reste à votre disposition si nécessaire. Au revoir Madame/Monsieur.
- ☐ Vous avez l'air très aimable et je suis ravi(e) de venir faire mon stage chez vous. Au revoir Madame/Monsieur.

5 Par groupe de deux, préparez une improvisation sur la recherche de stage par téléphone, en choisissant parmi les propositions suivantes, qui mettent en scène un(e) étudiant(e) appelant...

- une personne très désagréable au standard.
- un(e) responsable très bavard(e), qui ne lui laisse pas la parole.
- un(e) responsable débordé(e) par son travail.
- un(e) responsable qui ne veut plus s'occuper de stagiaires à cause d'une mauvaise expérience.

POSSIBILITÉ 2 : Prendre contact par courriel

1 Lesquelles de ces adresses électroniques donnent une image sérieuse pour une recherche de stage ou d'emploi ?

- ❑ petitecocotte@hotmail.com
- ❑ sophieduvaldu93@free.f
- ❑ sophie@hotmail.com
- ❑ sophie.duval@gmail.com
- ❑ sduval@yahoo.fr
- ❑ sosodv@sfr.com

2 Quel objet vous semble acceptable pour l'envoi d'un courriel à un(e) responsable du recrutement ?

- ❑ Objet : je suis très motivé(e)
- ❑ Objet : assistant manager
- ❑ Objet : stage
- ❑ Objet : candidature à l'offre de stage n°23C (assistant manager)
- ❑ Objet : je souhaiterais proposer ma candidature pour l'annonce publiée sur votre site.

3 Quelle est la meilleure manière de s'adresser à un(e) responsable du recrutement au début d'un courriel ?

- ❑ Madame/Monsieur...
- ❑ Madame la responsable du recrutement/Monsieur le responsable du recrutement
- ❑ Chère Madame/Cher Monsieur...
- ❑ Ma chère Madame/Mon cher Monsieur...
- ❑ Bonjour Madame/Bonjour Monsieur...

4 Classez ces formules de politesse de la plus familière à la plus formelle.

- ❑ Très cordialement
- ❑ Respectueusement
- ❑ Bien à vous
- ❑ Bises
- ❑ À bientôt
- ❑ Je vous prie d'agréer, Madame, Monsieur, l'expression de mes salutations respectueuses.

5 **a.** Voici un courriel adressé à un(e) responsable du recrutement. Quelles en sont les maladresses ?

> Objet : Stage
>
> Mon cher monsieur,
>
> L'offre de stage n°C23, publiée sur le site de votre entreprise, a retenu mon attention. Actuellement élève en 2de professionnelle, je suis la personne parfaite pour votre entreprise : vous ne regretterez pas de me recruter. Vous trouverez ci-joint mon CV et ma lettre de motivation.
>
> J'attends votre réponse avec impatience.
>
> Cordialement,
>
> Éric Michaud

CONSEILS

- Lorsque vous écrivez un courriel pour trouver un stage, faites attention à l'adresse que vous utilisez : elle doit être neutre et donner une impression de sérieux, de professionnalisme.
- L'objet du courriel doit être explicite et concis.
- Si vous joignez votre CV et une lettre de motivation, faites-le au format PDF et donnez un nom simple et clair aux deux fichiers.
- Vous pouvez donner le lien vers votre profil sur les réseaux sociaux professionnels.
- Si vous ne connaissez pas la personne à qui vous écrivez, mieux vaut être trop formel que pas assez.

b. Réécrivez-le pour qu'il soit moins maladroit.

FRANÇAIS PROFESSIONNEL

Passer un entretien d'embauche

Vous vous préparerez à un entretien d'embauche, en faisant le bilan de vos atouts, de vos expériences et des responsabilités que vous avez exercées.

Document — Didier Cros, *La Gueule de l'emploi*, 2011

Ce documentaire suit le déroulement d'une procédure de recrutement collectif. Une dizaine de candidats sont mis en concurrence pour obtenir un poste présenté comme « intéressant », mais dont ils ignorent le détail. La dernière étape est un entretien individuel lors duquel les recruteurs découvrent le CV des candidats.

Extrait 1

Didier. – Qu'est-ce qui va faire que vous allez devenir meilleur ? Dites-moi.

Gérard. – Je pense que j'en ai les qualités. Du moins, je l'espère.

Didier. – Lesquelles ?

Gérard. – Déjà, je suis persévérant, je suis enthousiaste, convaincant, j'ai le sens de la répartie.

Rogers. – Gérard, pardon. Juste un conseil que je vais vous donner. Tout ça c'est des mots qui ne veulent pas dire grand-chose, à partir du moment où ce n'est pas étayé par des choses concrètes.

Extrait 2

Didier. – Et vous, en contrepartie, qu'est-ce que vous allez leur amener ? Qu'est-ce que vous leur amenez dans la corbeille ? On vous offre un job, s'ils vous disent « oui », qu'est-ce que vous leur amenez ?

Julie. – Une commerciale très enthousiaste et qui ramènera du chiffre.

ÉTAPE 1 : Analyser les enjeux d'un entretien d'embauche

a. Quel reproche Rogers fait-il à Gérard ? Qu'aurait-il dû faire pour convaincre les recruteurs ? (extrait 1)

b. Les motivations de Gérard peuvent-elles intéresser les recruteurs ? Pour quelles raisons ? (extrait 2)

c. La présentation de Julie vous convainc-t-elle ? Pourquoi ? (extrait 2)

d. Quelles qualités permettent de réussir un entretien d'embauche ?

ÉTAPE 2 : Préparer sa candidature

- Recopiez et complétez le schéma ci-dessous, en donnant si possible des exemples précis.

MA CANDIDATURE

❶ Mes qualités

❷ Mes expériences

❸ Mes points faibles

❹ Ce que je peux apporter à l'entreprise

❺ En quoi suis-je responsable au travail ?

ÉTAPE 3 : Simuler l'entretien

- Par équipe de trois, vous simulerez un entretien d'embauche. Deux élèves joueront les recruteurs(es), le troisième le(a) candidat(e). Vous échangerez ensuite vos rôles.

CONSEILS

- Pour un entretien, habillez-vous et coiffez-vous de manière sobre et correcte, sans pour autant vous déguiser.
- Ayez toujours une attitude respectueuse et positive.

ÉTAPE 4 : Évaluer son entretien

- Aidez-vous de la grille ci-dessous pour évaluer votre entretien. Vous pouvez aussi demander à un(e) camarade de le faire pour vous.

	☹	😐	☺	Remarques
J'ai répondu clairement aux questions.				
J'ai mis en valeur mes qualités.				
Je me suis exprimé(e) avec conviction.				
J'ai utilisé un vocabulaire adapté à la situation.				

Préparer la soutenance du rapport

La soutenance de votre rapport doit vous permettre d'expliquer au jury les compétences et les connaissances professionnelles acquises lors de votre stage. Il ne s'agit ni de lire ni de réciter un texte rédigé, mais d'exposer oralement, dans une langue correcte, ce que cette période de formation en entreprise vous a apporté.

ÉTAPE 1 : Préparer un diaporama (facultatif)

a. Choisissez un seul modèle de diapositives, qui ne devront pas être trop nombreuses (une vingtaine au maximum).

b. Adoptez une police et un corps lisibles, prévoyez des diapositives aérées.

c. Privilégiez les mots-clés au lieu de phrases rédigées, afin de ne pas lire.

d. Précisez la source des images insérées dans le diaporama.

ÉTAPE 2 : Préparer vos notes pour l'oral

➤ Changez de fiche pour chaque nouvelle partie.

➤ Utilisez des fiches de petit format, que vous numéroterez (en fonction de votre diaporama si vous en avez un).

➤ Notez les informations que vous n'avez pas pu écrire dans votre diaporama si vous en avez réalisé un.

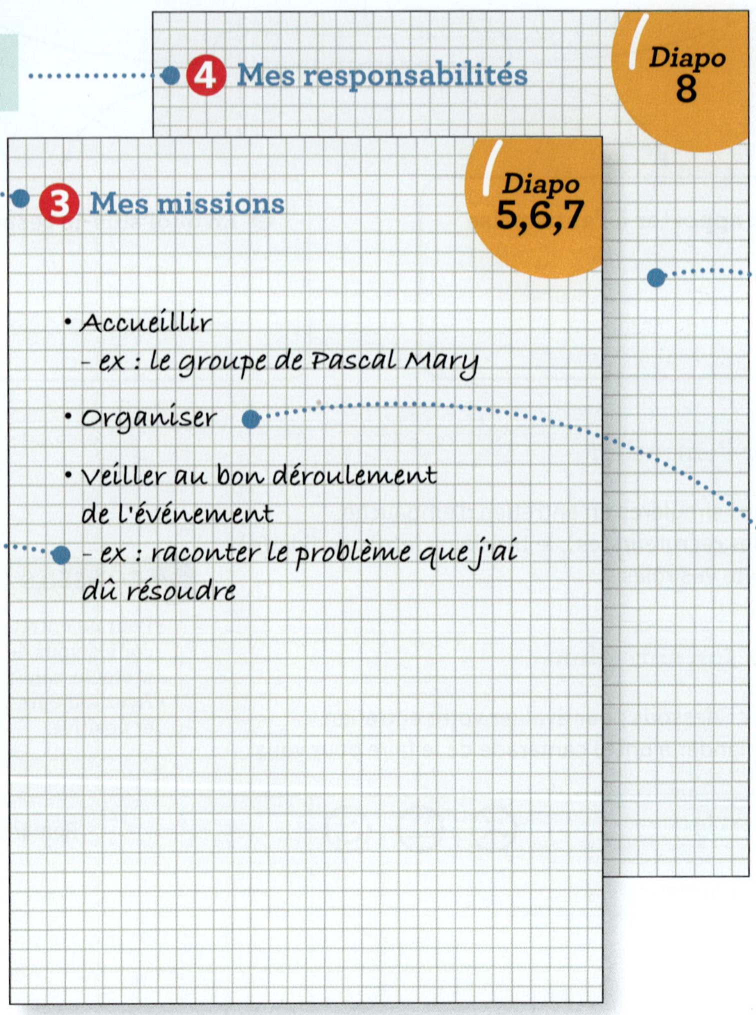

➤ N'utilisez que le recto des fiches.

➤ Privilégiez les mots-clés au lieu de phrases rédigées, afin de ne pas lire.

ÉTAPE 3 : S'entraîner à l'oral

- Utilisez un téléphone pour vous enregistrer ou vous filmer lors des répétitions.
- Soyez vigilant(e) à votre débit, à votre articulation, à votre niveau de langue.
- Entraînez-vous à vous détacher de vos fiches.

ÉTAPE 4 : Préparer l'entretien

- Imaginez des questions que le jury pourrait vous poser et notez la réponse que vous pourriez donner. Trouvez une question par thème donné dans la rubrique « Conseils ».

CONSEILS

Les questions peuvent porter sur :
- les normes et les procédures professionnelles ;
- les métiers observés ;
- le fonctionnement de l'entreprise ou du service ;
- les postures professionnelles ;
- les notions du cours en lien avec votre expérience ;
- une étude de cas.

ÉTAPE 5 : Répéter la soutenance

- Présentez votre soutenance devant deux camarades, qui vous poseront ensuite des questions.
- Gardez la trace des questions et de vos réponses, pour préparer la vraie soutenance.
- Inversez les rôles : écoutez les soutenances de vos camarades et posez-leur des questions.

ÉTAPE 6 : Évaluer sa prestation

- Aidez-vous de la grille ci-dessous pour évaluer la répétition de votre soutenance. Vous pouvez également demander à vos camarades de remplir la grille puis comparer vos évaluations.

	☹	😐	☺	**Remarques**
Ma soutenance était claire et complète.				
Ma prise de parole était aisée.				
Je n'ai pas lu mes notes				
J'ai pu échanger facilement avec le jury.				
Mes réponses étaient claires et efficaces.				
Mon niveau de langue était correct.				
Ma posture a été convaincante				

CRÉDITS TEXTES

p. 34 Laurent Gaudé, « Des tomates au goût de sang », *Le 1*, 2018 ; **p. 35** Sylvie O'Dy interviewée pour *Le 1*, 2018 ; **p. 53** Fabrice Rousselot, « Le patriotisme souffle dans les rues de Verona », *Libération*, 21 mars 2003 ; **p. 54** Couverture de la bande dessinée *Une histoire populaire de l'empire américain* d'Howard Zinn, Paul Buhle et Mike Kanopacki, 2009, © édition Vertige Graphic ; **p. 66** Pierre Michon, *Les Onze*, 2009, © éditions Verdier ; **p. 68** Couverture de la bande dessinée *La Révolution* de Florent Grouazel et Younn Locard, 2019, © Actes Sud éditions ; **p. 80** Couverture de la bande dessinée Compagnons de Manuel Lieffroy et Tito, 2015, © éditions Castermann ; couverture du *Compagnon du Tour de France* de Georges Sand, 1840, © Livre de poche, 2004 ; **p. 85** Laurent Carroué, *Géographie de la mondialisation*, © éditions Armand Colin, 2019 ; **p. 87** Ridha Loukil, « Les sept composants de STMicroelectronics dans la console de jeu Switch de Nintendo », *L'Usine nouvelle*, 14 mars 2017 ; **p. 87** « Nintendo Switch. Une pénurie mondiale affecte les ventes de la console », *Ouest-France*, 28 avril 2020 ; **p. 88** Sébastien Berriot, « En Chine, le succès de la comédie musicale française Roméo et Juliette », France Info, 28 décembre 2021 ; **p. 94** Couverture de La Folle Histoire de la mondialisation d'Isabelle Bensidoun et Sébastien Jean, © éditions Les Arènes, 2021 ; **p. 100** « Le canal de Panama bat son record de fret malgré la pandémie et la crise logistique », *Les Echos*, 29 octobre 2021 ; **p. 103** « Garantir l'accès haut débit pour tous en Afrique – un enjeu à 100 milliards de dollars », Banque mondiale, 17 octobre 2019 ; **p. 104** Stéphane Floccari, *Survivre à Noël*, © Les Belles Lettres, 2018 ; **p. 106** Lucie Renson Miquel, « Les e-déchets sont un fléau pour la santé de millions d'enfants, alerte l'OMS », *Libération*, 18 juin 2021 ; **p. 107** « Le rapport des experts sur le climat constitue un avertissement sévère de la part des scientifiques su monde entier », *Le Monde* avec l'AFP, 17 septembre 2021 ; **p. 108** Couverture de *Globalia* de Jean-Christophe Ruffin, 2004 © éditions Gallimard, 2005 pour l'édition Folio ; Couverture de *Un autre monde est possible* de Pierre Cattan et François Olislaeger, 2006, © Hachette Littérature ; **p. 111** Yves Colombel et Daniel Oster, La France. Territoires et aménagement face à la mondialisation, 2014, © éditions Nathan ; **p. 114** Valérie Mignon, « Malgré la mondialisation, le retour des frontières », *Les Echos*, 29 juin 2016 ; **p. 116** Audrey Garric, « Près de 216 millions de personnes pourraient être obligées de quitter leur foyer d'ici à 2050 à cause du climat », *Le Monde*, 14 septembre 2021 ; **p. 117** Réseau Action Climat France, 2019 ; **p. 119** Fatou Diome, Le Ventre de l'Atlantique, 2003, © éditions Anne Carrère ; **p. 119** Catherine Withol de Wenden, « un monde de migrants », *Documentation photographique*, 2019 ; **p. 120** Couverture de L'Odyssée d'Hakim de Fabien Toulmé, 2018, © éditions Delcourt ; **p. 123** Roxane Azimi, « Le Bénin ambitionne de créer quatre nouveaux musées pour développer le tourisme culturel », *Le Monde*, 21 février 2022 ; **p. 127** « Civid-19 : l'effondrement du tourisme pourrait coûter plus de 400 milliards de dollars à l'économie mondiale », *Le Figaro* avec AFP, 30 juin 2021 ; **p. 128** Philippe Dugot, « Le développement touristique et son revers. Le cas du bassin méditerranéen », *Les Espaces du tourisme et des loisirs*, 2017, © éditions Armand Colin ; **p. 130** Clotilde Luquiau, « Dans la jungle de Bornéo, des visiteurs en quête d'authenticité », *Le Monde diplomatique*, juillet 2012 ; **p. 131** Emmanuelle Peyvel, « Mui ne (Vietnam) : deux approches différenciées de la plage par les touristes occidentaux et domestiques », *Géographie et culture*, 2008 ; **p. 132** Couverture de L'Atlas mondial du tourisme et des loisirs, 2018, © éditions autrement ; **p. 137** GLM avec AFP « Fonderie de Bretagne : la justice ordonne le déblocage de l'usine occupée par des grévistes », France Info, France 3 Région, Bretagne, 3 juin 2021 ; **p. 139** Tom Hollmann, « Présidentielles 2022 : la loi anti *fake news* à l'épreuve de la campagne », *20 Minutes*, 29 septembre 2021 ; **p. 142** Mattea Battaglia, « Légère hausse des "atteintes" à la laïcité », *Le monde*, 10 décembre 2021 ; **p. 144** Maurice Agulhon, *L'Histoire*, 1979, © éditions du Seuil ; **p. 145** Marion Simon-Rainaud, « Nous sommes Marianne, quand la technologie veut dessiner la nouvelle égérie française », *Les Echos*, 30 juin 2021 ; **p. 152, 154, 156, 158** Didier Éribon, *Retour à Reims*, 2009, © éditions Fayard ; **p. 154** Annie Ernaux, *La Place*, 1983, © éditions Gallimard ; **p. 156** Édouard Louis, *Changer : méthode*, 2021, © éditions du Seuil ; **p. 159** Jean-Louis Pan Ké Shon, Claire Scodellaro, « L'habitat des immigrés et des descendants : ségrégation et discriminations perçues », *Trajectoires et origines. Enquête sur la diversité des populations en France*, 2019, © Ined éditions ; **p. 166** Frida Kahlo, « Confidences », *Le Journal de Frida Kahlo*, 1942-1954, traduit de l'espagnol (Mexique) par Raudo Jamis, Martine Laroche et Olivier Meyer, 1995, © éditions du Chêne ; **p. 168** Aharon Appelfeld, *Histoire d'une vie*, 2004, traduit de l'hébreu par Valérie Zenatti, © éditions de l'Olivier ; **p. 170** Léon-Gontran Damas, « Hoquet », *Pigments*, 1937, © éditions Présence africaine, 1962 ; **p. 172** Édouard Levé, *Autoportrait*, 2002, © éditions POL ; **p. 176** Joseph Ponthus, À la ligne. Feuillets d'usine, 2019, © éditions La Table ronde ; **p. 178** Roland Barthes, *Roland Barthes par Roland Barthes*, 1975, © éditions du Seuil ; **p. 184** France 3 Hauts de France, « Détox : non, ces migrants ne font pas un pique-nique dans un cimetière de Calais », 2016 ; **p. 185** France info TV, « Migrants : six intox qui ont circulé ces dernières semaines sur le web, Des locataires expulsés dans le Loiret au profit de migrants ? », 2015 ; **p. 187** Julia Pascual, « La France est loin d'être "envahie", même si l'immigration progresse », *Le Monde*, 15 octobre 2021 ; **p. 188** Cyril Hofstein, « Fallait-il interdire les chasses traditionnelles ? », *Le Figaro*, 21 septembre 2021 ; **p. 189** *Libération* et AFP, « Enfin. Protection des oiseaux : la chasse à la glu jugée définitivement illégale en France », 28 juin 2021 ; **p. 190** François-Bernard Huyghe, *Fake new : manip, infox et infodémie*, 2021, © Va Presse ; Isabelle Bauthian et Gally, *L'Esprit critique*, 2021, © éditions Delcourt ; p. 192 Loris Guémart, « Le mur du son franchi, l'info en surégime **»,** *Arrêt sur images*, 2020 ; **p. 194** Manuel Piolat Soleyma, entretien avec Thomas Quillardet, *La Terrasse*, 2021 ; **p. 199** France Info et AFP « Le Parisien présente ses excuses pour sa Une jugée sexiste », 2020 ; **p. 200** Sophie Eustache et Jessica Trochet, « De l'information au piège à clics », *Le Monde diplomatique*, 2007 ; **p. 202** Daniel Schneidermann, « Climat : Vanessa Nakate, ou l'Afrique invisible », *Arrêt sur images*, 2020 ; **p. 204** Nassira El Moaddem, entretien avec Sébastien Calvet et Marie Docher, *Arrêt sur images*, 2021 ; **p. 205** Jean-Christophe Galeazzi, « "Les photojournalistes sont nos yeux" selon le directeur du festival Visa pour l'image », France Info, 2021 ; **p. 206** La Chance, « Patrons de médias, ouvrez les portes ! », *Ouest France*, 2020 ; **p. 212, 214, 216** Joël Pommerat, **Ça ira (1) Fin de Louis**, 2015, © Actes Sud/Papier ; **p. 226** Ovide, *Les Métamorphoses*, traduit du latin par Marie Cosnay, 2017, © éditions de L'Ogre ; **p. 227** Jules Supervielle, *Les Amis inconnus*, 1934, © éditions Gallimard ; **p. 232** Anne Bocandé, « La poésie st une forme d'état d'être au monde », *Africultures*, 2015 ; **p. 232** Benjamin Roure, « Ces poètes qui réussissent à vivre de leurs mots », *Le Monde, 2005* ; **p. 241** Raymond Queneau, *Zazie dans le métro*, 1959, © éditions Gallimard ; **p. 257** René Barjavel, *Ravage*, 1943, © éditions Gallimard ; **p. 257** Albert Camus, « La femme adultère », *L'Exil et le Royaume*, 1957, © éditions Gallimard ; **p. 266** Timothée de Fombelle, *Le Livre de la Perle*, 2014, © éditions Gallimard jeunesse ; **p. 275** Alain Damasio et Rone, « Bora Vocal », 2009.

CRÉDITS PHOTOGRAPHIQUES

Couverture : htg Bridgeman Images/ Photo Josse/ Leemage ; mg Istock/ Gremlin ; bg Getty Images France/ Catherine Delahaye ; md Istock/ Shaunl

p. 10 Istock/ Aekkarat Doungmaneerattana ; **p. 13** Bridgeman Images/ British Library /Robana/ Leemage ; **p. 15 ht d** Dagli Orti/ Aurimages ; **p. 15 m d** Bridgeman Images / Photo Josse/Leemage ; **p. 17 bas** Bridgeman Images/ PVDE/Rue des Archives ; **p. 18** Bibliothèque nationale de France ; **p. 19 ht g** Bridgeman images/ PVDE/ Rue des Archives ; **p. 19 ht d** AKG-Images/ Collection Archives f.Kunst & Geschichte ; **p. 21 ht d** Bridgeman images ; **p. 21 bas g** Dagli Orti/ Aurimages ; **p. 23** Château des ducs de Bretagne - musée d'histoire de Nantes ; **p. 24** Bridgeman Images/ Rue des Archives/ PVDE ; **p. 25** Bibliothèque nationale de France ; **p. 26 bas m** Bridgeman images ; **p. 27** © collection particulière ; **p. 31** AKG-Images ; **p. 35** Vasco Gargalo ; **p. 37** Bridgeman Images/ Aisa/ Leemage ; **p. 38** Archives de Nantes ; **p. 39** Château des ducs de Bretagne - Musée d'histoire de Nantes ; **p. 41** Abaca Press/ World History Archive ; **p. 45** Bridgeman Images/ Photo Josse/ Leemage ; **p. 46** Bridgeman Images/ Costa/ Leemage ; **p. 47** Bridgeman Images ; **p. 48** Bridgeman Images /Aisa/Leemage ; **p. 49** RMN-Grand palais/ Château de Blérancourt, Daniel Arnaudet ; **p. 50** AKG-Images/ North Wind Picture Archives ; **p. 51** Bridgeman Images/ Adagp Paris 2022 ; **p. 53 bas g** BIS / Ph. Coll. Archives Larbor ; **p. 53 ht g** Aurimages/ The Granger Collection ; **p. 54 bas g** Historic Images/ Alamy/ Hemis ; **p. 54 bas m** Collection Christophe L © Disney+ - Lin-Manuel Miranda - Walt Disney Pictures - 5000 Broadway Productions - Nevis Productions - Old 320 Sycamore – RadicalMedi/DR ; **p. 54 m d** AKG Images ; **p. 55** Ullstein Bild / Photo12 ; **p. 58** BIS / © Archives Larbor ; **p. 59** BIS / Ph. Jeanbor © Archives Larbor ; **p. 60** BIS / Ph. Jeanbor © Archives Larbor ; **p. 61** Bridgeman Images/ FineArtImages/Leemage ; **p. 63** Bibliothèque nationale de France ; **p. 64** Collection Jean Vigne/ Kharbine-Tapabor ; **p. 65** BIS / Ph. Hubert Josse © Archives Larbor ; **p. 65** Anonyme, Graveur /CC0 Paris Musées / Musée Carnavalet ; **p. 67** Robespierre, de Mathieu Gabella, Roberto Meli et Hervé Leuwers © Editions Glénat 2017 ; **p. 68 g** AKG-Images/ SPL ; **p. 68 bas m** Collection Christophe L © Etienne GEORGE / Les Films Ariane/DR ; **p. 69** Roger-Viollet ; **p. 71** Kharbine-Tapabor ; **p. 72** BIS / Ph. Jeanbor © Archives Bordas ; **p. 73** British Library/ Kharbine-Tapabor ; **p. 75 bas g** Kharbine-Tapabor ; **p. 75 ht d** Kharbine-Tapabor ; **p. 75 bas d** Kharbine-Tapabor ; **p. 76 m g** BIS / Ph. J.L. Charmet © Archives Larbor ; **p. 76 ht d** DR ; **p. 77** Bibliothèque nationale de France ; **p. 79 ht g** Kharbine-Tapabor ; **p. 79 bas g** Kharbine-Tapabor ; **p. 80 bas g** Collection Christophe L © Soyouz Films - Wild Bunch - France 2 Cinema/DR ; **p. 81** Getty Images France / Atlantide Phototravel ; **p. 85 bas** Getty Images France/ Adam Jones ; **p. 85 ht** Pascal Maitre/ Myop ; **p. 88** Afp/ Ding zhenjie / Imaginechina / Imaginechina ; **p. 89 ht g** Photo12/ Alamy/ Classic Image ; **p. 89 ht d** Shutterstock/ Vladimir Sazonov ; **p. 91** Afp/ dpa Picture-Alliance/ Ina Fassbender ; **p. 93** Google Earth ; **p. 94 bas g** Afp/ Valerie Macon ; **p. 94 bas m** Shutterstock/ Unikyluckk ; **p. 95** SPDA by Xiaoke Wang ; **p. 101** Photo12/ Alamy/ Chris Willemsen ; **p. 103 bas** forumsocialbaslaurentien.org ; **p. 103 ht** Shutterstock/ Keitma ; **p. 104** Getty Images France/ Sopa Images ; **p. 106** UNESCO ; **p. 107** Maxppp/PhotoPqr/La Nouvelle Republique/Patrick Lavaud ; **p. 109** Afp/ Fadel Senna ; **p. 113 ht g** Afp / Delil Souleiman ; **p. 113 ht d** Erasmus ; **p. 113 bas g** Libération ; **p. 114** Rea/ Redux/Ed Kashi/VII ; **p. 116** Getty Images France/ Zakir Hossain Chowdhury/ Barcroft Media ; **p. 118** Collection Christophe L © Les films du bilboquet/DR ; **p. 120 bas m** Collection Christophe L © Magneto Presse / ARTE / DR ; **p.121** Getty Images France// Peter Unger ; **p. 123** Capucine Bailly / Cosmos ; **p. 125** Getty Images France/ Dana Neibert ; **p. 127** Shutterstock / poludziber ; **p. 129** Shutterstock / Eric Isselee ; **p. 131** Monk HF ; **p. 132 bas m** Collection Christophe L © Futurikon / Planete +/DR ; **p. 132 ht** UMBDENSTOCK Phil ; **p. 133** BIS / Ph. Hubert Josse © Archives Larbor ; **p. 135** Plantu, dessin paru dans Le Monde du 17 juin 2004 ; **p. 136 bas** education.gouv/DR ; **p. 136 ht** Aurore Coué/ Paris Normandie ; **p. 137** Plantu, dessin paru dans Le Monde du 18 et 19 décembre 2011 ; **p. 138 ht** La Quadrature Du Net ; **p. 138 bas** https://www.pandasecurity.com/fr/mediacenter/securite-famille/cyberharcelement-europe/DR; **p. 141 g** Observatoire de la Laicité ; **p. 141 d** Alain Faillat – ALF ; **p. 143 g** Observatoire de la Laïcité ; **p. 145** Abaca/ Andbz ; **p. 146** Bridoulot/ L'actu, dès 13 ans : l'actualité en 10 minutes par jour, www.playbacpresse.fr ; **p. 147 ht d** Collection Christophe L © FRANCE 3/ DR ; **p. 148** Sandrine Marty/ Hans Lucas ; **p. 151 g et 151 d** Kourtney Roy ; **p. 152** Opale/Patrice Normand/Leextra ; **p. 153 ht** © Patrick Berger ; bas ©Pascal Victor/ArtComPress via opale.photo ; **p. 154** Ulf Andersen/ Gamma-Rapho ; **p. 155** Bridgeman images/ Rue des Archives / Picture Alliance ; **p. 155 ht** DAVID HOCKNEY INC 2022 ; **p. 156** ©Witi De TERA/Opale/Leemage ; **p. 157 bas** Opale/ Beowulf Sheehan / Pen American Center ; **p. 157 ht** Zanele Muholi ; **p. 159** https://melting-post.fr; **p. 160 m g** Opale/ Jean Luc Vallet ; **p. 160 bas d** Collection Christophe L © Le Pacte / Le soleil films / Openvizor / Satori films/DR ; **p. 160 ht g** Collection Christophe L © Le Pacte / Le soleil films / Openvizor / Satori films/DR ; **p. 161 ht d** Photo12/7e Art/Le Pacte/Le Soleil Films/Openvizor/DR ; **p. 161 bas d** Photo12/7e Art/Le Pacte/Le Soleil Films/Openvizor/DR ; **p. 161 m d** Collection Christophe L © Le Pacte / Le soleil films / Openvizor / Satori films/DR ; **p. 161 bas g** Collection Christophe L © Le Pacte / Le soleil films / Openvizor / Satori films/DR ; **p. 161 m g** Photo12/7e Art/Le Pacte/Le Soleil Films/Openvizor ; **p. 161 m d** Collection Christophe L © Le Pacte / Le soleil films / Openvizor / Satori films ; **p. 162 ht g** Maison de la Danse de Lyon/DR ; **p. 162 bas g** Agathe Poupeney ; **p. 162 bas d** Richard Dyson/ Alamy/ Hemis ; **p. 162 ht d** David Jensen/ Alamy/ Hemis ; **p. 163 ht g** David Jensen/ Alamy/ Hemis ; **p. 163 bas** Richard Dyson Alamy / Hemis ; **p. 164** BIS / Ph. H. Josse © Archives Larbor ; **p. 165** Collection particulière ; **p. 166 ht d** Bridgeman images/ Granger NYC / Rue des Archives ; **p. 166 bas** © 2022 Banco de México Diego Rivera Frida Kahlo Museums Trust, Mexico, D.F. / Adagp, Paris/DR ; **p. 167** Musée de l'Art Moderne Mexico Mexique / Aurimages / © 2022 Banco de México Diego Rivera Frida Kahlo Museums Trust, Mexico, D.F. / Adagp, Paris 2022 ; **p. 168 ht d** Opale/ Hannah Assouline ; **p. 169** Centre Pompidou, MNAM-CCI, Dist. RMN-Grand Palais / Jacques Faujour/Adagp, Paris, 2022 ; **p. 170** Photo12/ Ullstein Bild ; **p. 171 bas m** Photo12/ Wenn Rights Ltd / Age Foto Stock ; **p. 171 ht d** © Omar Victor Diop, courtesy Galery Magnin-A, Paris ; **p. 171 ht g** © Omar Victor Diop, courtesy Galery Magnin-A, Paris ; **p. 172** Eric Rondepierre © Adagp, Paris 2022 ; **p. 173** Jon Akira Yamamoto / Gamma-Rapho via Getty Images / Adagp, Paris 2022 ; **p. 174 bas g** Opale/ Serge Cohen / opale.photo ; **p. 174 d** Xavier Barral Editions/ Adagp, Paris, 2022 ; **p. 174 ht g** Xavier Barral Editions ; **p. 175** Xavier Barral Editions / Adagp, Paris, 2022 ; **p. 176** Opale/ Philippe Matsas ; **p. 177** Pascal Regaldi ; **p. 178** Bridgeman images/René Saint Paul/Rue des archives/ ; **p. 179 ht d** Philippe Bonan/ Alamo ; **p. 179** Courtesy of the Arman Studio Archives, New York/ADAGP, Paris 2022 ; **p. 180 m** Zineb Sedira, All Rights Reserved ; **p. 180 ht** Jo Metton Scott Stucio ; **p. 182** Collection Christophe L /© Escazal Films / Centre National de la Cinematographie/DR ; **p. 183** Afp ; p. 184 János Bodey/DR ; **p. 186** Telerama ; **p. 187** Figaro Magazine ; **p. 189** Charlie Hebdo/ Coco ; **p. 190** Iris ; **p. 192** Loris Guémart ; **p. 193** Gorafi ; **p. 194 ht g** 8 avril ; **p. 194 m g** DR ; **p. 195 ht** Pierre Grosbois ; **p. 195 bas** Laurent Maous/Gamma Rapho ; **p. 196 ht g** Collection Christophe L /© Roger Arpajou - 3B Productions -

Red Balloon Film - Tea Time Film - Ascent Film - Scope Pictures - Arte France Cinema/DR ; **p. 196 m g** DPA / Photononstop ; **p. 196 ht d Et 196 bd** Roger Arpajou - 3B Productions - Red Balloon Film - Tea Time Film - Ascent Film - Scope Pictures - Arte France Cinema/DR ; **p. 197 ht d Et mm, mg, bd, bg** Roger Arpajou - 3B Productions - Red Balloon Film - Tea Time Film - As cent Film - Scope Pictures - Arte France Cinema/DR ; **p. 198** Le Parisien ; **p. 201** Kap/ Jaume Capdevila ; **p. 202** Opale/ Panconi ; **p. 203 ht Et 203 bas** Markus Schreiber/ AP/ Sipa ; **p. 204 bas** Reuters/ Julien de Rosa ; **p. 209 ht g** Vincent Boisot/ Riva Press ; **p. 209 ht d** Patrick Fouque/ Paris Match/Scoop ; **p. 210 m g** Collection Christophe L © Bold Films / Sierra Affinity/DR ; **p .211 g** Afp/ Spencer Platt ; **p. 211 d** Afp/ Stephanie Keith ; **p. 212** Opale/ Thibault Stipal ; **p. 213 ht** Christian Bellavia / Divergence ; **p. 213 bas** Christian Bellavia / Divergence ; **p. 215 ht** Christian Bellavia / Divergence ; **p. 215 bas** Christian Bellavia / Divergence ; **p. 217** Bridgeman Images ; **p. 219** Adoc Photos ; **p. 220 Et 224 hd** BIS / Ph. © Etienne Carjat - Coll. Archives Larbor ; **p. 221 g** Andia/ image Broker ; **p. 221 d** Abaca Press/ PA Photos ; **p. 222 bas d** Collection Christophe L © The Weinstein Company / UK Film Council / Momentum Picture/DR ; **p. 222 m g** Bridgeman Images /Rue des Archives/ Everett ; **p. 222 ht g** Collection Christophe L ; **p. 222 m d** Collection Christophe L © The Weinstein Company / UK Film Council / Momentum Picture/DR ; **p. 222 ht d** Aurimages/ Weinstein Company/Uk Film Council/See Saw Films / EVERETT / DR ; **p. 223 bas d** Collection Christophe L © The Weinstein Company / UK Film Council / Momentum Picture/DR ; **p. 223 m d** Aurimages/ Everett/DR ; **p. 223 ht** Bridgeman Images/ Rue des Archives / BCA ; **p. 223 bas g** Aurimages/ Weinstein Company/Uk Film Council/ See Saw Films / EVERETT/DR ; **p. 225 ht** Bridgeman Images/ Leemage ; **p. 225 m** La Collection ; **p. 226** BIS / Ph. Coll. Archives Larbor ; **p. 227 ht d** Bridgeman Images/Rene Saint Paul / Rue des Archives ; **p. 227 g** Adagp, Paris 2022 ; **p. 227 m d** Bridgeman Images/ FineArtImages / Leemage ; **p. 228** adoc-photos ; **p. 233** Le Printemps des Poètes ; **p. 234** Collection Christophe L © Les Films de Pierre / France 3 Cinema/DR ; **p. 241** VOZ'Image / Emilie Mori ; **p. 243** Sally Storch ; **p. 245** Abaca Press/ Isopix ; **p. 245** BIS / Ph. E. Tweedy © Archives Larbor ; **p. 249** La Collection ; **p. 251** Tendance Floue / Philippe Lopparelli ; **p. 253** Shutterstock/ Yevhenii Chulovskyi ; **p. 255** Shutterstock/ FX PREVOT ; **p. 257** Pawel KUCZYNSKI ; **p. 259** Aurimages © Walt Disney Studios Motion Pictures / © Marvel Studios / courtesy Everett Collection/DR ; **p. 261** Shutterstock / Impact Photography ; **p. 263** AbacaPress/ SPUS ; **p. 265** Edouard BOUBAT/ Gamma Rapho ; **p. 267** Bridgeman Images / NPL - DeA Picture Library / M. Carrieri ; **p. 269** Shutterstock/ Belikova Oksana ; **p. 273** BIS / © Munch Museet, Munch Ellingsen Group ; **p. 275** Shutterstock/ Fizkes ; **p. 282 m g** Prod DB © Zadig Productions/DR ; **p. 282** Prod DB © Zadig Productions/DR.

ISBN : 978-2-09-167602-5

Édition : Karine Le Forestier
Couverture : Vincent Rioult
Conception maquette : Séverine Tanguy
Mise en page : Delitgraph
Iconographie : Katia Davidoff, Émilie Reaux
Cartographie : Clément Mellet pour Légendes cartographie
Relecture et correction : Karine Tercier
Fabrication : Emmanuelle Perrier

N° de projet : 10279484 - dépôt légal : avril 2022
Imprimé en France par Estimprim 25110 Autechaux